L'ÉCUMEUR DE MER

PAR

FENIMORE COOPER,

TRADUCTION DE LA BÉDOLLIÈRE.

ÉDITION ILLUSTRÉE DE 25 VIGNETTES PAR BERTALL.

PRIX : **90** CENTIMES.

PARIS,

PUBLIÉ PAR GUSTAVE BARBA, LIBRAIRE-ÉDITEUR,

RUE DE SEINE, 31.

1850

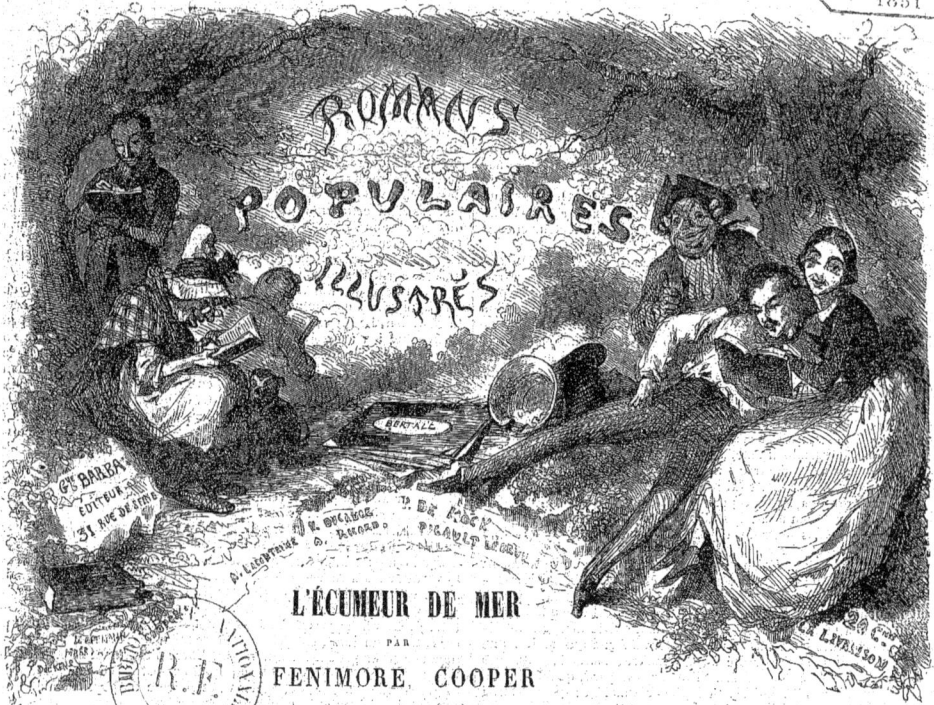

ROMANS POPULAIRES ILLUSTRÉS

L'ÉCUMEUR DE MER

PAR

FENIMORE COOPER

TRADUCTION DE LA BÉDOLLIÈRE

CHAPITRE PREMIER.

Le vaste bassin creusé sur les côtes d'Amérique, entre le 40e et le 41e degré de latitude, est formé par le confluent de l'Hudson, de l'Hackensack, du Passaic, du Rariton et d'une multitude de rivières de moindre importance, qui toutes à cet endroit versent leur tribut dans l'Océan. Les îles de Nassau et des Etats sont heureusement placées comme une barrière aux tempêtes du large, tandis que des bras d'eau vastes et profonds offrent toute espèce de facilité au commerce avec l'étranger et aux communications avec l'intérieur.

Si la ville de New-York jouit d'une prospérité extraordinaire, elle le doit à ces dispositions favorables de la terre et de l'eau, à un climat tempéré, à une position centrale et à l'immensité d'un pays que traversent aujourd'hui dans tous les sens des cours d'eau naturels ou artificiels. Quoique la baie où elle est située ne manque pas de pittoresque, il y en a beaucoup d'autres qui la surpassent sous le rapport des charmes du paysage; mais il est douteux que le monde possède un site mieux approprié aux développements d'un commerce étendu. La

Maître Seadrift, dit l'Écumeur de Mer.

Paris. — Imprimerie Schneider, rue d'Erfurth, 1.

nature, en son inépuisable bienveillance, a placé l'île de Manhattan dans les meilleures conditions désirables pour y établir une grande cité : elle pourrait être habitée par des millions d'hommes, et cependant un navire déposerait aisément la cargaison à chaque porte. Le sol fournit tous les matériaux nécessaires à la construction, et présente en même temps les inégalités qui sont indispensables à la salubrité et à la propreté d'une ville. On connaît les conséquences du concours de tant de circonstances avantageuses. Des progrès continus qui n'ont point d'analogues même dans l'histoire de ce fortuné pays, ont mis une insignifiante bourgade du siècle dernier au niveau des villes de second ordre de l'autre hémisphère. La nouvelle Amsterdam du continent américain rivalise déjà avec sa mère d'Europe, et autant qu'il est donné à l'homme de prévoir l'avenir, elle égalera en peu d'années les plus fières capitales de l'ancien monde. On dirait que la nature, qui a déterminé les périodes de l'existence matérielle, a posé également des limites au développement moral et politique. Les murs de la cité des Médicis tombent en ruines ; la reine de l'Adriatique

1

sommeille dans ses îles fangeuses; Rome elle-même n'est remarquable que par des temples écroulés et des colonnes ensevellies, tandis que l'énergique activité de la population américaine couvre les déserts des heureux produits de l'industrie. Les tableaux que nous allons retracer ne seront guère reconnaissables pour l'habitant de l'île de Manhattan, habitué à voir des forêts de mâts, des quais interminables, des centaines d'églises et de châteaux, d'innombrables maisons de plaisance, une baie sillonnée de bateaux à vapeur, enfin un mouvement qui s'accroît de jour en jour.

La génération qui nous succédera s'étonnera peut-être que nous ayons pu trouver un sujet d'admiration dans l'état actuel de New-York. Cependant nous essayerons de reporter les souvenirs du lecteur encore plus loin.

Le 3 juin 1712, au lever du soleil, on entendit une décharge d'artillerie vibrer sur les eaux de l'Hudson. La fumée sortit de l'embrasure d'une petite forteresse placée sur la langue de terre où se confondent le fleuve et la mer. L'explosion précéda l'apparition d'un étendard qui, montant à la cime d'un mât, déploya lourdement à la brise le champ d'azur à la croix rouge du pavillon britannique. On vit à la distance de plusieurs milles les mâts d'un vaisseau qui se dessinait sur le fond verdoyant des hauteurs de l'île des États. Un léger nuage flotta autour du navire, dont le canon répondit par un signal correspondant. L'éloignement empêchait de voir le pavillon que hissa le croiseur. Au moment même où la première détonation se fit entendre, la porte d'une des principales maisons de New-York s'ouvrit tout à coup, et un homme, qui semblait en être le maître, se montra sur le perron par lequel on arrivait à l'entrée : il avait fait les préparatifs d'une expédition qui devait sans doute lui prendre toute sa journée. Un nègre d'un âge mûr l'accompagna jusqu'au seuil, et un autre noir, qui n'était pas encore parvenu à la taille d'homme, apporta sous son bras un paquet contenant sans doute des objets de première nécessité à l'usage de l'honorable bourgeois.

— Monsieur Euclide, dit en hollandais ce propriétaire qui prenait congé de son principal esclave, l'économie est la véritable pierre philosophale; jamais elle n'a réduit personne au dénûment, tandis qu'elle a fait la fortune d'un grand nombre d'hommes. C'est elle qui a établi le crédit de ma maison; et quoique ce soit moi qui le dise, aucun négociant des colonies n'est plus solide et mieux affermi que moi. Tu ne fais que réfléchir à la prospérité de ton maître, maraud, et tu dois d'autant plus veiller à ses intérêts. Si le corps se perd, que deviendra l'ombre? Quand je m'affaiblirai, tu deviendras malade; quand j'aurai faim, tu tomberas d'inanition; quand je mourrai, tu iras au diable. Euclide, mon garçon, je te confie ma maison, mes marchandises et la réputation que j'ai dans le voisinage. Je vais à ma campagne de Lust-in-Rust aspirer un air meilleur. Fièvres et fléaux! je crois qu'à force de se peupler cette ville deviendra aussi pestilentielle que Rotterdam dans la canicule. Tu es maintenant d'âge à réfléchir, et j'espère que tu surveilleras attentivement ma propriété lorsque j'aurai le dos tourné. Mais écoute, drôle! je ne suis pas enchanté de la société que tu fréquentes; elle n'est pas digne du serviteur favori d'un homme qui occupe une certaine position dans le monde. Tes deux cousins Brom et Kobus sont une paire de fripons, et quant au nègre anglais Diomède, c'est un suppôt de l'enfer.

Le bourgeois flamand s'interrompit pour chercher dans sa poche une clef qu'il remit au nègre avec une répugnance visible; puis il ajouta :

— Tu as déjà toutes les autres clefs, voici celle de l'écurie. Que les bêtes n'en sortent que pour aller à l'abreuvoir, et donne-leur leur nourriture à la minute. Vous êtes tous d'enragés coquins, vous autres nègres du Manhattan; prenez un hongre flamand pour un fringant lévrier essланté qui n'est jamais hors d'haleine, et vous courez sur son dos pendant la nuit, comme une sorcière américaine sur un manche à balai; mais songes-y, maître Euclide, j'ai de bons yeux, et tu as dû l'apprendre à tes dépens. Rappelle-toi le jour où je t'ai vu de la baie, courant le long des digues de Leyde, sur un de mes meilleurs coursiers, comme si le diable l'eût éperonné!

— On m'a toujours cru que quelque médisant avait raconté cette histoire, répondit le noir d'un air chagrin, mais sans paraître révoquer en doute la pénétration extraordinaire du Flamand.

— Ce sont mes yeux qui m'ont divulgué le fait : si les maîtres n'avaient pas d'yeux, les nègres mèneraient une belle vie! J'ai la mesure de tous les noirs de l'île, consignée dans un gros registre que tu m'as vu souvent consulter, et s'ils osent mettre le pied sur mes terres, ils auront affaire au prévôt de New-York. Ces misérables croient-ils que l'on achète des chevaux en Hollande, qu'on paye leur embarquement, leur transport, leur assurance, pour les voir se fondre comme une chandelle?

— Si quelque mal se commet dans l'île, on l'attribue toujours à des nègres. Ils font à la fois tout le mal et toute la besogne! Vous oubliez donc, maître, de quelle couleur était le capitaine Kidd?

— Noir ou blanc, c'était un scélérat fieffé, et tu as vu comment il a fini. Je te garantis que ce pirate avait commencé le cours de ses iniquités en galopant la nuit sur les chevaux de ses voisins. Son sort doit être un avertissement pour tous les nègres de la colonie. Puissances des ténèbres! les Anglais ont assez de fripons chez eux pour pouvoir

pendre de temps en temps un voleur sur l'une de ces îles, afin d'effrayer les noirs de Manhattan.

— Ce spectacle n'est pas moins salutaire pour les blancs, repartit Euclide, qui avait toute l'obstination d'un nègre gâté, tempérée par son affection pour l'homme au service duquel il était né. J'ai entendu dire à tout le monde qu'il n'y avait que deux hommes de couleur sur le bâtiment de ce capitaine, et qu'ils venaient tous deux de Guinée.

— Tais-toi, rôdeur de nuit! et occupe-toi de mes chevaux. Voici... voici deux florins hollandais, trois liards et une pistole espagnole; l'un des florins est pour ta vieille mère, et le reste de l'argent tu pourras te divertir aux fêtes de Pâques. Si j'entends dire que tes maudits cousins ou l'Anglais Diomède ont enfourché mes bêtes, malheur à toute la race africaine! famine et squelette! Voilà sept ans que j'essaye d'engraisser mes chevaux, et ils ressemblent plutôt à des belettes qu'à de véritables coursiers!...

La fin de cette allocution fut murmurée à distance en manière de soliloque, plutôt qu'elle ne fut adressée à l'homonyme du célèbre mathématicien. Le nègre avait écouté toute la harangue d'un air un peu équivoque; il y avait évidemment dans son esprit un combat entre un amour inné de la désobéissance et la crainte secrète des moyens de surveillance que son maître pouvait avoir. Tant que celui-ci fut en vue, Euclide le suivit des yeux; mais en le voyant disparaître au coin d'une rue, il échangea un regard d'intelligence avec un nègre perché sur un perron voisin. Les deux complices firent des signes, partirent d'un éclat de rire et se retirèrent. Ce soir-là, le domestique de confiance servit bien les intérêts de son maître absent; car dès que l'horloge eut sonné dix heures, son camarade et lui montèrent les lourds chevaux chargés de graisse, ils firent galoper à bride abattue dans l'intérieur de l'île pour se rendre à l'un des rendez-vous habituels des gens de leur couleur et de leur condition.

Si l'alderman Myndert van Beverout avait soupçonné le malheur que devait entraîner si vite son absence, il est probable qu'il se fût éloigné d'un pas moins tranquille et moins imposant. Il avait foi dans la vertu de ses menaces, comme le prouvait le calme de ses traits, qui n'étaient jamais dérangés sans porter les traces d'un effort surnaturel. Il avait un peu plus de cinquante ans, et un mauvais plaisant d'Angleterre, qui avait conservé dans les colonies la tournure d'esprit nationale, avait un jour, en plein conseil municipal, prétendu que l'honnête alderman prêtait à l'allitération. Forcé d'expliquer sa pensée, le faiseur de bons mots dépeignit celui qu'il combattait comme gras, gros et grossier de taille; rond, rubicond et ridicule de physionomie; important, impérieux et impertinent de caractère.

Il y avait dans cette description, comme dans toutes les choses forcées, plus de finesse que de vérité; mais en tenant compte de la rivalité politique, elle donnait une idée assez exacte du physique de notre personnage. Nous en aurons assez dit en ajoutant que c'était un négociant riche et intelligent, et qu'il était célibataire.

Malgré l'heure peu avancée à laquelle il quitta son domicile, il suivait à pas comptés les rues étroites de sa ville natale. Par intervalles, il s'arrêtait pour parler à quelques domestiques, et après leur avoir demandé des nouvelles de leurs maîtres respectifs, il terminait invariablement par quelques observations facétieuses appropriées aux habitudes et à la capacité de l'esclave. La bienveillance dont il faisait preuve attestait que, malgré ses idées exagérées de discipline intérieure, le digne bourgeois était loin de suivre ses inclinations en proférant des paroles menaçantes. Il venait de congédier un des nègres qu'il avait rencontrés, quand au coin d'une rue il aperçut pour la première fois un individu de sa propre couleur. Le citoyen interdit fit un mouvement involontaire pour éviter l'entrevue; mais, sentant que ses efforts seraient inutiles, il se résigna de bonne grâce et entama l'entretien.

— Encore, le canon du matin et l'alderman van Beverout se succèdent régulièrement à chaque révolution terrestre!

Avant de répondre à cette apostrophe franche et un peu facétieuse, l'alderman prit le temps de se remettre de sa surprise. Il salua cérémonieusement, mais sans se découvrir la tête, et dit avec gravité :

— La colonie a raison de regretter les services d'un gouverneur capable de quitter le lit d'aussi bonne heure. Nous autres hommes de négoce, nous avons des motifs pour nous lever avec le jour; mais il y a à New-York des gens qui en tireraient à peine leurs yeux s'ils jouissaient du même avantage que moi.

— Monsieur, il y a bien des gens dans cette colonie qui doivent se défier du témoignage de leurs sens; mais personne ne se tromperait en affirmant que l'alderman Beverout est un homme très-occupé, et que, tirant parti du castor, il doit en avoir la persévérance et la prévision. Si j'étais un roi d'armes, Myndert, je vous ferais cadeau d'un écusson portant l'animal sur un vairé de fourrure avec deux chasseurs pour supports, et pour devise : industrie.

— J'aimerais mieux autre chose, mylord, répondit le bourgeois, qui semblait peu goûter la plaisanterie de son compagnon : que diriez-vous d'un écu sans tâches, symbole d'une conscience nette, avec une main ouverte pour cimier, et pour devise : frugalité et justice?

— J'aime assez la main ouverte, mais elle est prétentieuse. Au fait, maintenant que j'y songe, les van Beverout n'ont pas besoin d'avoir recours à un héros pour se faire un blason. Je me rappelle avoir vu le leur : c'est un moulin à vent, un fossé, un champ vert semé de bétail noir... mais non, ma mémoire me trompe; vous savez que l'air du matin rend l'imagination féconde.

— Malheureusement, dit le caustique Myndert, il ne sait pas trouver les moyens de satisfaire un créancier.

— Hélas! à qui le dites-vous : c'est une mesure impolitique, mon cher alderman, que celle qui force un gentilhomme à rôder la nuit, comme l'ombre du père d'Hamlet. Pour que j'aie été évincé, il faut que les oreilles de ma cousine germaine, la reine Anne, aient été encore plus empoisonnées que celles du roi de Danemark; sans cela, les partisans de M. Hunter n'auraient point triomphé.

— Ne serait-il pas possible de donner à vos persécuteurs des garanties qui leur fermeraient la bouche?

Cette question fit vibrer une nouvelle corde dans le cœur de l'ex-gouverneur; son air de légèreté fit place à un air d'expression grave. L'insouciance d'un débauché se peignait sur ses traits, comme dans son allure et son costume; mais sa grande taille n'était pas dépourvue de grâce, et sa démarche avait cette aisance séduisante que donne même aux hommes les moins estimables la fréquentation de la bonne compagnie.

— Mon brave monsieur, dit-il, votre question est une preuve de votre bonté accoutumée. Il est vrai que la reine a signé l'ordre de mon rappel, et que M. Hunter a obtenu le gouvernement de la colonie; mais je me justifierai aisément, dès que je serai en position d'approcher de ma cousine. Je ne dissimule pas mes écarts; je me garderais bien de pallier mes défauts, surtout en présence d'un homme aussi austère que l'alderman van Beverout. Comme vous semblez l'avoir insinué, j'aurais dû prendre pour devise le mot frugalité; mais j'aurais aussi des droits à mettre dans mes armes une main ouverte, car mes adversaires mêmes doivent reconnaître que je n'ai jamais abandonné un ami.

— Je me garde bien de vous en accuser, n'ayant jamais eu l'occasion de mettre votre amitié à l'épreuve.

— Votre impartialité est proverbiale, Myndert. Tout le monde dit volontiers : Aussi généreux que l'alderman van Beverout, aussi honnête que l'alderman van Beverout.

Ces mots firent étinceler les petits yeux bleus du bourgeois.

— Mais l'honnêteté, les richesses, la générosité ont peu de prix sans l'influence. Les hommes devraient jouir de la considération qui leur est due naturellement; et pourtant, voyez combien, dans cette colonie plus hollandaise qu'anglaise, il y a peu d'administrateurs appartenant aux vieilles familles! Le conseil et les assemblées législatives sont encombrés d'Alexandres, de Heathcotes, de Moris, de Kennedis, de Livingstons, et l'on y voit peu de van Rensselaers, de van Courtlandts, de van Schuylers, de van Stuyvesants, de van Beekmans, de van Beverouts, qui devraient naturellement y figurer. Des gens de toute nation et de toute religion l'emportent dans la faveur royale sur les enfants des patriarches. Les Jays, les Bayards, les Delanceys huguenots, les Telipeses bohémiens, les Ludlows démocrates, enfin tous les nouveaux venus ont plus de mérite aux yeux du gouvernement que les plus anciens patrons de la colonie.

— Vous avez raison; mais il en a toujours été ainsi. Je ne me souviens pas d'un temps où les choses se passaient autrement. C'est incontestable; cependant il ne faut pas porter des jugements trop précipités sur ceux qui administrent les affaires publiques. On a en Angleterre de fausses idées de l'Amérique, et ce qui le prouve, c'est qu'on peut m'adresser les mêmes reproches qu'à mes devanciers; mais le temps m'a marqué pour éclairer mon esprit. Encore une année, mon cher monsieur, et j'aurai rempli le conseil de Hollandais.

— S'il en est ainsi, mylord, on aurait pu prendre des mesures pour prévenir votre disgrâce.

— Est-il trop tard pour arrêter le mal? Ne peut-on détromper la reine Anne et reconquérir sa confiance? Pour qu'on me rende justice, il ne me faut qu'une occasion. Mon cœur saigne en pensant à la décadence d'un homme qui touche de si près au sang royal. C'est une tache au blason de la couronne; et tout féal sujet doit éprouver le désir de l'effacer, monsieur l'alderman Myndert van Beverout!

— Mylord Cornbury?

— Je ne donnerais pas un libre cours à mes sentiments si je quit-

tais la province sans exprimer le regret d'avoir apprécié trop tard le mérite de ses premiers possesseurs, et le vôtre en particulier.

— Les créanciers de Votre Seigneurie se sont-ils apaisés, ou le comte vous a-t-il fourni les moyens de sortir de prison?

— Vos expressions sont singulières, monsieur, mais j'aime surtout qu'on s'exprime franchement. Sans doute la prison pour dettes, que vous avez si clairement indiquée, pourrait s'ouvrir. Heureux l'homme qui en tournerait la clef! Si la reine me venge quelque jour de mes persécuteurs, en revanche, elle récompensera largement ceux qui se seront montrés mes amis dans la détresse. Les souverains voient avec douleur les désastres qui accablent une personne de leur sang; car les taches qui la flétrissent peuvent rejaillir jusque sur l'hermine du manteau royal, monsieur l'alderman?

— Mylord!

— Comment vont vos chevaux flamands?

— A merveille, mylord. Ils sont gras à lard; malheureusement les pauvres innocents n'ont guère de repos depuis que mes affaires m'appellent à Lust-in-Rust. Il devrait y avoir peine de la pendaison pour les nègres qui montent à cheval le soir.

— J'avais songé à l'établir, mais il est probable que ce crime restera impuni sous l'administration de M. Hunter. Elle cesserait bientôt, monsieur, si je pouvais me rapprocher de ma royale cousine, et les hommes nouveaux cesseraient de supplanter les anciens... mon cher van Beverout!

— Mylord?

— La fraîche Alida est-elle disposée à épouser le jeune patron de Kinderhook? Je prends un vif intérêt à cette union, car le jeune homme a du mérite...

— Et du bien, mylord.

— Et une gravité rare à son âge.

— Je parierais que les deux tiers de son revenu vont chaque année grossir le capital. Son père, mon vieil ami, lui a laissé une grande fortune mobilière, indépendante du domaine, qui s'étend depuis l'Hudson jusqu'aux frontières du Massachussets : c'est une propriété de cent mille acres peuplée de Hollandais économes.

— Voilà un homme respectable, et il nous aidera dans notre projet de désabuser la reine. Quelle distance de lui à ce capitaine Ludlow, dont la famille a quitté l'Angleterre après avoir conspiré contre la couronne! Ne trouvez-vous pas odieux qu'un homme de cette espèce commande le seul croiseur royal de ces parages?

— Il est vrai que j'aimerais mieux le voir servir en Europe, répondit l'alderman à voix basse.

— Tout va mal, mon très-digne monsieur, puisqu'on préfère ces agents de discorde aux honnêtes Hollandais, sur lesquels on peut compter, et qu'on retrouve le lendemain tels qu'on les a laissés la veille. Il est grand temps d'éclairer la reine et de remettre en crédit les noms historiques de la colonie.

— Ce serait certainement avantageux pour Sa Majesté.

— Oui, il faut chasser tous ces novateurs. Si le capitaine Ludlow épousait votre nièce, Myndert, votre famille serait déshonorée. Votre sœur s'est déjà mésalliée en prenant un huguenot pour mari. L'union de la belle Alida avec Ludlow achèverait d'altérer la pureté de votre race. D'ailleurs il n'a ni sou ni maille.

— Vous vous trompez, mylord; je ne voudrais pas calomnier, même mon plus cruel ennemi : Ludlow est riche, mais il est loin de l'être autant que le propriétaire de Kinderhook.

— Quel honnête garçon que cet Oloff van Staats! Je l'aime de tout mon cœur, et, pour le lui prouver, je veux l'associer aux avantages de notre projet. J'exige cela de votre amitié, Myndert; vous partagerez par moitié la somme nécessaire, et, maîtres tous trois de l'entreprise, nous la conduirons avec prudence. Voici un petit billet que j'avais préparé pour cela.

— Deux mille livres, mylord! s'écria l'alderman après avoir regardé le papier.

— Pas un sou de plus, mon cher monsieur. Il est de toute justice que van Staats intervienne dans cette excellente affaire; et, s'il ne devait pas épouser votre nièce, je l'emmènerais avec moi pour le pousser à la cour.

— En vérité, mylord, cela surpasse mes moyens. Le haut prix des fourrures, la difficulté des rentrées ont diminué mes ressources.

— Les intérêts seront élevés.

— L'argent devient si rare que la face d'un carolus est presque aussi étrangère que celle d'un débiteur.

— Les rentrées sont certaines?

— Comment cela, quand vous rencontrez des créanciers à tous les coins de rues?

— Ce sera une bonne et loyale affaire à la hollandaise.

— Les derniers avis que nous avons reçus de Hollande nous recommandent de garder notre or pour les opérations importantes.

— Monsieur l'alderman van Beverout!

— Mylord vicomte Cornbury?

— Que Plutus vous protège! mais prenez garde... Je sens l'air du matin et il faut que je retourne à ma prison, d'où je suis sorti sur parole; mais il ne m'est pas défendu d'en révéler les secrets! Un de mes compagnons d'infortune assure qu'on a vu l'Écumeur de mer sur cette côte. Faites attention à vous, digne bourgeois, autrement vous pourriez jouer un rôle dans une seconde partie de la tragédie du capitaine Kidd.

— Je laisse les entreprises hasardeuses à mes supérieurs, répondit l'alderman en s'inclinant cérémonieusement. Je me garde bien d'aller sur les brisées du comte de Bellamont, du gouverneur Flechter et de milord Cornbury.

Suivant le bruit public l'ex-gouverneur et ses deux prédécesseurs avaient favorisé clandestinement les opérations illégales des boucaniers américains, aussi fut-il vivement offensé de l'allusion. Toutefois il feignit de rire.

— Adieu, opiniâtre marchand, dit-il, réserve ton or pour les opérations qui te sont annoncées; et veille sur la demoiselle Barbérie, qui pourrait bien encore altérer la noblesse de ton sang.

Ces mots laissèrent l'alderman impassible, roide et cérémonieux. Quant au descendant dégénéré du vertueux Clarendon, malgré son dépit, il ne perdit rien de la gracieuseté de ses manières en saluant l'homme qui lui refusait tout crédit. Vaincu dans une tentative que sa position désespérée et son caractère déterminé lui avaient fait concevoir, il rentra dans la maison de détention. Il marchait du pas d'un homme qui affectait une grande supériorité, et pourtant ses habitudes de libertinage avaient presque détruit en lui toute espèce de bonnes qualités.

CHAPITRE II.

La physionomie de l'alderman van Beverout ne se troublait pas aisément. Toutefois le jeu des muscles inférieurs de sa face exprimait la joie et le triomphe, tandis que les contractions de son front dénotaient la conscience de l'imminent danger qu'il avait couru. Il mit la main dans sa poche, où il avait toujours une ample provision de monnaies espagnoles, et s'avança en faisant résonner sa canne sur le pavé avec la force et la résolution d'un homme décidé. Arrivé dans la rue Haute, qui longeait la côte de cette partie de l'île, il s'arrêta devant une maison d'un aspect patricien; le toit en était coupé par deux pignons surmontés de girouettes de fer. Le perron, étroit et élevé, était en pierres de taille rouges, et tout l'édifice, construit, comme de coutume, en petites briques de Hollande, était recouvert d'une couche de couleur café-au-lait.

Le marteau massif et poli se fit entendre, et un domestique parut avec une promptitude qui prouvait que, malgré l'heure peu avancée, l'alderman était attendu. La physionomie du portier ne trahit donc aucune surprise, et il se montra pressé d'introduire le nouvel hôte; mais celui-ci refusa d'entrer, et, le dos appuyé sur la digue de fer du perron, il entama un entretien avec le noir. C'était un vieillard à tête grise, au nez aplati, aux traits ridés, et dont le corps, quoique toujours solide, se courbait sous le poids des ans.

— Bonjour, vieux Cupidon, dit le bourgeois avec la cordialité qu'avaient les maîtres de cette époque à l'égard des esclaves favoris. Une conscience pure est un bon bonnet de nuit, et vous avez autant d'éclat que le soleil du matin. J'espère que mon ami le jeune patron a bien dormi et qu'il s'est déjà montré ce matin?

— Il est debout, monsieur l'alderman, répondit lentement le noir, je crois qu'il ne dort plus. Son activité et sa vivacité se sont en allées, il ne fait plus que fumer. Un homme qui fume toujours finit par devenir mélancolique. Je crois que c'est cela qui trouble mon maître, c'est l'image d'une jeune dame de New-York.

— Nous trouverons le moyen de lui ôter la pipe de la bouche, dit le bourgeois d'un air entendu. Les jolies filles troublent la raison des jeunes gens, comme tu le sais par expérience, vieux Cupidon.

— Je valais quelque chose dans mon temps, répondit le noir avec calme, et maintenant je ne suis plus bon à rien. Autrefois j'étais l'homme de couleur le mieux accueilli du beau sexe de New-York; mais ces beaux jours sont passés. La mère de votre Euclide, monsieur l'alderman, était une jolie femme, quoiqu'elle n'eût pas une conduite très-régulière. J'allais lui rendre visite chez votre père longtemps avant la venue des Anglais. J'ai conservé une grande affection pour Euclide, quoique le drôle ne me rende jamais visite.

— C'est un scélérat! aussitôt que j'ai le dos tourné, il est à califourchon sur le dos de son maître.

— Il est très-jeune, monsieur Myndert; on n'acquiert pas la sagesse avant d'avoir des cheveux gris.

— Il approche de la quarantaine et son impudence augmente avec les années. La vieillesse est respectable quand elle amène la gravité et la réflexion; mais, si un jeune fou est impudent, un vieux fou est digne de mépris. Je parie, Cupidon, que tu n'as jamais eu l'infamie de monter le soir sur un cheval surmené?

— Ma foi, maître Myndert, je ne me souviens plus de ce que je faisais étant jeune. Mais voici le patron, qui convient mieux qu'un pauvre esclave pour converser avec un alderman.

On vit paraître sur le seuil un homme de vingt-cinq ans, d'une rotondité remarquable. Il s'avança avec la lenteur et la gravité d'un individu qui aurait eu le double de son âge.

— Bonne journée, patron! lui cria l'alderman: les vents sont favorables et le ciel est aussi pur que jamais colonies et métropoles! Si les

Anglais connaissaient mieux la nature et avaient moins bonne opinion d'eux-mêmes, ils reconnaîtraient qu'on respire un air pur dans nos plantations. Mais ils ressemblent aux gens qui enflent des soufflets d'orgues et qui s'imaginent faire de la musique. Le plus boiteux d'entre eux croit être plus solide sur ses jambes que le plus robuste des colons. Notre baie est unie comme si elle était protégée par des digues, et nous voyagerons aussi tranquillement que sur un canal.

— Tant mieux! murmura Cupidon, qui prodiguait à son maître des soins empressés; mais je suis d'avis qu'on devrait toujours voyager sur terre quand on possède autant de biens que M. Oloff. Je me rappelle qu'un bac coula à fond avec ses passagers et que personne ne revint pour donner de ses nouvelles.

— C'est une erreur, interrompit l'alderman en jetant un coup d'œil inquiet à son compagnon. J'ai cinquante-quatre ans et je n'ai pas souvenir d'un semblable sinistre.

— Comme les jeunes gens ont la mémoire courte! il y a eu six personnes noyées dans ce bac, deux Américains, un Français du Canada et une pauvre femme de Jersey, dont tout le monde déplorait le malheur.

— Ton calcul est faux, Cupidon, repartit promptement l'alderman, qui était bon mathématicien. Deux Américains, un Français et la femme de Jersey, cela ne fait que quatre.

— Eh bien! j'admets qu'il n'y eut qu'un Américain; mais tout le monde le savait, et même le gouverneur perdit dans ce bac deux beaux chevaux de carrosse.

— Le vieux noir a raison, je me souviens du malheur des chevaux comme si c'était hier. La mort est souveraine sur la terre, et l'on ne peut se dérober à ses coups lorsque l'heure est venue! Mais aujourd'hui nous n'avons pas de bêtes à perdre, et nous pouvons nous mettre en route sans alarmes et sans hésitations.

Oloff van Staats, ou le patron de Kinderhook, comme on l'appelait dans la colonie, ne manquait pas de résolution, il avait même cette fermeté dans le danger et cette opiniâtreté dans la résistance qui caractérisaient les descendants des Hollandais. Les explications que venaient d'échanger son ami et son esclave provenaient de leurs appréhensions respectives; le premier avait des raisons très-particulières pour qu'Oloff persistât à s'embarquer, et le second éprouvait pour le jeune patron une espèce d'intérêt paternel. Leur discussion fut terminée par un signe fait à un domestique qui portait un porte-manteau, et M. van Staats annonça qu'il était prêt à marcher.

Cupidon demeura sur le perron jusqu'à ce que son maître eût disparu, et exprima, en secouant la tête les pressentiments de son esprit ignorant et superstitieux; puis, refoulant dans la maison la bande de négrillons qui encombraient la porte, il la ferma à triple tour. La suite de notre récit fera voir jusqu'à quel point étaient fondées les sinistres prévisions du noir.

La large avenue où demeurait Oloff van Staats n'avait qu'une centaine de vergues de longueur; elle se terminait d'un côté par la forteresse et de l'autre par une palissade destinée à garantir la ville d'une subite irruption des Indiens, qui chassaient encore dans certaines parties des comtés, où même ils paraissaient en troupes considérables.

Il serait difficile de reconnaître à cette description la magnifique rue de Broad-Way, qui traverse aujourd'hui le centre de l'île. Nos deux personnages quittèrent l'avenue qu'on appelait déjà Broad-Way pour s'aventurer dans les rues basses.

— Patron, dit l'alderman quand il fut au pied du perron, ce Cupidon est un nègre excellent pour garder le toit de son maître. C'est une serrure de sûreté, et l'on peut dormir sans rêves sous la garde d'un tel homme. Je regrette de ne pas lui avoir apporté la clef de mon écurie.

— J'ai entendu dire à mon père qu'il avait toujours les clefs de la sienne sous son oreiller, répondit froidement le propriétaire de cent mille acres.

— Ah! malédiction de Caïn! il est inutile de chercher la fourrure d'une martre sur le dos d'un chat. Mais, monsieur van Staats, pendant que je me rendais chez vous ce matin, j'ai rencontré l'ancien gouverneur, auquel ses créanciers permettent de prendre l'air à une heure où les yeux des curieux sont fermés. Je crois, patron, que vous avez eu le bonheur de rattraper votre argent avant que le déplaisir royal visitât cette fortune.

— J'ai eu le bonheur de n'avoir jamais confiance en lui.

— C'est encore mieux, car l'argent qu'on lui prête est placé à fonds perdus. Nous avons causé de choses et d'autres, et il a même hasardé quelques allusions relativement à votre amour pour ma nièce.

— Les vœux d'Oloff van Staats et les inclinations de la belle Barbérie n'ont rien qui doive occuper les gouverneurs en conseil, dit avec roideur le patron de Kinderhook.

— Oh! le vicomte n'en a parlé qu'avec une réserve convenable; seulement il s'est permis de fâcheuses personnalités contre le commandant de la Coquette... Vous savez qu'elle va partir pour les Antilles?

Oloff van Staats rougit en entendant mentionner son rival; mais il était impossible de savoir si c'était par amour-propre ou par dépit.

— Si le capitaine Ludlow préfère les Grandes-Indes à cette côte, répondit-il prudemment, je souhaite que ses désirs soient accomplis.

— Il a un nom ronflant et un coffre vide, et sans doute il remercierait ceux qui feraient des démarches pour le mettre à même de se distinguer. L'Amérique du Sud est inquiétée par les Français et par les flibustiers : ce serait bien là sa place.

— On dit en effet que c'est un croiseur actif.

— Amour et philosophie! si vous désirez réussir auprès d'Alida, patron, il faut lui faire la cour avec plus de vivacité. La jeune fille a du sang français dans les veines; aussi vos lenteurs, vos réflexions, vos réticences, ne vous assureront pas la victoire. J'ai bonne idée des résultats de votre visite à Lust-in-Rust.

— Le succès de cette affaire me tient au...

Surpris d'être aussi communicatif, le jeune Hollandais s'arrêta; et, profitant de la précipitation avec laquelle sa toilette avait été faite, il mit sa large main dans son gilet, sur une partie du corps que les poëtes n'ont pas décrite comme le siège des passions humaines.

— Vous tient-il au cœur ou à l'estomac, monsieur? demanda l'alderman : dans ce dernier cas, vous serez satisfait; l'héritière de Myndert van Beverout ne sera pas un mauvais parti, et M. Barbérie n'a point fermé les livres de la vie sans établir avec soin sa balance.... Mais voilà ces diables de passeurs qui s'en vont sans nous. Courez devant, Brutus, et dites-leur d'attendre le temps légal. Les coquins ne sont jamais exacts : tantôt ils partent avant que je sois prêt, tantôt ils me font attendre au soleil comme une morue sèche. La ponctualité est l'âme des affaires, et un homme tel que moi n'aime à être ni en avant ni en retard.

Le digne bourgeois, qui aurait voulu régler les mouvements des autres sur les siens, exhala ainsi ses plaintes en s'acheminant vers le bac. Une courte description de la scène ne sera pas sans intérêt pour une génération qu'on peut appeler moderne par rapport au temps dont nous parlons.

Une anse étroite pénétrait dans l'île, à la profondeur d'un quart de mille. Ses rives étaient garnies de bâtiments comme les bords d'un canal hollandais. Il avait fallu nécessairement respecter la direction naturelle de la crique, et la rue avait pris conséquemment une courbe pareille à celle de la nouvelle lune. Les maisons étaient ultra-hollandaises, c'est-à-dire basses, anguleuses et d'une minutieuse propreté; elles possédaient toutes un perron, une girouette, un pignon sur rue et des gables taillés en degrés. La maison du bac était reconnaissable à une barre de fer saillante au bout de laquelle se balançait un petit bateau de même métal.

L'amour d'une navigation restreinte et artificielle avait probablement déterminé les bourgeois à établir en cet endroit leur embarcadère, car les deux rivières auraient fourni divers endroits beaucoup plus favorables, plus larges et moins encombrés.

Cinquante noirs étaient déjà dans la rue; ils trempaient leurs balais dans la crique pour jeter l'eau sur les façades des habitations. L'ennui de ce travail quotidien était allégé par de bruyantes saillies et par des éclats de rire auxquels la rue entière prenait part. Le langage de cette foule insouciante et vive était le hollandais déjà altéré par des locutions anglaises : circonstance qui a fait croire au premier colon que l'anglais n'était qu'un patois du hollandais. Les barbarismes de ce langage et les plaisanteries qui volaient de bouche en bouche avaient pour auditeurs quelques graves bourgeois encore affublés de leurs bonnets de nuit, et écoutant du haut de leur croisée avec une gravité imperturbable que ne pouvait ébranler la bonne humeur des nègres qui erraient le long des maisons.

Comme les mouvements du bac avaient nécessairement une extrême lenteur, l'alderman et son compagnon eurent le temps d'y sauter avant qu'on eût détaché les amarres. Le bateau, appelé la Périagua, tenait à la fois par sa construction de l'Europe et de l'Amérique. Comme les embarcations destinées à naviguer dans les eaux peu profondes des Pays-Bas, il avait une quille plate et des bordages élevés; mais, en outre, il était long et étroit. Les bâtiments de ce genre abondaient alors sur les rivières américaines, et nous les retrouvons encore aujourd'hui avec leurs grands mâts sans équilibre et leurs voiles anguleuses qui plient comme des roseaux devant la brise.

Malgré leurs habitudes aquatiques, les premiers colons de New-York étaient moins aventureux que leurs descendants actuels. C'était pour ces paisibles bourgeois une affaire importante que de traverser le plus large bras de l'Hudson, qu'on appelait comme aujourd'hui le Tapaan-Zée. Lorsqu'on entreprenait cette excursion, on était considéré comme un intrépide marin, on excitait l'inquiétude de ses amis et on avait droit à l'admiration de toutes les commères.

CHAPITRE III.

Nous avons dit que la Périagua était en mouvement lorsque nos deux voyageurs parvinrent à monter à bord. L'arrivée d'Oloff van Staats et de l'alderman van Beverout était attendue, et le patron du bac était parti au moment du jusant, car il prétendait prouver son indépendance en établissant que la marée et le temps n'attendaient personne. Il avait toutefois des bornes à cette prétention, et, en mettant son bateau en mouvement, il eut soin de ne pas compromettre la sécurité d'une pratique aussi fidèle et aussi importante que l'alderman.

Lorsque ce dernier fut embarqué, on jeta les câbles à bord, et l'équipage dirigea le bac vers l'embouchure de la crique. Pendant ces manœuvres, un jeune nègre, assis à l'avant de la Périagua, les jambes pendantes de chaque côté du taille-mer, représentait assez bien une figure de poupe. Il tenait une conque à sa bouche, ses yeux noirs étincelaient de plaisir, ses deux joues lustrées étaient enflées comme celles d'Éole, et il donnait le signal du départ en tirant de son coquillage les sons les moins harmonieux.

— Tais-toi, braillard! lui cria l'alderman en lui donnant un coup de canne sur la tête; tu fais à toi seul plus de bruit que mille trompettes... Eh bien! maître batelier, ta ponctualité consiste-t-elle à décamper avant que les passagers soient prêts?

Le batelier, sans ôter la conque de sa bouche, montra les bulles d'eau, signe certain que la marée descendait.

— Peu m'importe votre flux et reflux, reprit l'alderman irrité. Les jambes et les yeux de l'homme exact sont ce qu'il y a de mieux pour mesurer le temps. Écoute, maître batelier, tu n'es pas le seul navigateur de la baie, et ton bateau n'est pas le plus agile qu'on ait jamais lancé. Prends garde! quoique je sois un homme de bonne composition, je sais encourager une concurrence quand l'intérêt public l'exige.

Le patron du bac opposait une indifférence stoïque aux attaques dirigées contre lui personnellement; mais il éprouva le besoin de déployer toute son éloquence pour justifier la Périagua. Renonçant donc à sa pipe, il répondit à l'alderman avec la franchise un peu brutale que tous les Hollandais mettent à se défendre, sans égard pour le rang ou les qualités de l'agresseur.

— Au diable les aldermen! murmura-t-il en son patois. Ils voudraient que la marée allât à leur gré, et les conseillers municipaux rendraient volontiers un arrêt pour en régler le cours.

Après avoir ainsi exprimé son opinion, le batelier reprit sa pipe comme un homme convaincu qu'il méritait la victoire, quand même elle ne lui serait pas accordée.

— Il est inutile de discuter avec un entêté, dit l'alderman; et, se frayant un passage à travers des paniers de légumes, des tonneaux de beurre et tout l'ameublement ordinaire d'un bateau fait pour transporter les denrées, il alla s'asseoir auprès de sa nièce, qui était depuis longtemps installée dans la chambre de l'arrière.

— Bonjour, chère Alida, lui dit-il, l'air du matin va communiquer de la fraîcheur à tes joues, et les roses de ton visage prendront au Lust-in-Rust un nouvel éclat.

Le bourgeois, plus calme, déposa un baiser affectueux sur une joue dont sa remarque avait augmenté le coloris. Il porta ensuite la main à son chapeau pour répondre au salut d'un vieux domestique blanc, revêtu d'une livrée propre mais ancienne, et fit un signe de tête à une jeune négresse, dont les ajustements passablement recherchés annonçaient la femme de chambre de l'héritière.

Il suffisait de regarder Alida de Barbérie pour s'apercevoir qu'elle était de race croisée. Elle tenait de son père, gentilâtre de Normandie, des cheveux noirs, des yeux qui avaient la couleur et l'éclat du jais, et de la vivacité un peu étrange était tempérée par la douceur. Elle avait un profil classique, irréprochable, et une taille plus grande et plus flexible que celle qui est ordinairement le partage des Hollandaises. Sa mère lui avait transmis une peau d'une blancheur sans taches et un incarnat qui rivalisait avec les riches teintes des beaux soirs de sa terre natale. En même temps, la sœur de l'alderman avait encore légué à sa fille un embonpoint assez remarquable; mais chez Alida il n'avait rien de choquant, il arrondissait les contours de ses formes sans en diminuer l'aisance et la grâce. Les charmes personnels de celle qu'on surnommait la belle Barbérie étaient rehaussés par un costume de voyage et un chapeau de castor ombragé d'une touffe de plumes ondoyantes. Quoique sa situation sur le bac fût assez embarrassante, elle demeurait parfaitement maîtresse d'elle-même, sans rien perdre de sa modestie virginale.

Quand l'alderman van Beverout eut rejoint cette charmante jeune fille, pour laquelle il éprouvait un intérêt tout paternel, il la trouva déjà engagée dans une conversation mystérieuse avec Oloff, celui de ses nombreux prétendants qui passait pour avoir le plus de chances de succès. Cette vue suffit pour rendre à l'alderman toute sa bonne humeur; et, prenant sans façon et de sang-froid la place du vieux domestique de sa nièce, il essaya d'encourager un entretien de nature à hâter un dénoûment qu'il désirait. Malheureusement les individus qui s'embarquent sur un élément auquel ils sont étrangers éprouvent d'ordinaire un saisissement qui leur ôte la bouche et les porte à la méditation. En mer, les voyageurs inexpérimentés observent et comparent quand ils sont d'un certain âge; s'ils sont jeunes et impressionnables, ils se sentent disposés à la mélancolie. Sans chercher à analyser les causes de ces faits bien établis, nous dirons seulement que les deux jeunes gens devinrent par degrés silencieux et pensifs, malgré les efforts du digne bourgeois, qui avait trop de fois traversé la baie pour ressentir de nouvelles émotions. Myndert n'ignorait pas que le calme n'est pas moins favorable que le tumulte au développement d'une passion. Il devint donc muet à son tour et suivit les mouvements lents de la Périagua avec autant d'assiduité que s'il se fût miré dans les eaux,

Au bout d'un quart d'heure, le bac parvint à l'embouchure de la crique et fut, par un puissant effort, poussé dans le lit de la marée. On pouvait croire qu'il allait réellement commencer son voyage. Mais, au moment où l'équipage noir hissait les voiles, une voix se fit entendre sur le rivage pour prier les matelots, ou plutôt pour leur enjoindre de s'arrêter.

— Ohé ! de la Périagua, cria-t-il ; bordez la voile de l'avant, et acorez la barre du côté de ce gros bourgeois. Allons, dépêchez-vous, ou votre bateau va prendre le mors aux dents et vous emporter au large.

A ces mots, tous les bateliers se regardèrent avec surprise. Sans présenter la moindre objection, ils firent porter la voile d'avant et mirent la barre dessous, de manière à maintenir le bateau immobile à quelques pas de la plage ; pendant que ce nouveau passager montait dans une yole, on eut le loisir d'examiner sa tournure et de former diverses conjectures sur sa position sociale.

On devine que l'étranger était un fils de l'Océan. Il était solidement bâti et avait une taille de six pieds anglais, y compris sa chaussure. Ses épaules étaient massives et carrées, ses membres musculeux et bien attachés. Il avait la poitrine bombée et tout son corps indiquait une égale proportion de force et d'activité. Sa tête ronde et petite était fermement posée sur sa base, et couverte d'une forêt de cheveux bruns qui commençaient à grisonner. Sa figure était celle d'un homme de trente ans ; elle n'exprimait guère que l'audace, le sang-froid, l'entêtement et le mépris des hommes ; néanmoins elle ne manquait pas de beauté virile. Le teint de ce personnage avait cette rougeur uniforme que le hâle donne aux complexions naturellement délicates et vermeilles. Le costume de l'étranger n'était pas moins remarquable que sa personne ; il portait une veste de matelot taillée avec goût, un bonnet et de larges pantalons, le tout était en grossière toile blanche et d'étoffe parfaitement convenable à la saison et au climat. La veste n'avait point de boutons, c'est ce qui expliquait l'usage d'un riche châle des Indes qui lui servait de ceinture. On apercevait au-dessus une chemise de toile fine et d'une propreté irréprochable, dont le col se rabattait sur un foulard négligemment attaché autour du cou. Ce genre de cravate était alors peu connu en Europe, et presque entièrement réservé aux marins qui avaient fait le voyage des Indes.

L'une des extrémités du foulard était abandonnée au vent, mais l'autre était retenue avec soin sur la poitrine par la lame d'un petit couteau à manche d'ivoire, sorte d'épingle encore très-usitée. Nous compléterons cette description en ajoutant que l'inconnu avait aux pieds des pantoufles de toile à voile, sur lesquelles étaient brodées en laine deux ancres dérapées.

L'apparition de cet individu avait excité une vive sensation parmi les noirs occupés à laver les perrons et les pavés. Il avait été accompagné jusqu'à l'endroit où béla la Périagua par plusieurs curieux qui le contemplaient avec l'admiration que le vulgaire accorde toujours aux aventuriers.

Faisant signe à l'un de ses hommes de le suivre, le héros au châle de cachemire monta dans un canot, démarra et se dirigea vers le bac à bord duquel il était attendu. Ses attitudes pleines de noblesse, son air d'intrépidité et de résolution en faisaient un type de marin si complet, qu'il aurait mérité l'attention de gens d'un meilleur goût que les admirateurs qu'il laissait derrière lui. Par un mouvement facile du poignet et du coude, il faisait glisser la yole sur les eaux comme s'il eût quelque animal marin se jouant avec indolence dans son élément. Ferme comme une statue, l'étranger avait un pied sur chacun des plats-bords, et sa solidité inspirait cette confiance qu'on acquiert en regardant les exercices réitérés d'un corsaire de corde.

Lorsque la yole atteignit les flancs de la Périagua, il jeta une pièce de monnaie espagnole dans la main ouverte du nègre ; et, en sautant à bord, il donna une telle impulsion au frêle esquif qu'il le renvoya à moitié chemin de la terre au grand effroi du noir, qui se cramponna de son mieux dans cette coquille prête à chavirer.

L'étranger s'avança avec assurance ; il parut juger d'un seul coup d'œil l'équipage et les passagers, et se sentir sur eux la supériorité que les marins s'attribuent à l'égard des hommes dont l'ambition se borne à la terre ferme. Ses yeux se tournèrent d'abord vers les simples agrès et la modeste voilure de la Périagua, et sa lèvre supérieure se releva avec l'expression du dédain d'un connaisseur. D'un coup de pied il ôta de ses taquets l'écoute de l'avant, et, laissant la grande voile s'emplir, il sauta de tonneau en tonneau et tomba au milieu de la société de l'alderman avec l'agilité et l'audace d'un Mercure ailé. Il prit ensuite la barre des mains du patron stupéfait, comme s'il eût occupé ce poste depuis un temps immémorial. Lorsqu'il vit le bâtiment descendre la courant, il put accorder quelque attention à ses compagnons de voyage ; et le premier auquel il s'adressa fut François, domestique d'Alida.

— Commodore, dit-il avec une gravité dont le vieux Français fut presque la dupe, votre large pavillon va vous gêner. Un officier aussi expérimenté que vous ne devrait pas se mettre en mer sans avoir une banderole de rechange en cas de mauvais temps.

En prononçant ces mots, l'étranger montra la bourse où François avait enfermé ses cheveux ; mais celui-ci, feignant ne pas comprendre l'allusion, observa un silence plein de dignité.

— Je vois que monsieur est au service de l'étranger et ne comprend pas un marin anglais. Après tout, ce qui peut arriver de pis quand on

a la lune trop chargée, c'est de la couper et la laisser voguer à la dérive. Oserai-je vous demander, magistrat, si les cours ont décidé quelque chose relativement aux flibustiers des îles ?

— Je n'ai pas l'honneur d'appartenir à l'ordre judiciaire, répondit van Staats, auquel cette question s'adressait.

— Tant mieux pour vous, monsieur ; car c'est courir parmi les écueils que de croiser au barreau, soit comme homme de loi, soit comme plaideur.

— Vous êtes un marin au long cours, répondit le marin de Kinderhook, qui ne voulait pas qu'Alida le crût incapable de riposter à l'inconnu.

— Comme vous voudrez : Calcutta ou la baie de New-York me sont également familières. J'ai vu autant de côtes que cette jolie dame a pu voir d'admirateurs à ses pieds. Une croisière comme celle-ci est un jour de repos dans une traversée ; et pourtant je suis convaincu qu'avant de venir à bord vous avez pris congé de votre femme, béni vos enfants, scellé votre testament et demandé des consolations au clergé.

— Si j'avais observé toutes ces cérémonies, dit le jeune patron sans oser lever les yeux sur la belle Barbérie, le danger n'en aurait pas été plus grand. Il ne coûte rien de se préparer à tout événement.

— C'est vrai. Des papiers en règle peuvent aider un homme à entrer au port, quand il est fatigué de tenir la pleine mer ; mais cela n'empêche pas le monde d'être débarrassé par les eaux, par les balles ou par le gibet d'une multitude d'individus qui encombrent le pont. Eh bien, batelier ! quelles nouvelles ce matin ? Les gens d'Albani descendent-ils toujours l'Hudson ? Les boucaniers continuent-ils leurs déprédations ? Les temps deviennent durs pour les hommes d'argent, comme on s'en aperçoit à l'allure de ce croiseur qui reste à l'ancre là-bas, au lieu de prendre la pleine mer. Il a du moins pour nous l'avantage de nous servir de girouette, flottante et de nous indiquer la direction de la marée.

— Si les nouvelles sont vraies, répondit le propriétaire de la Périagua, le capitaine Ludlow et la Coquette auront bientôt de l'occupation. On assure qu'on a vu quelque chose de l'autre côté de Long-Island.

— Je devine ce que c'est, reprit le marin étranger.

— Quoi donc ? demanda le patron du bateau.

— C'est l'océan Atlantique ; et si vous en doutez, j'en appelle à ce vieux monsieur qui me fait l'effet d'être un instituteur.

— Je suis l'alderman van Beverout, murmura entre ses dents l'objet de cette nouvelle saillie.

— Je vous demande mille pardons ! repartit le marin en s'inclinant avec gravité. J'ai été trompé par les apparences, et j'ai eu tort de me figurer qu'un alderman fût capable de déterminer la position de l'océan Atlantique. Cependant, messieurs, sur l'honneur d'un homme qui a vu souvent l'eau salée, je vous jure que la mer dont je parle est positivement derrière Long-Island. Si l'on a remarqué dessus quelque chose d'extraordinaire, le digne commandant de la Périagua est pour nous le faire savoir.

— Un matelot qui venait des îles sur un bateau chargé de bois m'a dit qu'on avait vu récemment l'Écumeur de mer le long de la côte, répondit le maître du bac du ton d'un homme qui communique une nouvelle de grande importance.

— Les marins qui parcourent nos détroits, dit froidement l'étranger, sont toujours à la recherche des aventures merveilleuses. Je m'étonne qu'on n'en choisisse pas pour rédiger les almanachs. Mais, dites-moi, je vous prie, mon ami, quel est donc cet Écumeur de mer ?

— Les sorcières seules pourraient le dire. Je sais seulement que c'est un croiseur, et qu'il est tantôt ici, tantôt là. Les uns disent que c'est un navire de brouillards qui rase comme une mouette la surface des eaux ; d'autres pensent que c'est le spectre d'un bâtiment qui fut pillé et brûlé par le capitaine Kidd, et qui court après ses morts et son argent. Je l'ai vu moi-même une fois ; mais la distance qui m'en séparait était si grande et ses manœuvres étaient si peu naturelles, qu'il me serait difficile de décrire sa coque ou ses agrès. — Voilà un incident qu'on n'inscrit pas sur le livre de loch à toute heure de quart. Et dans quel parage avez-vous rencontré ce vaisseau mystérieux ? — C'était à l'entrée de la baie de New-York, entre Long-Island et l'île des États. Nous péchions par un temps brumeux, et, lorsque le brouillard s'éleva, nous vîmes un bâtiment qui cinglait vers la terre du train d'un cheval au galop. Mais, pendant que nous levions l'ancre, il avait déjà fait une lieue au large, après avoir viré de bord.

— C'est une preuve de son activité ou de la vôtre ; mais quelle pouvait être la forme du fuyard ?

— Elle était indéfinissable. Il semblait aux uns un bâtiment de haut bord, aux autres un chasse-marée des Bermudes. Pour ma part, je le comparais à une vingtaine de Périaguas réunies ensemble. Ce qui est bien constaté, c'est qu'il sortit du port, le soir même, un bâtiment de la compagnie des Indes, dont on n'a plus eu de nouvelles, quoiqu'il y ait de cela trois ans. A partir de cette époque, je ne suis jamais allé pêcher sur les sables par un temps brumeux.

— Vous avez bien fait, reprit l'étranger ; les gens qui, comme vous, bravent par métier les vents et la mer ne doivent jamais se mettre à portée de ces vaisseaux du diable. Je pourrais vous raconter une histoire arrivée dans les latitudes calmes, sous un soleil brûlant, et la morale de mon récit vous apprendrait à réprimer une curiosité téméraire.

— Nous écoutons, dit Oloff van Staats, dont l'intérêt était excité. Mais la physionomie de l'étranger devint brusquement grave et pensive. Il secoua la tête comme un homme qui avait des raisons pour garder le silence; et, abandonnant la barre, il déplaça sans cérémonie un paysan pour s'installer au centre du bateau, où il s'étendit de tout son long les bras croisés et les yeux fermés. Au bout de cinq minutes, ses voisins eurent d'incontestables preuves que ce marin extraordinaire dormait d'un profond sommeil.

CHAPITRE IV.

Les actes et le langage de l'inconnu avaient produit une sensation marquée parmi les passagers de la *Périagua*. La belle Barbérie s'était amusée de ces sarcasmes, mais la hardiesse du marin l'avait contrainte à se renfermer dans la réserve qu'elle croyait l'apanage de son sexe et de sa position. Le patron de Kinderhook, légèrement offensé par le sans-gêne de l'intrus, avait cru devoir pardonner quelques libertés à un homme qui venait d'échapper depuis peu à la monotonie de la vie en mer. Le calme ordinaire de l'alderman avait été troublé par d'impertinentes observations, mais il sut dissimuler son mécontentement. Lorsque le principal acteur de la scène précédente eut jugé à propos de se retirer, on oublia bientôt sa présence.

La marée descendante et la brise qui fraîchissait emportaient rapidement le bac au delà des îlots de la baie, et la menèrent auprès de *la Coquette*. Ce croiseur était un vaisseau de vingt canons, placé par le travers du hameau de l'île des États où *la Périagua* devait s'arrêter. Il était dans le mouillage habituel des bâtiments disposés à prendre la mer au premier vent favorable, et c'était là qu'alors, comme aujourd'hui, les navires subissaient les examens et la quarantaine nécessaires à la sécurité des habitants. Toutefois *la Coquette* était seule, car les arrivages n'étaient pas fréquents au commencement du dix-huitième siècle.

La route directe du bac le conduisait à cinquante pieds du sloop de guerre, dont l'aspect ne manqua pas d'exciter la curiosité des passagers. Pour leur faire plaisir, le nautonier gouverna de manière à approcher le plus possible des sombres flancs du croiseur.

— Écartez-vous! grommela l'alderman. Mers et océans! la baie d'York n'est-elle pas assez large? Êtes-vous obligés d'aller essuyer la poussière des canons de ce vaisseau endormi? Si la reine savait comment ses matelots paresseux lui volent ce qu'ils mangent, elle les enverrait dans les îles à la poursuite des pirates. Regarde la terre, Alida, et tu cesseras de t'alarmer des manœuvres de ce lourdaud; il veut souvent nous faire voir qu'il s'entend à gouverner.

Alida était loin de manifester la terreur que son oncle lui supposait. Au lieu de pâlir, elle rougit lorsque le bac se balança sous le vent du croiseur; et si sa respiration était plus précipitée que de coutume, ce n'était pas à la crainte qu'il fallait l'attribuer. Au reste l'émotion qu'elle pouvait éprouver ne fut point remarquée, car tous les voyageurs étaient occupés à contempler les grands mâts et le labyrinthe de cordages suspendus presque au-dessus de leurs têtes. Les sabords et les parapets du vaisseau se garnissaient déjà de curieux, quand un officier qui portait la petite tenue d'un capitaine de marine sauta dans les agrès du grand mât, et salua la compagnie, en agitant son chapeau avec empressement, comme un homme agréablement surpris.

— Un beau ciel et de douces brises à chacun de vous! s'écria-t-il avec la cordialité d'un marin; je baise la main de la belle Alida; monsieur l'alderman, agréez l'assurance de mon respect; monsieur van Staats, je vous salue.

Le jeune patron de Kinderhook se leva et s'inclina courtoisement. Alida rougit encore, hésita, et, par un mouvement presque involontaire, elle agita son mouchoir. Quant au magistrat municipal, il dit à demi-voix d'un ton bourru :

— Oui, paresseux que vous êtes, vous parlez au lieu d'agir. La longue durée de la guerre, l'éloignement des ennemis font de vous autres marins les maîtres de la terre, capitaine Ludlow!

Cependant le bac allait dépasser le vaisseau, lorsque le marin au châle de cachemire lui demanda à coup :

— Voilà un joli bateau et de beaux agrès, dit-il en examinant le croiseur royal et en reprenant la barre des mains du batelier. Sa Majesté doit tirer parti de ce fin voilier, surtout avec le jeune homme que j'aperçois dans le gréement. Nous allons prendre une autre observation.

— Mousse, largue l'écoute de l'avant!

En disant ces mots, l'étranger mit la barre sous le vent; on fila l'écoute, et le bateau obéissant orienta sa voile en courant l'autre bordée. Une minute après, il frottait encore les flancs du sloop de guerre. Cette audacieuse infraction aux règles habituelles du bac allait provoquer les plaintes du maître et de l'alderman; mais, au moment où ils ouvraient la bouche, l'homme au châle ôta son chapeau et apostropha le capitaine Ludlow avec l'aisance qu'il avait jusqu'alors témoignée :

— Sa Majesté veut-elle avoir à son service un homme qui a vu plus d'eau salée que de terre ferme? Y a-t-il dans ce beau croiseur une place vacante pour un homme qui ne peut gagner sa vie qu'en naviguant?

Le descendant des Ludlows démocrates, selon l'expression de lord Cornbury, fut aussi surpris du maintien de l'interlocuteur que de l'assurance avec laquelle un matelot vulgaire s'adressait à un officier.

— La reine, dit-il, accueillera toujours volontiers un hardi marin s'il est disposé à servir fidèlement. Qu'on jette une corde à la *Périagua*, nous traiterons plus à notre aise sous le pavillon de Sa Majesté. Je serais fier de recevoir l'alderman van Beverout, et un cutter sera toujours à ses ordres quand il voudra se retirer.

— Un alderman sort d'un croiseur royal plus facilement qu'un bon matelot, répondit l'étranger sans donner au bourgeois le temps de formuler ses remerciements. Ayant sous vos ordres un aussi beau vaisseau, noble capitaine, vous avez dû passer le détroit de Gibraltar?

— Mes devoirs m'ont souvent appelé dans la Méditerranée, répondit Ludlow assez mécontent de tant de familiarité mais désirant trop retenir le bac pour se disputer avec celui qui lui procurait ce plaisir inattendu.

— En ce cas, vous savez qu'il suffit du souffle d'air produit par un éventail pour faire entrer un vaisseau dans le détroit, mais qu'il faut une brise carénante pour l'en faire sortir. Le pavillon britannique est d'une longueur remarquable, et quand il s'embarrasse autour des jambes d'un vrai loup de mer, on ne peut guère s'en débarrasser. Ce qui est remarquable, c'est que plus le marin est bon, moins il est capable de défaire le nœud.

— Si ce pavillon est si long, il peut atteindre plus loin que vous ne le voulez. Mais un hardi volontaire ne doit pas craindre la presse.

— La place que je désire est prise, répondit l'autre d'un air dédaigneux. Largue l'écoute, mon garçon, nous allons prendre congé de ces messieurs, et laisser la queue du pavillon nous tenir vent debout. Adieu, brave capitaine, quand vous aurez besoin d'un bon corsaire, songez à celui qui vous a rendu visite et qui a charmé un moment les ennuis de votre oisiveté.

Ludlow se mordit les lèvres; la rougeur couvrit son beau visage; cependant il sourit en regardant la malicieuse physionomie d'Alida. Mais celui qui avait si hardiment bravé le commandant d'une croiseur royale parut comprendre le danger de sa position. *La Périagua* vira de bord, s'inclina devant la brise et se dirigea vers la plage.

Trois embarcations quittèrent en même temps le croiseur; l'une, qui portait le capitaine, se rendit à terre avec une majestueuse lenteur, les deux autres faisaient force de rames.

— Si vous n'êtes pas disposé à servir la reine, mon ami, dit Oloff van Staats, vous avez eu tort d'affronter l'un de ses commandants à la gueule de ses canons.

— En effet, le capitaine Ludlow semble vouloir presser quelqu'un de nous; cela me semble aussi clair qu'une étoile dans un ciel sans nuages.

— Ainsi, dit l'alderman avec commisération, vous ne tarderez pas à manger le pain de Sa Majesté.

— C'est une nourriture dont je ne me soucie pas, et voici pourtant un bateau qui semble déterminé à m'en faire goûter.

Le marin inconnu cessa de parler, car la situation du bac devenait réellement un peu critique ou du moins semblait-elle aux gens de l'intérieur qui prenaient témoins de cette rencontre inattendue. Le vent poussait *la Périagua* du côté du goulet, qui communiquait avec la rade, et il fallait virer deux fois pour arriver au vent du débarcadère habituel. La première de ces embarcations avait été exécutée; mais l'embarcation du sloop, au lieu d'engager une poursuite dont le succès était certain, se dirigea vers la quai pour y attendre tranquillement l'arrivée. Le marin inconnu ne chercha pas à éviter l'abordage. Il tenait encore la barre, et gouvernait le bateau comme s'il eût été investi d'une autorité légitime. Son intrépidité et l'habileté consommée avec laquelle il manœuvrait auraient suffi pour justifier son usurpation.

— Par les griffes du diable! dit le maître du bac, si vous laissiez arriver *la Périagua*, nous gagnerions du temps.

— La reine nous envoie un message, répondit le marin, et il serait inconvenant de le refuser.

— Mettez en panne, cria le jeune officier qui commandait le cutter. Au nom de Sa Majesté, je vous ordonne d'arrêter.

Cependant les embarcations étaient à cinquante pieds l'une de l'autre. Dès qu'il y eut de la place, *la Périagua* vira de bord et s'élança de nouveau vers le rivage. L'avantage qu'elle passait à une portée d'aviron du cutter, si elle aimait mieux allonger sa route; mais celui qui dirigeait les manœuvres ne semblait aucunement disposé à prendre ce dernier parti. L'officier se leva, et l'on vit qu'il tenait à la main un pistolet, sans cependant il paraissait vouloir dissimuler. Le marin se mit à l'écart, de manière à offrir aux yeux du groupe où il se trouvait en compagnie d'Alida, et il dit d'un ton sarcastique :

— Choisissez, monsieur; en pareille société tout homme de sens doit avoir une préférence.

À l'aspect de la belle Barbérie, le jeune officier rougit de la commission qu'il était chargé d'accomplir, et y renonça aussitôt. Il salua la dame et s'éloigna pendant que le bac continuait triomphalement sa route. Toutefois la plus grande embarcation de *la Coquette* guettait l'arrivée de *la Périagua*. À cette vue, le maître secoua la tête, et regarda d'un air inquiet l'homme au châle. Celui-ci conserva son sang-froid, aborda hardiment; et, sautant sur une pointe de rochers, il passa de pierres en pierres, jusqu'à ce qu'il eût disparu derrière les habitations du hameau. Peu de temps après, le bac atterrit, et les embarcations retournèrent à leurs vaisseaux.

CHAPITRE V.

Si nous disions qu'Alida de Barbérie ne jeta pas un coup d'œil derrière elle en abordant, afin de voir si le capitaine Ludlow retournait au sloop, nous représenterions la jeune fille comme moins soumise à l'influence de la coquetterie qu'elle ne l'était réellement. Au grand mécontentement de l'alderman, la barque qui portait le capitaine continua à s'approcher du rivage.

Les hauteurs de l'île des États étaient couvertes, il y a environ un siècle, d'une multitude d'arbres nains. Des sentiers étaient tracés en divers sens au milieu de cette maigre végétation, et comme le hameau de la quarantaine était le point où ils divergeaient tous, il fallait un guide exercé pour en suivre les détours sans s'exposer à perdre du

L'alderman Myndert van Beverout.

temps. Toutefois l'honnête bourgeois paraissait connaître les êtres ; car, se mettant en route avec une agilité peu ordinaire pour lui, il mena ses compagnons à travers les taillis. En changeant fréquemment de direction, il bouleversa si complètement leurs idées, qu'aucun d'eux n'eût été capable de se tirer du labyrinthe.

— Ombres et nuages ! s'écria-t-il lorsqu'il eut la certitude d'avoir échappé à toute espèce de poursuites, les petits chênes et les pins verts ont des charmes par une matinée de juin. Vous aurez l'air des montagnes et de la mer, patron, pour stimuler votre appétit, quand nous serons au Lust-in-Rust. Ils donneront plus de couleur à vos joues, Alida, que toutes les eaux que l'homme a imaginées.

— Je ne sais qu'en penser, si le lieu est aussi changé que la route qui y conduit, répondit la belle Barbérie regardant en vain du côté de la baie qu'elle venait de quitter.

— Ah ! les femmes ne sont que vanité ! voir et être vu, tel est le plaisir du beau sexe. Cependant nous sommes mieux dans ce bois que le long de la côte, en compagnie des mouettes et des bécassines. Un homme sage, monsieur van Staats, doit éviter l'eau salée et tous ceux qui vivent dessus, excepté quand il s'agit d'opérations commerciales. Vous me remercierez de mes soins, Alida, lorsque nous serons arrivés, et que vous vous trouverez aussi fraîche qu'une tulipe de Hollande.

— Pour ressembler à cette fleur, mon oncle, on consentirait à marcher les yeux bandés. François, ajouta-t-elle en français, faismoi le plaisir de porter ce petit livre ; malgré la fraîcheur de la forêt, j'ai besoin de m'éventer.

Le valet prit le livre avec un empressement qui rendit inutile la tardive civilité d'Oloff ; et voyant que sa jeune maîtresse était de mauvaise humeur, il lui dit à voix basse :

— Que ma chère mademoiselle Alida ne se fâche pas ! elle ne manquerait jamais d'admirateurs dans un désert. Ah ! si mam'selle allait voir la patrie de ses ancêtres !

— Merci bien, mon cher ; gardez les feuilles fortement fermées, il y a des papiers dedans.

— Monsieur François, dit l'alderman en séparant brusquement sa nièce du fidèle serviteur, je veux te dire un mot en particulier. Au milieu de mes occupations, qui seront, je l'espère, profitables, j'ai remarqué qu'un bon domestique était un honnête conseiller. Après la Hollande, l'Angleterre et les Indes, où se font les plus grandes opérations commerciales, j'accorde un rang honorable à la France. Je crois, monsieur François, que l'ennui d'une longue traversée vous a retenu ici depuis le décès de mon beau-frère.

— Et mon attachement pour mademoiselle Alida, monsieur, avec votre permission.

— Je ne le mets pas en doute, honnête François ; il est aussi sûr que le payement d'une bonne traite par Grammeline, van Stopper et van Gelt d'Amsterdam. Ah, mon vieux camarade ! Alida n'était pas fraîche comme une rose et douée d'excellentes qualités ! C'est dommage qu'elle soit un peu opiniâtre : défaut qu'elle doit sans doute à ses ancêtres normands, puisque toute ma famille s'est fait toujours remarquer par sa sagesse.

— Mille excuses, monsieur Beverout. Elle est plus belle que la rose, et n'est pas opiniâtre du tout. Mon Dieu ! pour sa qualité, c'est une famille très-ancienne.

— Mon frère Barbérie tenait à la noblesse, qui pourtant n'ajoutait pas un chiffre à la somme de ses biens. Le meilleur sang, monsieur François, est celui qu'on entretient le mieux, et la race de Hugues Capet luimême dégénérerait sans l'intervention du boucher. Vous êtes capable de comprendre combien il importe d'être sur un bon pied dans le monde. Ne croyez-vous donc pas que ce serait dommage qu'une jeune personne comme Alida n'eût pour point d'appui que les planches d'un navire ?

— Certainement, monsieur.

— La voyez-vous obligée de suivre un époux sur les mers par le froid ou la chaleur, dans le calme ou dans les tempêtes, au milieu des pirates et des contrebandiers, éprouvant des crampes et des nausées, n'ayant pour nourriture que de la viande salée, et même jeûnant quelquefois !

Cette énumération de calamités produisit sur le visage du laquais des contorsions correspondant à chacun des malheurs que prévoyait l'alderman.

— Parbleu, c'est horrible cette mer ! s'écria François. Il ne devrait y avoir d'eau que pour boire, et engraisser des carpes dans les fossés d'un château. Mais mademoiselle ne fera point une démarche téméraire, et elle prendra un époux sur la terre ferme. Il n'y a jamais eu de marin dans la famille de Barbérie.

— Inventaires et billets ! ma nièce a trop de biens pour les risquer en pleine mer, et si l'on y ajoutait les économies d'un homme que je pourrais nommer, il y aurait de quoi faire sombrer un vaisseau ! Vous savez quelles sont mes intentions à l'égard d'Alida pour l'époque à laquelle je réglerai mes comptes avec le monde.

— Si M. de Barberi était vivant, monsieur l'alderman, il vous rendrait grâces en termes convenables ; mais malheureusement mon cher maître est mort. Permettez-moi donc de vous remercier pour lui et pour toute sa famille.

— Les femmes sont pleines de malice, et elles se plaisent quelquefois à faire précisément ce qu'on les prie de ne pas faire.

— Ma foi oui !

— Les hommes sages doivent les diriger par de douces paroles et de riches présents. Par ce moyen, elles deviennent aussi soumises qu'un attelage de chevaux bien dressés.

— Monsieur connaît bien les femmes, dit le vieux domestique avec une intention de plaisanterie réprimée par le décorum ; pourtant il est resté garçon. Les cadeaux réussissent auprès des demoiselles et mieux encore auprès des dames.

— Noces et fiançailles ! nous autres célibataires, nous nous y connaissons mieux que personne ! aussi je crois avoir agi avec discernement en destinant ma nièce à maître un Staats de Kinderhook. Qu'en pensez-vous, fidèle François ?

— Pourtant mademoiselle aime la vivacité, et M. le patron n'est jamais trop vif.

— Il n'en convient que mieux... Silence ! j'entends un bruit de pas ! Nous sommes suivis, je puis dire chassés, pour employer le langage maritime ; mais il faut montrer au capitaine Ludlow qu'on le brave sur le continent. Restez un peu en arrière et fourvoyez notre navigateur. Lorsqu'il aura disparu dans la brume, revenez nous rejoindre au grand chêne de la côte : nous vous y attendrons.

Flatté de tant de confiance et convaincu qu'il servait les intérêts de sa maîtresse, le vieux domestique fit à l'alderman un signe d'intelligence, et le laissa s'éloigner à grands pas.

Quoique sincèrement attaché à Alida, François avait le caractère d'un domestique européen. Familier avec toutes les ruses de sa profession, il appartenait à cette école qui croit que la fourberie est la mesure de la civilisation, et qu'un succès ne saurait être glorieux quand il est acquis par l'emploi vulgaire du bon sens et de la vérité. Il entra donc avec empressement dans les vues de l'alderman, et se mit à fredonner une chansonnette française en entendant le craquement des branches sèches sous les pas de celui qui le suivait. A ses accents, les pas se rapprochèrent, et bientôt l'homme au châle fut à côté de François. Leur désappointement parut réciproque ; le domestique oublia tous les discours qu'il avait préparés pour dérouter le commandant de la *Coquette*. Quant au marin, il conserva l'imperturbable sang-froid, qui ne l'aurait pas abandonné, même dans des circonstances plus critiques.

— Eh bien ! monsieur du large pavillon, dit-il après s'être assuré qu'ils étaient seuls, un officier de votre espèce doit mieux aimer naviguer dans ces bosquets qu'à bord d'une *Périagua*. Quelle est votre longitude, et où avez-vous laissé vos conserves ?

Oloff van Staats observant de loin l'habitation de la belle Alida de Barbérie.

— Monsieur, je me promène dans ce bois *pour mon plaisir*, et je vais à la campagne pour... Parbleu non ! c'est pour suivre *ma jeune maîtresse*.

— Et que tenez-vous à la main ? Est-ce l'art d'arranger une queue qui est enseigné dans ce joli volume ? En disant ces mots le marin mit sans façon la main sur le livre de François, qui, au lieu de s'offenser de la liberté, le lui présenta avec transport.

— Non, monsieur, ce n'est pas l'art d'arranger une queue, c'est celui de toucher l'âme, c'est le *Cid*, un ouvrage plein de connaissances et d'esprit. Ah ! monsieur ! le grand homme, *l'homme de génie* ! lisez cela, monsieur le marin, et vous connaîtrez la vraie poésie : *le vrai génie et les nobles sentiments se trouvent dans ce livre-là* ! Je ne voudrais pas vous dire quelque chose de pénible, mais je suis convaincu que ce livre n'a pas été écrit sur mer.

— Comme je le vois, c'est un livre de loch que tout le monde peut consulter. Je vous le rends ; mais, sans contester le talent de l'auteur, je suis convaincu qu'il n'a pas écrit tout ce que je trouve entre les feuillets.

— Il n'a pas tout écrit ! il en a écrit cent fois davantage. Que l'envie de ces *Anglais* se découvre quand on parle des beaux génies de la France !

— Je dirai seulement que, si votre auteur a composé ce volume, il aurait dû le faire imprimer.

— Imprimer, répète François en parcourant des yeux son livre : qu'est-ce que cela ? *ce papier* appartient à mademoiselle, *assurément*.

— Faites ici plus d'attention, interrompit le jeune homme au châle ; quant à votre *Cid*, il m'est inutile, puisqu'il n'enseigne ni la latitude d'un bas-fond, ni la forme d'une côte.

— Monsieur, il enseigne *la morale, la passion et les grands mouvements de l'âme*, enfin tout ce qu'un monsieur peut désirer savoir. *Tout le monde le lit en France, en province comme en ville*. Si Sa Majesté le grand Louis n'avait pas eu la maladresse de chasser mes-

sieurs *les huguenots de son royaume*, j'irais à Paris moi-même pour voir représenter le *Cid*.

— Bon voyage, monsieur la queue, nous pourrons nous rencontrer encore avant mon départ, et nous retrouver même en mer. Jusque-là bonne chance !

— Adieu, monsieur, répondit François en s'inclinant avec la politesse qui lui était familière. Si nous sommes destinés à ne nous revoir qu'en mer, nous ne nous reverrons jamais. Ah ! ah ! *M. le marin n'aime pas entendre parler de la gloire de la France, je voudrais bien savoir lire ce F... Shakspeare, pour savoir combien l'immortel Corneille lui est supérieur. Ma foi oui ! M. Pierre Corneille est vraiment un homme illustre !*

Là-dessus, François content de lui-même se dirigea vers le chêne qu'on lui avait indiqué. Fier de la manière dont il avait rembarré l'étranger, il l'était plus encore d'avoir contribué à soutenir l'honneur de son pays lointain, et d'être le compatriote d'un auteur dont la réputation était répandue en Europe longtemps avant qu'il l'eût quittée.

La position de l'île des États et des baies qui l'environnent est familière aux Américains, mais il est bon d'entrer dans quelques explications pour les lecteurs étrangers. La principale communication entre les baies d'York et de Rariton se fait par un détroit que l'on appelle les Narrows. Ce passage est borné par Long-Island et l'île des États, et cette dernière, à cet endroit, forme un promontoire élevé, qui rappelle le célèbre cap de Misène : de cette hauteur, non-seulement on découvre New-York et son port, mais encore on aperçoit la pleine mer bien au-delà de la pointe de Sandy-Hook. C'est de là qu'on signale aujourd'hui les navires qui paraissent au large, et qu'on communique au commerce la nouvelle des arrivages au moyen du télégraphe. Au commencement du dix-huitième siècle, ce promontoire n'était fréquenté que par des paysans ou par de rares admirateurs de paysage. Il avait été défriché, et le chêne déjà mentionné était le seul arbre qui fût resté debout dans un espace de douze acres. C'est au pied de cet

Alida de Barbérie et François son vieux domestique.

arbre, sur un banc grossier que François rejoignit la compagnie. — Oui, disait l'alderman, une conscience nette, un bon inventaire et de francs amis peuvent réchauffer un homme au mois de janvier, même dans ce climat ; mais il serait au-dessus des forces humaines de rafraîchir en été cette ville populeuse avec ses rues étroites, ses nègres rebelles et ses fourrures mangées des vers. Tu vois, patron, ce point blanc de l'autre côté de la baie ? par toutes les brises, c'est le Lust-in-Rust, où chaque bouffée d'air est un cordial, et où l'on a du loisir pour faire l'addition de ses pensées.

— Nous sommes aussi solitaires sur cette colline, répondit Alida, et nous avons l'avantage de jouir de l'aspect de la ville.

— Oui, nous sommes seuls, ma chère nièce, reprit l'alderman en se frottant les mains ; c'est une vérité incontestable. Nous formons aussi une bonne compagnie; et je puis le dire, quoique j'y figure comme un chiffre assez important; la modestie est la richesse du pauvre; mais, à mesure que nous nous arrondissons, nous sentons mieux la nécessité de parler franchement de nous aussi bien que de nos voisins.

— En ce cas, on n'entendra que des éloges sortir de la bouche de l'alderman van Beverout, dit le capitaine Ludlow se montrant à l'improviste. Excusez ma brusque apparition; elle peut s'expliquer par le désir que j'ai de mettre mon vaisseau à votre disposition, et j'espère que vous me la pardonnerez.

— Le pouvoir de pardonner est une prérogative du gouverneur, répliqua sèchement l'alderman. Si Sa Majesté donne assez peu d'occupations à ses croiseurs pour qu'ils puissent s'employer au service des vieillards et des jeunes filles, nous vivons dans un heureux temps, où le commerce devrait fleurir.

— Un capitaine peut s'estimer heureux de concilier ses devoirs envers la reine avec l'envie d'être utile. Vous allez à l'île de Jersey, monsieur van Beverout?

— Je vais à la maison de campagne appelée le Lust-in-Rust, capitaine Cornelius van Cuyler Ludlow. Le jeune homme se mordit les lèvres, et ses joues brunies se colorèrent, mais il conserva son sang-froid.

— Et moi, dit-il avec une feinte indifférence, je vais en mer. Le vent fraîchit, et votre bateau, que je vois se diriger vers l'île, aura peine à lutter contre la force de la brise. La Coquette va lever l'ancre dans vingt minutes, à la faveur de la marée, et je voudrais avoir le plaisir de vous posséder à bord. Je suis certain que les craintes de la belle Alida seront d'accord avec mes vœux, quelles que puissent être ses intentions.

— Elles sont les mêmes que celles de mon oncle, repartit vivement Alida. Je me connais si peu en marine, que la prudence m'apprend à m'en rapporter à l'expérience des personnes plus âgées.

— Je ne prétends pas disputer son âge à M. van Beverout, mais il me permettra de croire que je suis aussi bon juge que lui en fait de vents et de marées. J'espère donc qu'il suivra mes conseils, et qu'il préférera la Coquette à la Périagua.

— On dit qu'il est plus facile d'entrer dans votre vaisseau que de le quitter, reprit Alida en riant; et l'on prétend que vos preuves toutes récentes que votre Coquette est comme ses semblables avide de conquêtes.

— C'est une réputation qui lui est donnée par nos ennemis, répondit Ludlow à voix basse; mais j'avoue que j'attendais une autre réponse de la belle Barbérie.

Le ton dont ces mots furent prononcés précipita les battements du cœur de la jeune fille, et si les assistants avaient été un peu observateurs, ils auraient deviné qu'il existait entre le jeune marin et l'héritière une intelligence fâcheuse pour leurs projets.

— Oui, reprit Ludlow en baissant encore la voix, j'attendais une tout autre réponse de la belle Barbérie.

Il y avait une lutte évidente dans l'esprit d'Alida, elle surmonta son embarras avant qu'il pût être remarqué; et se tournant vers son domestique avec grâce, elle lui dit en français:

— Rends-moi le livre, François.

— Le voici. Ah! ma chère mam'selle Alida, que ce monsieur le marin se fâchait à cause de la gloire et des beaux vers de notre illustre M. Pierre Corneille!

— Voici un marin anglais qui, j'en suis sûr, ne niera pas le mérite d'un écrivain distingué qui appartient pourtant à une nation généralement considérée comme hostile. Capitaine Ludlow, voilà un mois que je vous dois un volume de Corneille, et je m'acquitte aujourd'hui de mon obligation. Lorsque vous aurez examiné ce livre avec l'attention qu'il mérite, j'espère que...

— Que j'en apprécierai les beautés?

— Et que vous voudrez bien me le rendre; car je le tiens de mon père.

— Langues étrangères! murmura l'alderman. Les hommes sensés ne devraient apprendre que l'anglais et le hollandais. Je n'ai jamais pu comprendre un compte de profits et pertes dans une autre langue. Capitaine Ludlow, nous vous remercions de votre politesse; mais l'on vient m'avertir que la Périagua m'attend: veuillez donc recevoir mes adieux.

Le jeune capitaine salua la société avec plus de grâce qu'on n'aurait pu s'y attendre après son échec. On le vit même descendre tranquillement la colline, et il ne l'abandonna à ses sentiments que lorsqu'il eut perdu de vue la société. Il tira le volume de sa poche, et l'ouvrit avec un invincible empressement; il paraissait s'attendre à trouver dans ses feuilles autre chose que ce que l'auteur y avait mis. En apercevant un billet cacheté, il laissa tomber le livre, et déchira précipitamment l'enveloppe, comme si elle eût contenu pour lui une sentence de vie ou de mort.

La surprise fut la première émotion du capitaine. Il lut et relut; il se frappa le front, promena les yeux autour de lui, parcourut de nouveau le billet, et examina l'adresse, qui portait simplement: Au capitaine Ludlow, du vaisseau de Sa Majesté la Coquette. Il sourit, prononça quelques paroles entre ses dents, et mit enfin le billet dans

sa poche de l'air d'un homme qui avait à la fois des motifs de regret et de satisfaction.

CHAPITRE VI

— Le visage d'un homme est le livre de loch de ses pensées, et celles du capitaine Ludlow semblent agréables? dit brusquement une voix d'homme pendant que le jeune marin se livrait à la pantomime ci-dessus décrite.

— Qui se permet de m'épier? dit-il fièrement; et il trouva en face de lui l'audacieux matelot qui l'avait bravé le matin même. Maîtrisant son indignation, le capitaine essaya d'imiter le sang-froid de cet étrange personnage, qui, malgré sa condition inférieure, avait quelque chose de réellement imposant.

— Il y a, reprit-il, du courage à affronter ses ennemis; mais il y a de la témérité à provoquer la colère de ses amis.

— Je suis de votre avis, répondit l'homme à la ceinture de cachemire; mais je ne me crois pas trop téméraire. Le capitaine Ludlow à bord de la Coquette, et protégé par le feu de ses canons, n'est pas le même que le capitaine Ludlow sur une falaise, sans autre défense que ses bras et son courage. Dans le premier cas, il ressemble à un mât soutenu par des étais, des contre-étais, des bras de vergue et des manœuvres dormantes; dans le second cas, c'est le mât seul et nu, ne devant de porter la tête haute qu'à la solidité de ses matériaux. Au reste, vous êtes homme à vous passer d'appui quand même les vents souffleraient plus fort que ceux qui gonflent en ce moment les voiles du bac.

À ces mots, Ludlow oublia tout pour ne songer qu'à la Périagua, qui emportait Alida et ses compagnons dans la vaste baie de Rariton.

— En effet, dit-il, ce bateau commence à sentir la violence du vent. Quelle opinion avez-vous du temps, mon camarade?

— On ne peut juger des femmes et des vents que lorsqu'ils se mettent en mouvement, répondit l'homme au châle; mais quiconque a consulté aujourd'hui les cieux aurait dû préférer le vaisseau la Coquette à ce bac qui danse sur les flots; et pourtant la soie flottante que nous voyons dans le bateau nous apprend qu'il y a une personne qui a pensé autrement.

— Vous êtes un homme d'une singulière intelligence, dit Ludlow, et même d'une singulière...

— Effronterie! reprit l'autre voyant hésiter le commandant. Que l'officier de la reine s'explique franchement; je ne suis guère qu'un gabier, ou tout au plus un quartier-maître.

— Je ne veux rien vous dire de désagréable, mais je trouve surprenant que vous sachiez que j'ai proposé de conduire cette dame et ses amis à la résidence de l'alderman van Beverout.

— Cela n'a rien de surprenant, puisque j'étais assez près pour entendre, et que j'ai même vu plus tard votre physionomie changer comme la conscience d'un député, à l'aspect d'un bout de papier.

— Dont vous ignorez le contenu.

— Je pense qu'il renfermait les ordres secrets d'une dame qui est trop coquette elle-même pour vouloir monter à bord d'un vaisseau du même nom.

— Par le ciel, murmura Ludlow en faisant plusieurs pas sous l'ombre de l'arbre, cet homme a raison dans son inexplicable impudence. Le langage et les actions de la jeune fille sont en contradiction, et je me laisse bafouer par elle, comme un aspirant tout frais sorti du giron maternel. Écoutez, maître... quel est votre nom?

— Thomas Tiller.

— Eh bien, maître Tiller, un marin tel que vous devriez éprouver le désir de servir la reine.

— Rien ne me serait certes plus agréable que d'assister une dame dans l'embarras; mais j'ai des occupations personnelles d'ailleurs. Si elle m'appelait du côté de votre bâtiment, je n'hésiterais peut-être pas à y monter, quoique peu disposé à m'y laisser entraîner par force. Au reste, j'ai la faculté de choisir; car, si j'en crois mes yeux, ce point blanc qui brille au large est une voile.

— C'est possible, reprit Ludlow après avoir examiné l'horizon: on a des raisons pour attendre sur les côtes un navire qu'il sera bon de surveiller, et peut-être est-ce lui qui arrive.

— Serait-ce donc un pirate? demanda Tiller avec curiosité.

— À peu près, répliqua le capitaine. C'est au moins un contrebandier. Puisque vous avez navigué si longtemps sur l'Océan, la réputation de l'Écumeur de mer doit vous être connue.

— Non en vérité, dit l'homme au châle. Je viens depuis peu d'une mer lointaine, où l'on m'a raconté beaucoup d'histoires de boucaniers; mais je n'avais pas entendu le nom de ce corsaire avant de causer avec le maître du bac. Votre Honneur daignera-t-il nous donner quelques renseignements au sujet de ce commerçant illégal?

Ludlow fixa les yeux sur la figure impassible de son interlocuteur, et conçut un moment de vagues soupçons; mais ils furent dissipés par l'assurance du marin dont il espérait tirer parti. Diverti plutôt qu'offensé de la familiarité de l'inconnu, il lui répondit en descendant la colline pour se rendre à l'endroit où les navires débarquaient.

— Il faut que vous veniez de parages bien lointains, dit le jeune commandant de la Coquette, pour ne pas connaître les exploits d'un brigantin appelé *la Sorcière des Eaux*, et dirigé par un capitaine que l'on nomme avec raison l'*Écumeur de mer*. Voilà cinq ans que les croiseurs des colonies ont reçu l'ordre de lui donner la chasse, et l'on assure pourtant que le hardi contrebandier s'est montré dans les mers les plus étroites. L'officier qui aurait le bonheur de s'en emparer en serait récompensé par un commandement plus important, et peut-être même par le titre de chevalier.

— Il faut qu'il fasse un commerce bien lucratif pour oser braver tant de dangers et les efforts de tant d'habiles capitaines. Me sera-t-il permis de vous demander quelques détails sur l'extérieur de ce flibustier ?

— Que vous importe ? dit le capitaine Ludlow.

— C'est que j'ai connu dans la mer des Indes un individu de ce genre, qui a disparu depuis longtemps, sans qu'on puisse dire où il est allé. C'était un homme d'assez bonne mine, dont la physionomie n'avait rien de désagréable.

— Ce ne peut être le même, reprit Ludlow ; celui dont je parle est, dit-on, un ancien officier, qui a éprouvé des revers de fortune, et qui porte la friponnerie si distinctement écrite sur son visage, qu'il est obligé de fuir la société des honnêtes gens.

— Et l'on prétend qu'il est dans ces parages ?

— Le bruit en court, mais j'en doute, car des rapports mensongers m'ont souvent fait chercher le contrebandier où il n'était pas. Néanmoins je vais me mettre à sa poursuite. Les nuages se dissipent, les mouettes gagnent le large, et tout annonce le retour du beau temps. Eh bien, maître Tiller, vous emmenerai-je ?

— Il s'agit de savoir à quelles conditions, repartit l'homme au châle. Vous êtes sans doute content de votre premier lieutenant ?

— Plaisantez-vous ? Ne savez-vous pas que les commissions ne s'achètent que par les services ?

— Et la faveur ; mais vous savez que chacun a l'envie d'être capitaine, même quand il est forcé de manger sa ration dans les dalots, du côté du vent. Capitaine Ludlow, vous êtes un homme d'honneur, et vous ne voudriez pas tromper un marin qui se confie à votre parole.

— Marin ou homme de terre, il pourrait compter sur elle.

— En ce cas, monsieur, je vous la demande. Laissez-moi entrer à votre bord observer mes futurs camarades, étudier leur caractère, enfin voir si le vaisseau me convient, et le quitter s'il ne me convient pas.

— Ton impudence dépasse les bornes, dit Ludlow.

— La demande est raisonnable, comme je puis le prouver, répliqua gravement le marin inconnu.

— Le capitaine Ludlow de *la Coquette* ne s'enchaînerait-il pas volontiers à une belle dame qui vient de s'embarquer, tandis qu'il y en a des milliers d'autres qu'il pourrait obtenir beaucoup plus facilement ?

— Et quand cela serait, insolent !

— Monsieur, un vaisseau est la maîtresse d'un marin. Lorsque la guerre est déclarée et que nous naviguons sous un pavillon, nous pouvons dire que nous l'avons épousé légitimement ou non. Il devient les os de nos os, la chair de notre chair, jusqu'à ce que la mort nous sépare de lui. Avant de contracter un si long engagement, il faut avoir la liberté du choix. Un marin n'a-t-il pas son goût aussi bien qu'un amant ? L'écusson et les pièces de quartier sont la taille et les épaules ; les agrès sont la chevelure ; la coupe et la disposition des voiles peuvent se comparer au travail de la modiste ; la peinture d'un vaisseau est son teint, son coloris, et ses canons représentent une rangée de dents ? Il y a de quoi choisir, monsieur ; et si je ne puis le faire, je vous quitte en vous souhaitant une heureuse croisière, et à la reine un meilleur serviteur que moi.

— Ma foi, maître Tiller, dit Ludlow en riant, je pourrais vous faire donner la chasse au milieu de ces taillis, dont l'abri vous semble sûr ; mais j'aime mieux vous prendre au mot. *La Coquette* vous recevra aux conditions que vous proposez.

— Alors, je vous suis, répondit l'homme au châle en ôtant respectueusement pour la première fois son bonnet de toile. Je ne suis pas encore marié, mais vous pouvez me regarder comme fiancé.

Il n'est pas nécessaire de reproduire la suite de cette conversation, le matelot la soutint avec aisance jusqu'au rivage ; mais, arrivé en vue du pavillon royal, il sut prendre le tact d'un vieux marin les manières respectueuses qui convenaient à son rang inférieur.

Une demi-heure plus tard, *la Coquette* avait une seule ancre, inclinait ses trois huniers sur bouffées d'une fraîche brise du sud-ouest ; bientôt après elle traversa les Narrows. Il n'y avait rien dans ses mouvements qui pût attirer l'attention. Malgré les sarcasmes de l'alderman van Beverout, la croisée était loin d'être oisif, et il sortait assez souvent de la baie pour que son passage ne provoquât aucun commentaire de la part des bateliers qui en furent témoins.

CHAPITRE VII.

Une heureuse combinaison de terre et d'eau, vue à la clarté de la lune, sous le quarantième degré de latitude, ne peut manquer de faire un agréable tableau. Tel était le paysage que le lecteur doit essayer de se représenter à l'esprit.

La large baie de Rariton est protégée des vents et des vagues de la pleine mer par un cap long et étroit, auquel on a donné le nom de Sandy-Hook. Du côté de la mer, il présente une plage unie et sablonneuse ; de l'autre côté, il est dentelé et forme divers mouillages où les vaisseaux viennent chercher un abri contre les grains de l'ouest. Le plus grand de ces mouillages est situé au point de jonction du cap avec le reste du continent. Il arrive parfois que la mer forme en cet endroit une passe qui isole entièrement Sandy-Hook de la côte de New-Jersey, et qui a son embouchure dans la plus grande rade dont nous avons parlé.

Des prairies naturelles, des terres sablonneuses que la nature a couvertes de pins et de chênes rabougris s'étendent entre la mer et la Shrewsbury, petite rivière qui vient du sud, court presque parallèlement à la côte et verse ses eaux dans la baie, à peu de distance de la rade. La rive occidentale de ce cours d'eau est accidentée, et s'élève insensiblement à la hauteur d'une montagne. C'était à mi-côte que l'alderman van Beverout avait bâti la villa, qu'il avait appelée Lust-in-Rust. Ce que l'honnête marchand, se souvenant encore de ses études classiques, traduisait en latin par : *Otium cum dignitate*.

Si l'amour de la retraite et de l'air pur avait eu de l'influence sur la détermination du bourgeois, il ne pouvait avoir fait choix d'un meilleur emplacement. Les terres voisines étaient occupées depuis près d'un siècle par l'honorable famille des Hartshorne, qui les possède encore de nos jours. L'étendue de ses domaines tenait à distance tout autre colon, et le terrain, de nature irrégulière, n'était pas propre à attirer les agriculteurs étrangers. Quant à l'air, il était rafraîchi par les brises de l'Océan et rien ne pouvait en altérer la pureté salutaire.

Après avoir donné cette idée générale des sites où se passent la plupart des incidents de notre récit, nous allons décrire avec plus de détails l'habitation de l'alderman. C'était un édifice peu élevé, irrégulier, en briques blanchies à la chaux, au point d'avoir la couleur de la neige battue. Les nombreux pignons étaient surmontés de girouettes et une douzaine de petites cheminées contournées offraient aux cigognes d'innombrables facilités pour faire leurs nids. Ces logements aériens étaient toutefois inhabités au grand étonnement de l'architecte, qui, comme ceux qui transportent dans notre hémisphère les habitudes et les idées de l'autre, ne cessait d'exprimer sa surprise quoique tous les nègres du voisinage fussent d'accord pour affirmer qu'il n'y avait pas de cigognes en Amérique. En face de la maison était une pelouse environnée de taillis, et de vieux ormeaux qu'on aurait crus contemporains de la montagne croissaient dans le riche sol qui en formait la base. La terrasse naturelle sur laquelle étaient placés les bâtiments était ombragée par des arbres à fruits entremêlés çà et là de pins et de chênes originels. Une pente assez rapide menait de la façade à l'embouchure de la Shrewsbury.

C'était en somme une maison de campagne vaste, mais sans prétention ; sous le rapport architectural, elle n'était remarquable que par ses girouettes rouillées et ses cheminées bizarres. Il y avait autour de l'édifice principal des logements pour les nègres, des granges et des écuries. Le bac dans lequel le propriétaire avait fait sa traversée était amarré à un quai de bois au pied du coteau.

Pendant les premières heures du soir, la lueur des chandelles et le mouvement des noirs annonceraient la présence du maître de la villa ; mais avant que l'horloge sonnât neuf heures tout était rentré dans le silence, et la domesticité fatiguée se livrait déjà au charme du repos.

A l'extrémité septentrionale de la maison, s'élevait un pavillon construit aux frais de la belle Barbérie et plus complètement caché dans les taillis que les autres parties de l'habitation. C'était là que l'héritière établissait son petit ménage pendant les mois qu'elle passait à la campagne. Pour rendre hommage à la beauté et à l'origine de celle qui l'habitait, François avait baptisé cette aile de la maison du nom de la Cour des Fées ; nom qui avait été adopté généralement, quoique l'on n'en comprît point le sens, et qu'on en altérât la prononciation.

Au moment dont nous parlons, les volets de la principale pièce du pavillon étaient ouverts et Alida, assise à l'une des croisées, jouissait de la beauté du paysage et de la douce tranquillité de la nuit. Il y avait nouvelle lune et le firmament étincelait de myriades d'étoiles dont les reflets étaient éparpillés sur les eaux. La mer était exempte de toutes rides. Cependant sa masse se soulevait, comme la poitrine d'un géant endormi. On n'entendait d'autre bruit que celui du ressac, qui tantôt rendait des sons calmes et menaçants, tantôt s'en allait en sourds et lointains murmures. Alida, attirée par un charme involontaire à son petit balcon, penchait la tête par-dessus son enceinte d'églantiers odorants pour regarder une partie de la baie qu'elle n'apercevait pas de l'intérieur. Elle sourit en voyant la sombre quille d'un vaisseau qui était à l'ancre près de l'extrémité du cap. La conscience de pouvoir de ses attraits imprima à ses lèvres un mouvement de fierté ; ses yeux noirs s'allumèrent et ses doigts battirent machinalement la barre du balcon.

— Le loyal capitaine Ludlow a promptement terminé sa croisière ! dit la jeune fille à haute voix sous l'influence naturelle de son triomphe ; je vais me convertir aux opinions de mon oncle, et croire que la reine est mal servie.

— C'est déjà beaucoup que de servir fidèlement sa maîtresse, répondit une voix qui partait des buissons.

Alida recula et sa place fut presque aussitôt occupée par le commandant de la *Coquette*. Avant de franchir la barrière qui les séparait il essaya de lire dans les yeux de la jeune femme, et soit qu'il se trompât sur leur expression , soit qu'il fût emporté par l'audace et les illusions de son âge, il entra dans le petit salon. Quoique peu habituée à une pareille escalade, la belle descendante des huguenots ne témoigna aucune appréhension et le sang lui monta au visage ; le feu de ses yeux augmenta, mais elle prit une attitude ferme et imposante.

— J'avais, dit-elle, entendu parler de la bravoure du capitaine Ludlow à l'abordage, mais j'espérais que son ambition serait satisfaite des lauriers qu'il a mérités en combattant pour son pays.

— Mille pardons, belle Alida, interrompit le jeune homme, mais vous savez que la jalouse surveillance de votre oncle s'oppose au désir que j'ai de vous parler.

— Il paraît que ses efforts sont vains, car l'alderman van Beverout avait eu le tort de croire que le sexe et la position de sa pupille la mettaient à l'abri des coups de main.

— Vous êtes plus capricieuse que les vents, Alida ! vous savez trop bien combien mon amour déplaît à votre tuteur pour me reprocher amèrement une légère infraction aux convenances. D'après le contenu de votre lettre, dont je ne saurais trop vous remercier, j'avais lieu de m'attendre à un autre accueil, je me suis cruellement trompé !

Alida se sentit troublée ; cependant elle dit d'un ton ferme :

— En vous répondant, capitaine, j'ai consulté plutôt la bonté que la prudence, et vous ne tardez pas à m'en faire repentir.

— Votre froideur me confond ! elle est en contradiction avec vos paroles, avec les termes du billet que voici, qui a fait naître en moi des espérances auxquelles je ne renoncerai pas aisément.

La belle Barbérie regarda le jeune homme avec une surprise évidente. Elle savait qu'elle avait commis l'indiscrétion d'écrire, mais elle ne se rappelait rien dans sa lettre qui pût justifier l'assurance de son amant. Elle s'imagina un instant qu'il ne jouissait pas de toute sa raison; mais il avait un air de franchise incontestable. Avant d'entrer dans des explications , elle jugea à propos de dépouiller la visite de Ludlow de son caractère clandestin. Elle le fit asseoir et sonna son vieux domestique, qui entra à moitié endormi dans l'appartement.

— François, dit-elle en français, *fais-moi le plaisir de m'apporter de cette eau de la fontaine du bosquet et du vin. Ludlow le capitaine Ludlow a soif, et rappelle-toi. bon François, il ne faut pas déranger mon oncle à cette heure; il doit être fatigué de son voyage.*

Le respectable et respectueux serviteur se retira pour s'acquitter de la commission, et la belle Barbérie reprit après s'être assise :

— Votre visite, capitaine Ludlow, est pour le moins indiscrète, et, quoi que vous en disiez, je doute, jusqu'à preuve du contraire, que mes expressions puissent excuser votre imprudence.

— Puisque vous le voulez, reprit Ludlow en présentant la lettre qu'il avait trouvée dans le volume de Corneille, je vous remets le billet que vous m'avez écrit.

La belle Barbérie prit le papier, et sitôt que ses yeux s'y furent arrêtés elle éprouva une curiosité qui lui fit oublier son mécontentement, il était d'une belle et fine écriture de femme, et contenait ce qui suit :

» La vie d'un marin l'expose à bien des dangers; elle inspire de la confiance aux femmes par la franchise qui la caractérise, elle donne des droits à l'indulgence par les privations qu'elle fait supporter. Celle qui vous écrit n'est pas insensible au mérite des hommes qui ont embrassé cette profession hardie. L'enthousiasme pour la mer et pour ceux qui errent sur les flots a été la faiblesse de toute sa vie. L'idée des plaisirs qu'offre l'Océan se mêle à ses espérances d'avenir comme à ses souvenirs du passé. Visiter des nations différentes, assister à de glorieux triomphes, joindre des affections constantes à des émotions variées; voilà bien de quoi séduire l'imagination d'une femme. Adieu ! »

Alida parcourut ce billet à plusieurs reprises avant d'oser lever les yeux sur la figure du jeune homme qui attendait.

— Et c'est cette rapsodie grossière que le capitaine Ludlow a cru devoir m'attribuer ! dit-elle d'une voix qui tremblait de dépit.

— A quelle autre aurais-je pu l'attribuer ? Personne ne peut exprimer d'aussi charmantes idées en termes aussi bien choisis.

Les longs cils de la jeune fille se jouèrent au-dessus de ses noires prunelles ; puis, maîtrisant ces émotions contradictoires, elle dit avec dignité en montrant une petite écritoire d'ébène placée à côté de sa toilette :

— Ma correspondance n'est ni très-importante ni très-étendue ; mais, telle qu'elle est, heureusement pour ma réputation de bon goût et de bon sens, je crois pouvoir la montrer. Voici une copie de la lettre que j'avais jugé convenable de vous écrire :

« Je remercie le capitaine Ludlow de m'avoir mise à même de lire le récit des cruelles actions des boucaniers. Outre qu'elles mettent en jeu ses sentiments d'humanité, elles nous font regretter qu'il y ait eu des hommes aussi cruels dans une profession où l'on montre en général de la générosité et de la sympathie pour les faibles.

» J'espère que , s'il existe parmi les marins des méchants et des lâches, c'est pour la figure que la fontaine du bosquet et du vin... Le capitaine Ludlow des nobles cœurs. Personne ne comprend mieux cette vérité que ceux qui connaissent le capitaine Ludlow. »

La voix d'Alida s'affaiblit en prononçant cette phrase, puis elle poursuivit :

« En échange du livre que le capitaine m'a prêté, je lui envoie le *Cid* , que l'honnête François affirme être supérieur à tous les autres poèmes , sans même en excepter Homère, qu'on peut lui pardonner de dénigrer, puisqu'il ne le connaît pas. Remerciant de nouveau le capitaine Ludlow de ses attentions , je le prie de garder le volume jusqu'à son retour de la croisière qu'il projette. »

— Telle est la teneur du billet que vous avez ou que vous devriez avoir, dit la nièce de l'alderman en levant un visage empourpré ; cependant il n'est pas signé comme l'autre du nom d'Alida de Barbérie.

Lorsque cette explication fut terminée, les deux jeunes gens demeurèrent muets d'étonnement. Alida s'apercevait que, malgré les protestations de son amant, il se félicitait de ce que la fausseté du premier billet eût été constatée. Les hommes sont portés si naturellement à respecter la réserve et la délicatesse de l'autre sexe que ceux qui en triomphent ne tardent pas à déplorer leur succès. Un véritable amant ne peut se réjouir longtemps de voir les convenances violées, même en sa faveur, par l'objet de ses affections. Sous l'influence d'un sentiment honorable, Ludlow, quoique mortifié de la tournure qu'avaient prise ses affaires, éprouva un soulagement réel en voyant se dissiper les doutes que lui avaient inspirés les termes de la lettre attribuée à sa maîtresse.

Alida devina facilement les pensées que décelait la franche physionomie du marin ; elle fut affligée de ce qu'il l'avait soupçonnée de légèreté, mais elle s'applaudit en même temps d'avoir reconquis ses droits au respect. En relisant encore l'inexplicable billet, elle fut frappée d'une idée subite.

— Capitaine Ludlow, dit-elle froidement, ce n'est pas la première fois que vous recevez des billets de la même main.

— Non, je l'avoue, répondit le jeune homme; j'en ai reçu plusieurs sans savoir d'où ils me venaient; mais enfin les circonstances m'ont amené à penser que j'avais le bonheur...

— Je vous comprends, monsieur. Ces lettres sont restées pour vous anonymes, tant que vous n'avez pas cru devoir me les attribuer. Ludlow ! Ludlow ! quelle triste opinion vous avez eue d'une femme que vous prétendez aimer !

— J'aime comme un marin, dit Ludlow, et je n'entends rien aux finesses de la société. Puisque vous désavouez la lettre... mais votre désaveu n'est pas nécessaire; je vois que ma vanité m'avait abusé, et maintenant que mon illusion n'est plus je m'applaudis de ce qu'elle est détruite.

La belle Barbérie sourit et sa physionomie se dérida. Un silence embarrassant succéda à ce dialogue; mais il fut heureusement interrompu par le retour de François.

— Mademoiselle, dit-il en français, voici de l'eau de la fontaine; mais M. votre oncle s'est couché, et il a mis la clef de la cave au vin dessous son oreiller. Ma foi, ce n'est pas facile d'avoir du bon vin du tout en Amérique; mais après que M. le maire s'est couché, c'est toujours impossible : voilà !

— N'importe , mon cher, le capitaine va partir et il n'a plus soif. Merci, bon François, je n'ai plus besoin de vos services ce soir que pour reconduire le capitaine.

Alors, saluant le jeune homme d'une manière qui ne lui permettait pas de résister, la belle Barbérie le congédia ainsi que son domestique.

— Vous avez une charge agréable, monsieur François, dit Ludlow en sortant du pavillon ; plus d'un gentleman pourrait vous porter envie.

— Oui, monsieur, c'est un grand plaisir de servir mademoiselle ; je porte l'éventail, le livre... Mais quant au vin , capitaine , parole d'honneur, c'est toujours impossible après que l'alderman est couché.

— Oui , le livre... Je crois que vous avez eu l'avantage de porter aujourd'hui le livre... la belle.

— Vraiment oui ! c'était un ouvrage de M. Pierre Corneille. On prétend que M. Shakspeare en a emprunté d'assez beaux sentiments.

— Et le billet qui était entre les feuillets, en étiez-vous chargé aussi, bon François ?

Le valet sourit, haussa les épaules et parut réfléchir en mettant un de ses longs doigts jaunes sur le côté de son énorme nez aquilin ; il inclina ensuite la tête et murmura en son mélange bizarre de français et d'anglais :

— Quant au papier, je n'en connais rien du tout ; c'est bien possible , parce que, voyez-vous, monsieur le capitaine, mam'selle Alida m'a dit : Prenez-y garde ; mais je ne l'ai mis dans la clef de la cave où c'était de beaux compliments écrits sur les vers de M. Pierre Corneille. Quel génie que celui de cet homme-là ! n'est-ce pas, monsieur ?

— Peu importe , bon François ! dit Ludlow en glissant une guinée dans sa main du domestique. Si jamais vous découvrez ce qu'est devenu ce papier, ayez la complaisance de me le faire savoir. Bonne nuit; mes devoirs à la belle.

— Bonsoir, monsieur le capitaine. C'est un brave monsieur que celui-là , et de très-bonne famille ! Il n'a pas d'aussi grandes terres que M. le Patteroon, pourtant on dit qu'il doit avoir de jolies maisons et assez de *rentes publiques. J'aime à servir un si généreux et loyal maître ; mais malheureusement il est marin ! M. de Barbérie n'avait pas trop d'amitié pour les gens de cette profession-là.*

CHAPITRE VIII.

La résolution avec laquelle la demoiselle Barbérie avait congédié son admirateur tenait à ce qu'elle sentait le besoin de réfléchir à des circonstances aussi singulières, et en même temps parce qu'elle ne voulait pas prolonger une visite aussi inopportune et aussi équivoque. Mais, comme tous ceux qui agissent sous l'influence d'une agitation fiévreuse, la jeune fille, dès qu'elle fut seule, se repentit de sa précipitation et se rappela une foule de questions qui auraient pu l'aider à éclaircir le mystère. Pourtant il était trop tard, car elle avait entendu Ludlow prendre congé de son guide et traverser les bosquets qui bordaient la pelouse. François revint lui exprimer les derniers vœux du capitaine ; et elle crut qu'elle pouvait enfin jouir en paix de sa solitude, puisqu'à cette époque les dames d'Amérique n'employaient point pour leur toilette l'assistance des femmes de chambre.

Il était encore de bonne heure, et Alida, encore trop émue pour avoir envie de dormir, plaça les lumières à l'écart et s'approcha de la fenêtre. La lune avait changé de place, de manière à éclairer les eaux différemment. Le battement du ressac et les murmures de la brise étaient toujours les mêmes. *La Coquette* demeurait à l'ancre près du cap, et la rivière de Shrewsbury dirigeait aussi vers le sud ses flots étincelants jusqu'à ce qu'elle fût cachée par l'ombre d'un monticule perpendiculaire.

Quoique le calme fût profond et l'habitation isolée, aucun danger n'était à craindre. Les colons avaient des mœurs pacifiques, et l'Océan n'était point hanté par ces farouches pirates qui rendaient certaines mers de l'autre hémisphère aussi redoutables que belles. Les corsaires, qui abondaient dans les Antilles ne s'aventuraient guère sur les côtes du continent américain.

Cependant, au milieu du silence de la nature, Alida distingua tout à coup un bruit de rames. Elle crut d'abord que c'étaient celles du canot de Ludlow, quoiqu'il ne montrât pas d'ordinaire en le quittant une aussi grande précipitation. Elle se pencha sur la grille du balcon, s'attendant à voir d'un moment à l'autre la petite barque sortir des ombres de la terre et flotter sur la nappe lumineuse qui s'étendait jusqu'au croiseur. Elle regarda longtemps en vain, le bruit des rames continua ; mais aucune embarcation ne parut, et le fanal suspendu à la corne d'artimon de *la Coquette* annonçait que le capitaine était toujours absent.

En jetant les yeux sur le cap, qui, comme nous l'avons dit, était parsemé de chênes et de pins rabougris, Alida crut voir le long des flots un objet en mouvement. Elle le prit d'abord pour un arbre ; mais bientôt l'aspect des mâts élancés et symétriques qui glissaient derrière divers points qu'elle savait être immobiles ne lui permit pas de douter qu'elle n'eût devant les yeux un navire. Elle éprouva un étonnement mêlé de crainte, car le bâtiment inconnu s'approchait du ressac, dont la houle offrait des dangers réels, même dans les moments les plus calmes. Les manœuvres de l'étranger avaient quelque chose de mystérieux et d'extraordinaire : il n'avait pas de voiles, et cependant ses hunes élevées furent bientôt cachées par un bouquet de bois qui couvrait une éminence au bord de la mer. Alida le crut perdu ; elle se prépara à entendre les cris des marins en détresse, mais aucun son ne troubla le repos de la nuit. Alors la jeune fille songea au corsaire des Antilles et au célèbre Kidd, dont la vie et la mort étaient encore l'objet des légendes populaires. Tantôt elle eût voulu rappeler le jeune commandant de *la Coquette* pour lui apprendre qu'un ennemi le menaçait, tantôt elle rougissait de ses terreurs. En ce moment d'anxiété, elle entendit des pas dans l'escalier de son pavillon. Hors d'haleine, en proie à des appréhensions imaginaires, elle quitta son balcon et demeura comme pétrifiée en voyant la porte s'ouvrir avec précaution. Il lui sembla apercevoir au milieu d'un nuage confus le farouche visage d'un flibustier.

— Clair de lune et aurore boréale ! grommela l'alderman van Beverout, car c'était tout bonnement l'oncle de l'héritière, ces veilles, cette habitude de faire de la nuit le jour altéreront ta beauté, ma nièce, et tu n'auras plus alors de pardon pour prétendu. Des yeux brillants et des joues fraîches, voilà ton avoir, mon enfant, et c'est le prodiguer que d'être debout après dix heures du soir. Il est temps que tu ailles chercher ton oreiller, pendant que je m'occupe avec Oloff et mes noirs à pêcher des anguilles. C'est vouloir faire une mauvaise réputation à un manoir que de garder si tard de la lumière.

— Nous n'avons guère de voisins pour nous le reprocher, répondit Alida en riant.

— Qui sait ? qui sait ? dit l'alderman.

En prononçant ces mots, il éteignit deux chandelles qui brûlaient sur la table et y substitua la petite lampe qu'il tenait à la main.

— Cette clarté, dit-il, invite à veiller, mais le flambeau que je te laisse est un bon somnifère. Embrasse-moi, chère enfant, et tire bien tes rideaux ; car les nègres vont bientôt se lever et charger le bac, afin de retourner en ville avec la marée. Le vacarme de ces drôles pourrait troubler ton sommeil. Bonne nuit !

La belle Alida reconduisit son oncle jusqu'à l'angle du pavillon, qu'elle verrouilla derrière lui, et, trouvant son appartement trop sombre, elle approcha la flamme de la lampe de la mèche des deux chandelles qui venaient de s'éteindre. Elle mit les trois lumières sur la table et retourna à son balcon. Elle désirait se rendre compte des mouvements du mystérieux navire.

L'existence de la passe qui unissait l'Océan à la baie était peu connue ; puisqu'elle était presque toujours fermée, et qu'elle n'avait presque point d'utilité pour les bâtiments côtiers. D'ailleurs la profondeur qui était incertaine ; quelques semaines de calme ou de vent d'ouest suffisaient pour éloigner le flux de ce chenal, et il ne fallait qu'un grain de l'est pour le remplir de sable. On conçoit donc quel fut l'étonnement d'Alida, quand, à cette heure avancée, elle vit un navire s'aventurer au milieu de cette passe sans voiles et sans aviron. C'était un brigantin, d'une construction mixte, fait pour unir les avantages d'un vaisseau à trois mâts et d'un brick. Le premier et le plus petit de ses mâts avait le gréement compliqué d'un grand navire, tandis que le plus élevé, aussi droit qu'un pin, ne présentait que des cordages simples et une voile unique. La coque était basse, gracieuse dans ses contours, noire comme l'aile du corbeau, et disposée de manière à effleurer les vagues. On apercevait confusément des câbles frêles et délicats, destinés au déploiement des voiles lorsque la brise était légère ; mais ces câbles, qui contribuaient tant en plein jour à la beauté du navire, étaient à peine perceptibles. Comme Alida ignorait l'existence du chenal, et que le vaisseau étranger avait quelque chose de féerique, elle pensa d'abord qu'il était le jouet d'une illusion ; mais elle fut bientôt convaincue de la réalité de ce qu'elle voyait. Le brigantin s'arrêta dans une partie de la baie où la courbure du rivage le mettait à l'abri du vent, des vagues, et peut-être aussi des regards curieux. Un bruit sourd qui retentit jusqu'à la villa annonça qu'il avait jeté l'ancre.

Malgré la sécurité qui régnait sur la côte de l'Amérique du Nord, il vint à l'idée de la jeune fille que la situation isolée de la demeure de son oncle pouvait avoir tenté la cupidité de quelques pirates mécontents de leurs échecs en pleine mer. Elle se demanda si elle devait donner l'alarme, et par un mouvement presque involontaire elle s'enveloppa dans ses rideaux. Elle s'était à peine cachée de la sorte, que les bosquets s'agitèrent avec violence. Un bruit de pas se fit entendre sur la pelouse, au-dessous de la fenêtre, et un homme sauta sur le balcon, et de là au centre de la pièce, avec tant de légèreté qu'on aurait pu croire qu'il appartenait à un monde surnaturel.

CHAPITRE IX.

À cette seconde invasion de son pavillon, le premier mouvement d'Alida fut certainement de fuir. Mais la timidité n'était pas son défaut. Son courage et sa curiosité la déterminèrent à rester. Sa décision vint peut-être de ce qu'elle s'attendait à avoir encore à congédier le commandant de *la Coquette*. Une description de l'intrus prouvera que cette attente était vaine.

L'étranger avait tout au plus vingt-deux ans. On ne lui aurait même pas donné cet âge sans la couleur brune de ses traits, qui faisait ressortir la fraîcheur de son teint clair. Ses favoris, noirs, touffus et soyeux, contrastaient avec la douceur et la beauté féminine de ses paupières et de ses sourcils ; ils donnaient une expression de résolution à une physionomie qui autrement aurait peut-être manqué de caractère. Il avait le front lisse, le nez saillant, mais fin ; les lèvres pleines, légèrement railleuses ; les dents d'une blancheur éblouissante ; le menton petit, rond, orné d'une fossette, et tellement dénué de la marque distinctive de son sexe, qu'il semblait que la nature se fût épuisée à garnir ses joues et ses tempes. Si l'on ajoute à ce signalement des yeux noirs dont l'expression variait suivant la volonté du personnage, on avouera que le logement d'Alida avait été envahi par un homme dont l'extérieur pouvait captiver une imagination féminine.

Le costume de l'étranger ressemblait pour la coupe à celui de maître Tiller ; mais il était d'une étoffe beaucoup plus riche. La veste de soie rouge avait été fabriquée dans les Indes et offrait le plus grand soin aux contours arrondis d'une taille qui indiquait plus d'activité que de vigueur. Les pantalons larges étaient d'une belle toile blanche. L'étranger avait un bonnet de velours écarlate, orné d'or ; il portait pour ceinture une large corde de soie rouge, tordue comme un câble, et au bout de laquelle se balançaient de petites ancres d'argent. Dans cette ceinture était passée une paire de pistolets richement montés, et l'on voyait avec ostentation des plis de la veste un poignard oriental artistement ciselé.

— Allons, marchand de fourrures, dit brusquement l'étranger d'une voix qui ne manquait pas pourtant de douceur, arrive, car j'apporte de l'or dans tes coffres. Maintenant que ce trio de lumières a rempli son office, il faut l'éteindre, de peur qu'il ne pilote d'autres curieux dans ce havre prohibé. — Je vous demande pardon, monsieur, dit la maîtresse du pavillon en sortant de derrière les rideaux, avec une apparence de sang-froid que démentaient les battements de son cœur, des lumières sont nécessaires pour recevoir un hôte aussi inattendu.

L'étranger tressaillit, recula, et parut inquiet. L'alarme qu'il éprouva rendit à Alida un peu d'assurance, car le courage semble augmenter en nous à mesure qu'il diminue dans la personne que nous redoutons. Cependant, comme l'inconnu avait un pistolet à la main, la jeune fille songea de nouveau à la fuite. Mais elle fut retenue par des regards doux et séduisants, et un sentiment de curiosité succéda à ses angoisses quand elle vit le flibustier s'approcher d'elle avec autant de grâce que de cordialité.

— Quoique l'alderman van Beverout ne soit pas exact au rendez-vous, dit l'aimable étranger, il se fait trop bien remplacer pour que je me plaigne de son absence. J'espère que vous êtes autorisée à conclure tout le traité.

— Vos affaires ne me regardent pas; je les ignore, je n'y ai aucun intérêt; et le seul désir que je puisse exprimer c'est qu'elles ne soient pas discutées dans ce pavillon.

— Alors, pourquoi ce signal, demanda l'étranger d'un air grave en montrant les trois lumières, c'est mal de contre-carrer des opérations aussi délicates.

— Je ne vous comprends pas, monsieur. Ces lumières sont celles que l'on voit toujours à cette heure dans mon appartement, en y ajoutant la lampe de mon oncle l'alderman van Beverout.

— Votre oncle! s'écria l'étranger, dont la physionomie exprima le plus vif intérêt: votre oncle! vous êtes donc la femme si justement célèbre sous le nom de la belle Barbérie!

A ces mots, il ôta galamment son bonnet, comme s'il eût remarqué pour la première fois les charmes de sa compagne. Il eût été contre nature qu'Alida éprouvât du mécontentement. Toutes ses terreurs étaient oubliées, puisque l'étranger avait donné à entendre qu'il avait un rendez-vous avec l'alderman. Il avait d'ailleurs dans la voix et les traits une douceur qui contribuait à la rassurer. Ignorant profondément les détails du commerce, accoutumée à entendre vanter ces mystères comme dignes d'exercer toute la pénétration humaine, elle trouvait tout simple que les négociants dissimulassent avec soin leurs entreprises, afin d'éviter la concurrence. De même que la plupart des femmes, elle avait une confiance implicite dans les vertus de ceux qu'elle aimait; et jamais elle n'avait cessé de porter de l'affection à son oncle, malgré la différence frappante de leurs habitudes et de leur éducation.

— Voilà donc la belle Barbérie! répéta le jeune marin, car on le reconnaissait pour tel à son costume: la renommée n'a pas tort, et j'ai devant les yeux de quoi justifier la passion et le délire des hommes!

En même temps le marin, avec un plaisir nuancé de mélancolie, étudiait les traits d'Alida. Celle-ci rougit; mais les yeux vifs et pénétrants de son interlocuteur virent bien qu'elle n'était pas irritée.

— Pour un étranger, dit-elle, vous me traitez bien familièrement. J'avoue que mon origine française et la partialité de mes amis m'ont obtenu le titre qu'on me donne plutôt en plaisantant qu'avec l'idée qu'il est mérité... Mais il se fait tard. Votre visite est au moins singulière. Permettez-moi d'aller rejoindre mon oncle.

— Restez, interrompit l'étranger. Il y a si longtemps, que je n'ai goûté un plaisir si doux, si consolant! C'est une vie de mystères que la mienne, belle Alida, quoique les incidents en puissent paraître vulgaires. Il y a du mystère dans les commencements, dans son but, dans les passions qui la bouleversent. Non, ne me quittez pas! Je viens du large, où je n'avais pour compagnons que des hommes grossiers, des esprits vulgaires, et votre présence est un baume pour mon cœur froissé.

Intéressée par l'accent mélancolique de l'inconnu autant que par son langage extraordinaire, Alida ne savait que décider. Elle croyait devoir avertir son oncle. Mais la prudence et le sentiment des convenances perdent beaucoup de leur empire quand la curiosité d'une femme est fortifiée par une secrète et puissante sympathie. Ses yeux rencontrèrent des regards suppliants, qui semblaient doués d'un pouvoir magique; et tandis que son jugement lui disait qu'elle était en péril, ses sens plaidaient en faveur de l'aimable marin.

— Un hôte attendu par mon oncle, dit-elle, aura le loisir de se reposer des fatigues et des privations du voyage. Cette maison n'a jamais méconnu les devoirs de l'hospitalité.

— Si quelque chose en moi est de nature à vous inquiéter, parlez, afin que je vous rassure. Ces armes... ces maudites armes ne devraient pas être ici, ajouta-t-il en jetant avec indignation ses pistolets et son poignard par la fenêtre. Ah! si vous saviez combien je suis éloigné de la pensée de nuire à quelqu'un, surtout à une femme, vous ne me craindriez plus.

— Je ne vous crains pas, répondit la belle Barbérie avec fermeté. Je ne crains que l'opinion du monde.

— En quoi le monde peut-il vous occuper? Vous vivez dans votre pavillon, loin des villes, comme une demoiselle favorisée par quelque bienveillant génie. Voyez: voici des objets qui vous procurent d'innocentes récréations. Les accents de ce luth vous portent à la rêverie; ces couleurs vous servent à reproduire les beautés des champs et des montagnes; et ces livres contiennent des pensées choisies aussi pures et aussi belles que vous.

Alida écouta avec satisfaction le jeune marin, qui, en examinant avec tristesse les objets dont il parlait, semblait regretter que la for-

tune lui en eût interdit l'usage en le condamnant à une profession aventureuse.

— Il est rare, dit-elle, que ceux qui vivent sur mer fassent attention à de pareilles bagatelles.

— Vous savez donc ce que notre métier a de rude et de hasardeux?

— Nièce d'un riche négociant, il est impossible que j'ignore complètement ce qui concerne la marine.

— En voici la preuve, reprit l'étranger, l'Histoire des boucaniers de l'Amérique est un livre qu'on trouve rarement dans la bibliothèque d'une dame. Quel plaisir la belle Barbérie peut-elle trouver à ces récits de meurtres et de carnages?

— Quel plaisir! répondit Alida presque tentée par l'air animé de son interlocuteur de le prendre pour un des pirates en question malgré d'autres témoignages contradictoires. Ce livre m'a été prêté par un brave marin, qui se tient prêt à réprimer les opérations des bandits; et en lisant le récit de leurs cruautés, j'essaie de me rappeler le dévouement de ceux qui risquent leur vie pour protéger la faiblesse et l'innocence... Mais mon oncle serait mécontent si je tardais à l'instruire de votre présence.

— Un seul moment encore! Il y a si longtemps, si longtemps que je n'ai pénétré dans un sanctuaire comme celui-ci...

Malgré ces instances, Alida disparut, et peu de temps après on entendit une autre voix grommeler à la porte du salon.

— Contrats et traités! au nom de la bonne foi, qui a pu t'amener ici? Est-ce là le moyen de jeter un voile sur nos opérations, et crois-tu que la reine me créera chevalier pour me récompenser d'être ton correspondant?

— Lanterne et faux signaux! repartit le jeune homme en imitant la voix du bourgeois déconcerté et en montrant les trois lumières qui étaient encore sur la table; ne doit-on pas avoir égard au phare quand on veut entrer au port?

— Voilà l'effet du clair de lune et du sentiment. A l'heure où les jeunes filles devraient être endormies, elles lorgnent les étoiles et se gênent les spéculations d'un bourgeois. Mais ne crains rien, maître Seadrift, ma nièce a de la discrétion, et d'ailleurs elle ne peut nous trahir; puisqu'elle ne trouverait ici d'autre confident que son vieux domestique normand et le patron de Kinderhook, qui ne songent guère au commerce.

— Ne crains rien, alderman, repartit le marin d'un air toujours railleur, nous avons encore une autre garantie, puisque l'oncle ne peut perdre sa réputation sans que sa nièce soit de moitié dans la perte.

— A-t-on grand tort de pousser le négoce au delà des limites de la loi? Les Anglais sont une nation de monopoleurs, et, avec leurs actes du parlement, ils ne se font aucun scrupule de lier les bras aux colonies en nous disant: Tu trafiqueras avec nous, ou tu ne trafiqueras pas du tout. Par la réputation du meilleur bourgmestre, nous ne sommes pas faits pour nous soumettre en esclaves!

— Bien raisonné, mon digne alderman; ta logique est propre à rassurer ta conscience en matière de contrebande, et les bénéfices contribueront à te donner un paisible sommeil. Maintenant que nous avons tranché la question morale, songeons à la partie matérielle de nos relations. Voici dans un sac ce qui te revient, quatre-vingts doublons portugais; c'est un assez beau prix pour quelques paquets de fourrures!

— Ton vaisseau, Seadrift, est l'oiseau-mouche de la mer, répondit Myndert tout tremblant de joie. Est-ce bien quatre-vingts doublons? Mais épargne-toi la peine de consulter tes notes; je vais compter l'or moi-même. Tu vois, l'affaire n'a pas été mauvaise: quelques barils de rhum, des munitions, des couvertures, des verroteries ont été promptement transmises en métal jaune... Est-ce aux Français que tu as revendu les fourrures achetées chez les sauvages?

— Non, c'est plus au nord, et le froid qu'il faisait a facilité le marché. Tes castors et tes martres, insigne bourgeois, seront déployés en présence de l'empereur. Que regardes-tu avec tant d'attention sur l'effigie de ce brabançon?

— La pièce n'est pas des plus lourdes, mais heureusement j'ai des balances dans ma poche....

— Arrête, dit l'étranger posant sur le bras de l'alderman une main qui, suivant la mode du jour, était revêtue d'un gant parfumé. Point de balance entre nous, monsieur! Nous avons reçu cet or pour toi; pesant ou léger, il faut qu'il passe. Nous agissons de confiance, et ton hésitation m'offense. Si tu doutes encore de mon intégrité, tout sera rompu entre nous.

— Ce serait un malheur dont je m'affligerais autant que toi-même! répondit Myndert, qui feignit de rire en glissant dans le sac les doublons litigieux. La minutie dans les comptes entretient la bonne intelligence des contractants; mais une vétille ne doit jamais nous faire perdre un temps précieux. As-tu apporté des marchandises appropriées aux colonies?

— En abondance.

— Colonies et monopoles! il y a double plaisir dans ce trafic clandestin! Je n'apprends jamais ton arrivée sans que mon cœur bondisse de joie. Non-seulement je fais des profits magnifiques, mais encore j'ai la gloire de triompher de nos dominateurs. Sommes-nous donc nés pour être les instruments de leur prospérité?

Qu'on m'accorde une législation égale pour tous, qu'on me reconnaisse des droits politiques, et alors en loyal et obéissant sujet....

— Tu feras toujours là la contrebande, reprit le vieux marin d'un ton sarcastique.

— C'est bon ! c'est bon ! Multiplier les vaines paroles, ce n'est pas multiplier l'argent. As-tu la liste des articles que tu as introduits en fraude ?

— Je la tiens à ta disposition, alderman ; mais j'ai une fantaisie qu'il faut satisfaire comme tous mes autres caprices : notre arrangement doit avoir un témoin.

— Juges et jurés ! tu oublies que la plus lourde galiote pourrait faire voile entre les clauses les plus serrées de nos contrats. Les cours de justice reçoivent les témoignages de ce genre de trafic, comme la tombe reçoit les morts, pour les engloutir dans un éternel oubli.

— Je me soucie peu des cours, et ne tiens pas à les connaître ; mais la présence de la belle Barbérie préviendra entre nous toute espèce de malentendu. Fais-la demander.

— Cette enfant est complètement étrangère aux usages du commerce. Plutôt que de troubler son sommeil, j'aimerais mieux réveiller le patron de Kinderhook, qui n'aime pas plus que moi la législation anglaise, et qui n'aura point de répugnance à changer quelques shellings en doublons.

— Laisse-le dormir ; je ne fais point d'affaires avec vos seigneurs fonciers. Amène-moi la dame, car il y a des marchandises qui lui conviendront.

— Par les dix commandements, maître Seadrift, tu n'as jamais été tuteur, et tu ne sais pas quelle responsabilité...

— Point de nièce, point de trafic ! interrompit l'opiniâtre contrebandier ; tu sais quel est mon caractère. La dame est instruite de ma présence, et il vaut mieux qu'elle soit plus avant dans notre confidence.

— Tu es aussi despotique que les lois anglaises de navigation ! J'entends l'enfant marcher encore dans sa chambre, et je vais l'appeler ; mais il est inutile de lui expliquer la nature de nos vieilles relations. Cette affaire peut passer pour une spéculation accidentelle, pour une partie d'occasion au jeu du commerce.

— Soit : garde le silence, bourgeois, et tes secrets seront en sûreté.

— Souviens-toi que tu es un commerçant qui cache son arrivée par habileté.

— Amène ta nièce, je ferai devant elle l'énonciation de ma qualité.

— Je n'aime point ce mot d'énonciation ; en y ajoutant une seule lettre, je ne puis m'empêcher de songer aux peines que nous attirerait la moindre perfidie. N'oublie pas ce que je te recommande.

L'alderman, qui connaissait l'entêtement de son compagnon et qui jugeait à propos de donner quelques explications à sa nièce, n'hésita plus à quitter l'appartement.

CHAPITRE X.

Dès que l'étranger se trouva seul, son air de bravade et de hardiesse fit place à une expression de rêverie, et ses regards errèrent sur les objets qui charmaient les loisirs de la belle Barbérie. Il toucha les cordes du luth et recula en tressaillant au son qu'il avait produit. Si on avait alors épié ses mouvements, on aurait pu deviner le véritable objet de sa visite. Rien dans son extérieur n'annonçait sa profession ; et comme pour faciliter ses manœuvres illicites, la nature avait donné de la réserve à ses manières et de la douceur à sa belle figure.

Alida avait conçu quelques soupçons sur les rapports de son oncle avec l'inconnu, mais ils ne lui causaient aucune répugnance. On était alors dans une époque de relâchement, et les gentilshommes anglais auxquels on confiait le gouvernement des colonies donnaient eux-mêmes l'exemple du mépris des lois. Ils avaient favorisé la mer des actes plus coupables encore que le commerce interlope ; et comme la métropole traitait l'Amérique en pays conquis, les déprédations de l'amiral Drake, du comte de Bellamont, de lord Cornbury et autres dignitaires n'avaient laissé aucune tache sur leurs blasons.

Alida consentit donc sans hésitation à l'entrevue que lui proposait son oncle, et en entrant dans la chambre elle manifesta plus de curiosité que de mauvaise humeur.

— Maître Seadrift, dit l'alderman, qui la précédait, ma nièce a appris que tu venais du vieux monde, et en vraie femme qu'elle est, elle veut passer en revue tes marchandises avant qu'elles soient soumises à l'appréciation des jeunes filles de New-York.

— Je ne puis désirer un juge plus aimable ni plus impartial, dit galamment l'étranger. Voici des soies de Toscane, des brocarts de Lyon, des rubans de toutes couleurs et des dentelles qui semblent reproduire les plus riches sculptures de vos cathédrales flamandes.

— Tu as beaucoup voyagé, maître Seadrift, tu parles avec discernement des pays et de leurs usages ; mais quel est le prix de ces belles marchandises ? Tu sais que la longueur des guerres et les derniers tremblements de terre ont beaucoup ralenti le commerce et ont amené une grande baisse dans toutes les valeurs. As-tu demandé le prix des chevaux la dernière fois que tu es allé en Hollande ?

— Ils sont pour rien. Quant à la valeur de mes marchandises, tu sais qu'elle est fixe et que je n'admets pas de contestation entre amis.

— Ton obstination est souvent déraisonnable, maître Seadrift ; mais produis tes marchandises. Je parierais qu'elles sont passées de mode, ou altérées par la négligence ordinaire des marins. Où sont-elles ?

— Sur le quai, à leur place ordinaire, sous l'inspection de l'honnête maître Tiller.

— Je vais les voir, dit l'alderman en ajustant sa perruque et en ôtant ses lunettes. La longue guerre, l'abondance des fourrures, la tranquillité parfaite des mineurs ont mis le commerce tout à plat. Pourtant je veux voir s'il y a moyen de s'arranger avec maître Tiller. Tu as en lui un agent bien indiscret. Il m'a fait aujourd'hui une frayeur qui surpasse tout ce que j'ai éprouvé depuis la faillite de van Halt.

Cette dernière phrase se perdit dans le lointain, car, pressé par l'espoir du lucre, le négociant avait déjà quitté la chambre.

— Il est peu convenable, dit Alida, que j'aille me mêler avec des marins et avec les autres personnes qui entourent sans doute les ballots.

— Il est inutile de vous déranger, répondit l'inconnu. J'ai près d'ici les échantillons de tout ce que vous pourriez voir. Mais pourquoi nous presser ? nous sommes encore aux premières heures de la nuit et l'alderman sera longtemps occupé avant de se décider à donner le prix qu'on lui demandera. Je viens de la haute mer, belle Alida, et vous ne pouvez concevoir le plaisir que me cause la présence d'une femme.

La belle Barbérie, sans savoir pourquoi, recula de quelques pas et mit la main sur le cordon de la sonnette, comme si elle se fût rendue compte de la manière dont elle trahissait son inquiétude.

— Suis-je donc un être terrible ? ajouta en souriant le joyeux marin. Ne vous alarmez pas, ni moi ni mes gens n'avons l'intention de vous offenser en rien. Vous pouvez consentir sans crainte à voir les échantillons.

Là-dessus, l'inconnu appliqua à ses lèvres un petit sifflet d'argent et en tira un léger bruit. Alida sembla d'attendre machinalement le résultat de ce signal ; au bout d'une demi-minute, un frôlement se fit entendre dans le feuillage, et un objet noir jeté par la fenêtre dans la chambre roula lourdement sur le sol.

— Voilà des marchandises, reprit maître Seadrift. Qu'elles soient un gage de neutralité entre nous. Approchez et examinez sans crainte. Vous ne vous en repentirez pas.

Le ballot fut ouvert, et comme son maître avait un talent singulier pour s'accommoder aux caprices féminins, Alida ne put résister. Elle perdit insensiblement sa froide réserve et avant que le propriétaire des trésors en eût étalé la moitié, les mains de l'héritière s'occupaient aussi activement que les siennes à fouiller dans les coins du ballot. Le vendeur parut enchanté de la confiance qu'il était parvenu à établir entre lui et sa belle cliente.

— Voici, dit-il, une étoffe lombarde, vous voyez qu'elle est aussi riche, aussi variée que la terre dont elle représente les vignobles et la végétation fertile, et elle est sans fin, comme les plaines où s'élève l'insecte qui fournit la soie. J'ai vendu plusieurs pièces de cette étoffe à des dames anglaises, qui me dédommagent volontiers des risques que je cours pour les servir.

— Il y en a quelques-unes, je le crains, qui se plaisent à porter une étoffe principalement parce que l'usage en est défendu. Ce ne serait pas contre nature. Regardez : voilà des ornements d'ivoire sculptés par un artiste indien, et qui ne dépareraient pas l'étagère d'une dame. Ah ! voici un chef-d'œuvre de Malines, dont j'ai fourni moi-même les dessins. J'avais fait un traité avec le fabricant pour qu'il m'en livrât une bande de la hauteur de son clocher, depuis le coq jusqu'aux pavés ; et vous voyez le peu que m'ont laissé les dames de Londres.

— Vous aviez choisi une mesure bien remarquable pour un article qui devait visiter tant de contrées différentes sans s'astreindre aux formalités légales ?

— Nous comptions sur la protection de l'Église, qui abandonne rarement ceux qui respectent ses privilèges. Sous la sanction d'une telle autorité, je mettrai de côté ce qui me reste, avec la certitude que vous vous en arrangerez.

— Un aussi rare produit doit être d'un très-grand prix ? dit la belle Barbérie avec hésitation ; et, comme elle levait les yeux, elle rencontra ceux de son compagnon, qui se fixaient sur elle et semblaient exprimer la conscience de l'ascendant qu'il obtenait. Involontairement troublée, la jeune fille ajouta avec précipitation :

— Cette dentelle convient mieux peut-être à une dame de cour qu'à une simple fille des colonies.

— Elle vous siéra mieux qu'à toute autre ; je la mets de côté comme complément de mon marché avec l'alderman. Voici du satin de Toscane et une chaîne vénitienne que j'ai refusé d'échanger contre un collier de perles, et que je destine à la dame de mes pensées.

— Un homme aussi occupé n'a guère le temps de chercher la personne à laquelle ce don est réservé... De quel prix sont ces magnifiques plumes d'autruche ?

— Elles viennent de la noire Afrique. Je les ai obtenues d'un Maure en échange de quelques outres de lacryma Christi qu'il avala les yeux fermés. J'ai conçu ce marché par compassion pour un homme altéré, et je ne tiens pas à l'objet. Il me servira à me concilier la faveur de votre oncle.

Alida ne put s'opposer à cette libéralité, quoiqu'elle devinât que ces offrandes délicates lui fussent personnellement adressées. Ce soupçon eut un double effet: elle devint plus réservée dans l'expression de son approbation et se montra plus froide avec l'étranger, sans cesser pourtant d'avoir pleine confiance en lui.

— Mon oncle aura un motif pour louer votre générosité, dit l'héritière, quoique ce soit une qualité moins prisée dans le commerce que la justice... Mais voici une curieuse broderie.

— C'est l'ouvrage de bien des jours. Je l'ai acheté à une religieuse française qui y avait consacré plusieurs années. Cette douce fille de la solitude a versé des larmes en se séparant de son œuvre, à laquelle elle était attachée par l'habitude.

L'Écumeur de mer chez l'alderman van Béverout.

— On vous permet donc de visiter la retraite monastique? demanda Alida. Je suis issue d'une race qui a peu de déférence pour les couvents, car nous sommes des réfugiés bannis par la sévérité de Louis XIV; mais je n'ai jamais entendu mon père accuser les nonnes de négliger si complètement leurs vœux.

— Non certes, répondit l'étranger avec un sourire. Un trafiquant de mon espèce n'a pas droit de s'introduire dans le sanctuaire des pieuses sœurs. C'est à peine si elles recevraient des riches négociants qui ont toujours su se renfermer dans les limites légales; et quant à nous autres écumeurs de mer...

Alida tressaillit si brusquement que son compagnon se tut.

— Mes paroles sont-elles assez effrayantes pour vous faire pâlir?

— J'espère que vous les aurez prononcées par hasard. C'est un rapprochement accidentel qui vient de l'analogie de vos professions. Un homme comme vous ne peut avoir rien de commun avec celui dont la réputation est devenue proverbiale.

— De qui voulez-vous parler?

— Peu importe, reprit la belle Barbérie en regardant les traits gracieux de l'inconnu avec une attention qu'elle n'avait jamais accordée à un homme; continuons notre examen : ces velours sont magnifiques.

— Ils viennent de Venise. Mais le commerce est comme la faveur qui s'attache à la richesse; et la reine de l'Adriatique est déjà en décadence. Ce qui augmenterait les profits de l'agriculteur cause la perte d'une cité. Les lagunes s'accroissant d'un sol d'alluvion, les navires marchands ne sillonnent plus les canaux, et, dans quelques siècles, la charrue passera peut-être sur la place où le Bucentaure a flotté. En voyant les eaux dormantes et la magnificence déchue de Venise, les nations pourraient s'instruire; elles reconnaîtraient le néant des faux principes inventés par les riches et les grands pour resserrer les chaînes des faibles et des malheureux.

— Vous paraissez avoir des opinions bien téméraires?

— Non, je voudrais seulement ramener tout aux règles de la justice. Que les gouvernements se basent sur les droits naturels; qu'ils diminuent les occasions de mal au lieu de les multiplier : alors la Sorcière des Eaux deviendra un cutter de l'État, et son propriétaire un officier de la douane.

Le velours tomba des mains de la belle Barbérie, et elle se leva précipitamment de son siège en disant avec sa fermeté naturelle: — Expliquez-vous franchement, qui êtes-vous?

Une voix du dehors répondit :

— Un rebut de la société; un homme condamné par les opinions du monde, l'Écumeur de mer!

Presque aussitôt Ludlow sauta dans la chambre. Alida poussa un cri, se cacha le visage et s'enfuit.

CHAPITRE XI.

L'officier de la reine avait envahi le pavillon avec l'empressement d'un homme irrité. La retraite de la belle Barbérie l'occupa un seul instant, puis il se tourna brusquement vers l'étranger. Il est inutile de faire une nouvelle description de celui-ci pour rendre compréhensible le changement qui s'opéra dans la physionomie de Ludlow. Il refusa d'abord de croire qu'il n'y eût pas d'autre individu dans l'appartement, et, quand il eut fait une perquisition minutieuse, il contempla de nouveau le contrebandier avec un air de surprise et d'incrédulité.

— Il y a ici quelque méprise, dit-il; j'avais des raisons pour croire que je trouverais ici un homme que tout fidèle sujet doit abhorrer. L'arrivée d'un brigantin inconnu, ce ballot de marchandises prohibées, certains incidents auxquels j'ai été mêlé moi-même m'avaient inspiré des soupçons; cependant il n'est pas ici.

— Je suis l'Écumeur de mer, dit l'étranger.

— C'est impossible. On s'accorde à le représenter comme un être difforme; vous voulez m'induire en erreur. Quelle preuve avez-vous de votre audacieuse assertion?

— Regardez ce brigantin, dit l'étranger en approchant de la fenêtre; c'est lui qui, bravant les efforts de vos croiseurs, me transporte avec ma fortune en dépit de lois arbitraires. Il est aussi libre, aussi rapide que l'écume des vagues, et on l'a nommé avec raison la Sorcière des Eaux, car il semble se conduire par des moyens surnaturels. Il l'emporte de beaucoup, capitaine Ludlow, sur votre Coquette, dont les qualités ne justifient pas la dénomination prétentieuse.

Maître Tiller.

— Par ma royale maîtresse! jeune homme imberbe, votre insolence est digne de celui que vous prétendez être. Mon vaisseau se charge d'amener tous vos contrebandiers à la barre des cours de justice.

— Par la Sorcière des Eaux! repartit l'étranger en imitant le ton de son interlocuteur, ce langage conviendrait à peine à un homme qui serait à même d'agir à sa fantaisie. Mais celui qui se vante de son pouvoir oublie qu'il est la dupe d'un de mes agents et qu'il est prisonnier à terre, malgré la hardiesse de ses paroles.

La figure brune de Ludlow se couvrit de rougeur et il s'apprêtait à terrasser le marin plus frêle et moins vigoureux que lui, lorsque Alida parut dans le salon. La rencontre du commandant de *la Coquette* et de sa maîtresse ne fut pas exempte d'embarras. La colère de l'un, la confusion de l'autre, les rendirent un moment silencieux; mais comme la belle Barbérie n'était pas revenue sans but, elle retrouva bientôt l'usage de la parole.

— Je ne sais, dit-elle, si je dois approuver ou condamner la hardiesse avec laquelle le capitaine Ludlow s'est présenté chez moi à cette heure indue. S'il a quelque motif à faire valoir pour sa justification, je suis prête à les entendre.

— Oui, écoutons ses explications avant de le condamner, ajouta l'étranger en offrant à Alida un siége qu'elle refusa froidement. Sans aucun doute ce gentilhomme a des motifs plausibles.

La jeune fille parut indifférente à cette observation, mais Ludlow répondit en lançant à l'inconnu des regards foudroyants :

— Je n'essaierai pas de dissimuler que j'ai été la dupe d'un artifice accompagné de singulières circonstances. L'air et les manières du matelot dont vous avez vu l'audacieuse conduite à bord m'ont inspiré une confiance imprudente dont j'ai été récompensé par la trahison. Il est inutile de dire pourquoi j'ai débarqué; mais j'ai eu la faiblesse de permettre au marin inconnu de quitter avec moi le vaisseau, et, avant mon retour, il avait trouvé moyen de désarmer mes gens et de me faire prisonnier.

— Cependant, pour un captif, vous êtes passablement libre, dit le contrebandier d'une voix ironique.

— A quoi me sert cette liberté, puisque je n'ai pas les moyens d'en faire usage? La mer me sépare de *la Coquette*, et l'équipage de mon canot est dans les fers. A la vérité, j'ai été moi-même peu surveillé; mais quoiqu'on m'eût interdit certains parages, j'en ai vu assez pour ne me laisser aucun doute sur le caractère de ceux que reçoit l'alderman van Beverout.

— Ainsi que sa nièce, ajouta le contrebandier.

— Je ne veux rien dire contre Alida de Barbérie. Je ne nierai point que j'ai eu pendant quelques instants de cruels soupçons; mais je me repens d'un soupçon téméraire.

— En ce cas, dit froidement le commerçant en s'asseyant devant son ballot ouvert, nous pouvons continuer nos opérations. Il sera plaisant de montrer les articles de contrebande à un officier de la reine : n'en étions-nous pas au velours et aux lagunes de Venise?...

Le bruit aigu d'un sifflet retentit dans les broussailles. L'étranger s'arrêta, parut hésiter, et l'air de douceur et d'enjouement qu'il avait eu jusqu'alors fit place à une expression plus sérieuse : le sifflet résonna de nouveau.

— Oui, oui, maître Tom, murmura le contrebandier, ton signal est intelligible; mais pourquoi tant de précipitation? Belle Alida, ce bruit m'annonce que le moment de nous séparer est arrivé.

— Quittons-nous comme nous nous sommes rencontrés, sans cérémonies, répondit Alida, qui en présence de son amant tenait à montrer la plus sévère réserve.

— Faut-il remporter mes marchandises, ou les échanger contre de l'or?

— Je ne sais si j'oserais me permettre un trafic illicite devant un serviteur de la reine, repartit la belle Barbérie en souriant. Les objets que vous étalez à mes yeux sont sans doute de nature à tenter une femme; mais ma royale maîtresse aurait droit de me reprocher ma faiblesse.

— N'en croyez rien : si la reine Anne voyait dans son cabinet un tel assortiment de dentelles et de brocarts, elle en serait séduite infailliblement. Ceux qui promulguent les lois les plus rigoureuses sont souvent les plus disposés à les violer. Anne est assise sur le trône, mais

ce n'est qu'une femme. On a beau dissimuler la nature, elle exerce une universelle tyrannie, et gouverne le genre humain sans distinction de rangs. La tête qui porte une couronne songe aux conquêtes de son sexe, plutôt qu'à celles des empires; la main qui tient le sceptre est faite pour manier l'aiguille, et, malgré la pompe avec laquelle une reine énonce ses pensées, elle a toujours la voix d'une femme.... Eh bien ! sur quoi fixez-vous votre choix ?

Alida et Ludlow ne purent se défendre d'un sentiment d'admiration en écoutant le langage fantasque de l'inexplicable contrebandier. Le capitaine remarqua avec un secret déplaisir que cet étrange personnage mettait plus d'ardeur dans ses discours quand il s'adressait directement à la belle Barbérie : celle-ci s'en aperçut également, comme l'annonça la rougeur plus vive de ses joues. Interrogée sur ses intentions, elle regarda Ludlow d'un air de doute avant de répliquer.

— Je suis forcée d'avouer, dit-elle en riant à l'étranger, que vous n'avez pas étudié en vain le caractère des femmes. Souffrez toutefois que je consulte préalablement des personnes qui ont plus l'habitude des lois, et dont l'autorisation m'est nécessaire.

— Si cette demande n'était pas raisonnable en elle-même, votre rang et votre beauté, madame, devraient la faire accueillir favorablement. Je confie le ballot à vos soins, et demain, avant le coucher du soleil, on viendra chercher votre réponse : capitaine Ludlow, nous quitterons-nous bons amis, ou sommes-nous à jamais divisés par vos devoirs envers la reine?

— Si vous êtes ce que vous semblez, dit Ludlow, je vous trouve incompréhensible; si vous portez un déguisement, comme je le soupçonne, vous jouez à merveille le rôle indigne dont vous vous êtes chargé.

— Vous n'êtes pas le premier qui ait refusé d'en croire ses yeux, quand il s'agissait de *la Sorcière des Eaux* et de son commandant. Paix, honnête homme ! ton sifflet ne hâtera pas la marche du temps ! Ami ou ennemi, le capitaine Ludlow n'a pas besoin de lui dire qu'il est prisonnier.

— Si je dois convenir que je suis tombé entre les mains d'un misérable...

— Silence, si tu tiens à l'intégrité de tes membres! Maître Thomas Tiller est un homme assez brusque, et il n'aime pas plus qu'un autre les injures. En outre, l'honnête marin n'a fait qu'obéir à mes ordres, et sa réputation est protégée par une responsabilité supérieure.

— Tes ordres! répéta Ludlow avec une expression de mépris qui aurait offensé un individu moins impassible. L'homme qui a si bien réussi dans sa ruse est plus fait pour commander que pour obéir : si l'Écumeur de mer est ici, c'est lui! Au reste, ce ne sont pas ses artifices qui m'ont amené à terre; j'y suis venu pour rendre mes hommages à cette dame, et peu m'importe que le monde entier sache le motif de ma visite.

— C'est s'exprimer avec la franchise d'un marin, repartit l'inexplicable contrebandier : j'admire cette loyauté. Malgré la tyrannie des usages, on ne peut te laisser aucun doute sur nos inclinations, et la belle Barbérie fera bien de récompenser un dévouement aussi sincère.

Alida fut moitié mécontente, moitié satisfaite de cette allusion.

— Lorsque le temps viendra de prendre un parti, dit-elle, j'aurai recours à d'autres conseils que les vôtres.... J'entends les pas de mon oncle... capitaine Ludlow, je vous laisse libre de décider si vous devez le voir ou non.

Le capitaine hésita, adressa à sa maîtresse un regard de reproche, et suivit pour sortir de la chambre le chemin qu'il avait pris pour entrer. Le bruit qu'on entendit dans les bosquets prouva clairement qu'on le surveillait, et que son retour était attendu.

— Par l'arche de Noé! s'écria Myndert, dont la marche avait eu-

Zéphyr, mousse de l'Écumeur de mer, à bord de *la Sorcière des Eaux*.

2

pourpré le visage, vous m'avez apporté le rebut de la toilette de nos ancêtres, maître Seadrift; ce sont des étoffes du siècle dernier.

— Comment, comment! s'écria le contrebandier, dont le ton et les allures semblaient changer à volonté. Oses-tu bien, aveugle bourgeois, déprécier des marchandises qui ne sont que trop belles pour ces contrées lointaines? Il y a plus d'une duchesse anglaise qui brûle de posséder la dixième partie des belles étoffes que j'offre à ta nièce, et il y a peu de duchesses anglaises auxquelles elles allassent aussi bien.

— La jeune fille est jolie, tes velours et tes brocarts sont passables; mais les gros articles ne sont pas dignes d'être offerts à un sachem indien. Il faut que tu consentes à un rabais, ou je refuse l'expédition.

— Ce serait dommage; mais, s'il faut mettre à la voile, nous nous y résignerons. Le brigantin connaît ces parages, et nous trouverons d'autres marchands que les Indiens.

— Tu es prompt comme ton navire, maître Seadrift. Ne peut-on faire un compromis après avoir épuisé la discussion? Fais un compte rond, retranche quelques florins et l'affaire est bâclée.

— Pas un liard. Compte-moi des doublons; jette assez de ducats dans les balances pour compléter la somme, et que tes esclaves transportent la cargaison dans l'intérieur avant l'aube du jour. Il y a ici quelqu'un qui peut nous nuire, quoique j'ignore jusqu'à quel point il est maître du grand secret.

L'alderman van Beverout ouvrit les yeux et les promena autour de lui avec égarement. Il ajusta sa perruque comme un homme parfaitement convaincu de la valeur des apparences en ce monde, puis il tira avec soin les rideaux.

— Je ne vois que ma nièce, dit-il. Il est vrai que le patron de Kinderhook est dans la maison; mais, comme il dort, il nous sert. Nous avons pour nous le témoignage de sa présence et nous sommes sûrs de sa discrétion.

— Tant mieux, reprit le contrebandier lisant dans les regards d'Alida qu'elle le suppliait de ne pas en dire davantage. Je savais par instinct qu'il y avait une personne étrangère; mais je ne pouvais découvrir qu'elle dormait. Il y a des négociants de la côte qui, en matière d'assurance, mettraient sa présence sur leur police.

— N'en dites pas davantage, maître Seadrift, et empochez votre or. A vrai dire, je savais que nous finirions par nous entendre, et les ballots sont déjà chargés sur le bac. Ils vont passer sous le pavillon du croiseur comme d'innocents marchands de légumes, et je parierais un bongre flamand contre un poulain de Virginie qu'ils lui demanderont s'il n'a pas besoin de carottes pour sa soupe. Ah! ah! ah! ce Ludlow est un niais, ma chère nièce, il n'est pas de taille à se mesurer avec des hommes mûrs. Vous l'apprécierez quelque jour et vous lui donnerez son congé comme à un solliciteur importun.

— J'espère, mon oncle, que ses opérations seront légalement sanctionnées.

— Sanctionnées! le succès sanctionne tout dans le commerce comme en guerre. Le plus riche commerçant est sûr d'être le plus honnête. Que font nos dominateurs pour avoir le droit de crier contre un peu de contrebande? Les coquins déclarent à l'heure contre la corruption et la vénalité, et ils achètent leurs places aussi clandestinement, aussi illégalement que je me procure ces rares dentelles de Malines. Si l'on critique mon commerce, maître Seadrift, qu'on me donne encore deux saisons favorables, et je veux à Londres acheter un siège au parlement. Je reviendrai au faubourg, et les New-York pourront bien entendre parler d'une lady van Beverout... Ainsi, va te coucher, mon enfant, rêve à de belles dentelles, à de riches velours, aux devoirs que l'on a envers les vieux oncles, à la discrétion et à toutes sortes de choses agréables. Embrasse-moi, friponne, et disparais.

Alida obéit et se préparait à quitter la chambre lorsque l'étranger s'avança vers elle d'un air aussi galant que respectueux.

— Je manquerais de reconnaissance, dit-il, si je quittais une aussi généreuse pratique sans la remercier de sa libéralité; l'espoir de la revoir hâtera mon retour.

— Vous ne me devez point de remercîments, répondit Alida, qui voyait toutefois l'alderman placer sur sa toilette les plus précieux objets de la pacotille. On ne peut dire que nous ayons fait des affaires.

— J'ai donné plus que des objets visibles, reprit l'étranger à voix basse. Obtiendrai-je du retour pour me dédommager de ma perte? c'est ce que décidront le temps et mon étoile.

A ces mots, il prit la main d'Alida et la porta à ses lèvres avec tant de grâce et de douceur que la jeune fille ne put songer à s'en défendre. Elle rougit jusqu'aux tempes, fronça le sourcil et fut prête à exprimer quelque mécontentement de cette liberté; mais elle sourit et se retira après avoir salué avec embarras. Plusieurs minutes se passèrent dans un profond silence après sa disparition. Le contrebandier était pensif; cependant le feu de ses yeux indiquait de joyeuses pensées.

— Ne crains pas les bavardages de ma nièce, lui dit l'alderman, dont il semblait avoir oublié la présence; c'est une excellente fille, et je lui donne dans nos comptes de ce soir assez de fourragères pour fermer la bouche à la femme du premier lord de la trésorerie. Je suis contrarié de ce qu'elle ait pris part à nos transactions; feu ma sœur ou

M. Barbérie n'auraient pas été d'avis qu'on la lançât sitôt dans le commerce; mais le Normand lui-même conviendrait qu'on lui donne déjà un assez beau bénéfice. Quand comptes-tu partir, maître Seadrift?

— Avec la marée du matin; j'aime peu le voisinage des gardes-côtes.

— Tu as raison. La prudence est une qualité cardinale chez un négociant et plus encore chez un écumeur de mer. Chez toi, c'est la première après l'exactitude : échéances et obligations! Je voudrais qu'on pût compter autant sur toi que sur la plupart des maisons de commerce. Ne crois-tu pas à propos de repasser le goulet à la faveur des ténèbres?

— C'est impossible : le flux y entre avec l'impétuosité d'un torrent, et nous avons un vent d'est. Mais ne crains rien; le brigantin ne porte plus de fret; le commerce a vidé sa cale, et il n'a plus que de l'or qui peut se montrer partout. Nous n'avons pas besoin de passe-ports, et, fatigués de nos courses continuelles, nous avons envie de goûter pendant une semaine les plaisirs de la colonie. Il doit y avoir du gibier dans les plaines du pays haut.

— Pas du tout, maître Seadrift; voilà dix ans que j'ai fait tuer tous les daims pour avoir leur peau, et, quant aux oiseaux, ils se sont enfuis lors de la dernière incursion des sauvages. Tu as déchargé ton brigantin avec plus de succès que tu ne déchargerais ton fusil de chasse. J'espère que l'hospitalité de Lust-in-Rust n'est pas un problème; mais, par la curiosité humaine, je tiens à conserver ma réputation parmi mes voisins. Crois-tu que les mâts de ton navire ne seront pas aperçus au-dessus des arbres quand le jour viendra? Le capitaine Ludlow ne s'amuse pas à la bagatelle quand il croit de son devoir d'agir.

— Nous tâcherons de le faire tenir tranquille. Adieu, que le ciel te conserve!...

— Dieu te garde, maître Seadrift, et t'accorde une bonne traversée. Le contrebandier s'arracha comme à regret de l'appartement de la belle Barbérie et disparut par le balcon. Lorsque Myndert fut seul, il ferma les fenêtres du pavillon et s'empressa de rentrer chez lui pour mettre ses comptes en ordre.

CHAPITRE XII.

Malgré l'activité qui avait régné autour de Lust-in-Rust, les initiés seuls avaient eu connaissance de ce qui s'était passé pendant la nuit. Oloff van Staats avait dormi profondément, et se leva de bonne heure pour aller respirer l'air du matin sous les fenêtres de la Cour des Fées. Quoiqu'il fût peu romanesque pour un homme de vingt-cinq ans, il ne subissait pas moins l'influence que produit la beauté sur toute jeune imagination. Il s'approcha du pavillon et accosta François, qui s'occupait à divers menus travaux en attendant le réveil de sa maîtresse.

— La Cour des Fées est encore fermée, dit-il. Mademoiselle Alida n'a point paru?

— Ma foi non, répondit le domestique français. Elle dort toujours; c'est un bon symptôme, monsieur le patron, pour les jeunes personnes de dormir très-bien. Monsieur et toute la famille de Barbérie dort à merveille. Oui, c'est toujours une famille remarquable pour le sommeil!

— On devrait cependant avoir envie de respirer cet air frais et fortifiant qui vient de la mer dans les premières heures du jour?

— Sans doute, monsieur, c'est un miracle comme mademoiselle aime l'air; personne n'aime l'air plus que mademoiselle Alida.

— Elle ne sait peut-être pas quelle belle matinée! Nous ferions bien peut-être de frapper à sa porte ou à sa croisée. J'avoue que je voudrais voir son charmant visage sourire au soleil du matin.

Jamais l'imagination d'Oloff n'avait pris un si haut essor, et l'on pouvait croire, à ses regards inquiets, qu'il se repentait déjà de sa témérité. François, qui ne voulait pas désobliger le propriétaire de cent mille acres, fut embarrassé de la requête; mais il se rappela à temps que l'héritière aimait à régler elle-même ses plaisirs.

— J'y consentirais volontiers, dit-il, mais monsieur sait que le sommeil est si agréable pour les jeunes personnes. On n'a jamais réveillé les gens dans la famille de M. Barbérie, et je suis sûr que mademoiselle Alida serait contrariée d'entendre frapper. Pourtant, si monsieur le permet, je le suivrai des... Voilà M. l'alderman qui vient: j'ai l'honneur de vous laisser avec M. l'alderman.

Là-dessus le valet complaisant mais réfléchi s'empressa de saluer Oloff et céda la place à l'alderman, qui s'avançait en toussant comme pour faire admirer à son hôte la force de ses poumons et la pureté de l'atmosphère.

— Eaux et Zéphyrs, s'écria-t-il, voilà le séjour de la santé. Avec un air comme celui-ci, une conscience tranquille, une forte poitrine et avec de la chance dans les affaires, on doit aller jusqu'à cent ans; et l'on a la voix si forte qu'il semble qu'on pourrait soutenir une conversation à travers l'Atlantique avec ses amis de Scheveling ou du Helder.

— L'air de votre villa, monsieur van Beverout, est en effet un cordial que l'on voudrait pouvoir prendre souvent. C'est dommage que tous ceux qui sont à même de le respirer ne profitent pas de l'occasion.

— Vous faites allusion sans doute au paresseux marin de la Coquette.

Les serviteurs de Sa Majesté ne se pressent jamais, et quant à ce brigantin qui est en rade, je parierais qu'il ne vient pas avec de bonnes intentions, et que le trésor de l'État ne s'enrichira pas de sa visite. Écoute ici, Brom, ajouta l'alderman en s'adressant à un vieux noir qui travaillait à peu de distance, as-tu vu des bateaux manœuvrer entre ce brigantin suspect et la terre ?

Le noir secoua la tête à la manière des mandarins chinois, et répondit en riant aux éclats : — Je crois qu'il a déjà fait ses affaires ailleurs, et qu'il vient ici pour se reposer. Je voudrais bien voir de temps en temps un contrebandier venir sur nos côtes, cela donne aux pauvres noirs la chance de gagner honnêtement quelques sous.

— Vous voyez, patron, que la nature elle-même se soulève contre le monopole. C'est la voix de l'instinct qui parle par la bouche de Brom. Ce n'est pas une tâche facile pour un marchand que de forcer ses subordonnés d'obéir à des lois qui inspirent le désir de les enfreindre. Néanmoins nous tâcherons d'en finir en fidèles sujets. De quelque part qu'il vienne, le navire a bonne tournure... Penses-tu que le vent se lève de la terre dans la matinée ?

— Il y a des signes de changement de temps dans les nuages. Il serait à souhaiter que tout le monde fût dehors pour savourer cette délicieuse brise de mer pendant qu'elle dure encore.

— Allons, allons, s'écria l'alderman, qui craignait d'attirer l'attention de son compagnon par la sollicitude avec laquelle il observait l'état du ciel, songeons à déjeuner : nos nègres ont travaillé pendant la nuit... à pêcher, bien entendu, et nous aurons à choisir parmi les poissons de la rivière et de la baie. Le nuage qui s'élevait au-dessus de l'embouchure du Rariton semble monter, et nous pouvons nous attendre à une brise d'ouest !

— Voilà un bateau qui vient du côté de la ville, dit Oloff en suivant l'alderman avec une répugnance visible : il me semble qu'il approche avec une vitesse plus qu'ordinaire.

— Il y a des bras robustes aux avirons ; c'est peut-être un message pour la Coquette... mais non... il se dirige vers notre débarcadère... Les habitants de Jersey sont souvent surpris par la nuit entre York et leur domicile. Et maintenant, patron, allons jouer des fourchettes comme des hommes qui ont pris les meilleurs estomachiques.

— Devons-nous nous restaurer seuls, demanda le jeune homme qui jetait à la dérobée des regards inquiets sur les volets toujours fermés de la Cour des Fées ?

— Ta mère t'a gâté, jeune Oloff, le café n'a point de saveur pour toi, s'il ne t'est servi par la jolie main d'une femme. Je conçois ce qui se passe dans ton cœur et je n'en ai pas plus mauvaise opinion que toi. Célibat et indépendance ! il faut qu'un homme dépasse la quarantaine, avant d'être certain d'être son propre maître. Arrive ici, maître François ; il est temps que ma nièce secoue sa torpeur, et montre son radieux visage au soleil ; nous désirons qu'elle fasse les honneurs du déjeuner, et je ne vis ni elle, ni la paresseuse Dinah.

— Assurément non, monsieur, répondit le valet de chambre. Mademoiselle Dinah n'aime pas trop l'activité ; mais, monsieur l'alderman, elles sont jeunes toutes les deux ; le sommeil est bien salutaire pour la jeunesse.

— L'enfant n'est plus au berceau, François, et c'est temps de cogner à ses fenêtres. Quant à la négresse, qui devrait être à l'ouvrage depuis longtemps, je me charge de régler son compte. Allons, patron, notre appétit ne doit pas souffrir de la paresse d'une capricieuse jeune fille ; nous allons l'attendre à table... Crois-tu que le vent saute à l'ouest ce matin ?

En disant ces mots, l'alderman s'achemina vers une petite salle où un repas bien servi les invitait à rompre le jeûne. Oloff van Staats le suivit à pas lents, dans l'espérance de voir Alida paraître aux croisées du pavillon, pendant que François prenait, pour réveiller sa maîtresse, des mesures propres à concilier ses devoirs envers l'oncle et ses idées de bienséance. Au bout de quelque temps, l'alderman protesta contre la nécessité d'attendre les paresseux, et mit en avant quelques réflexions morales sur les avantages de l'exactitude.

— Les anciens, dit-il, partageaient le temps en années, mois, semaines, jours, heures, minutes et moments, de même qu'ils divisaient les nombres en unités, dizaines, centaines, mille et dizaines de mille. Tout cela n'était pas sans but. Si nous commençons par les unités et que nous employions bien nos moments, nous changeons les minutes en dizaines, les heures en centaines, les semaines et les mois en mille et même en dizaines de mille quand le commerce prospère. Perdre une heure, c'est pour ainsi dire négliger un chiffre important dans un calcul compliqué, et toute l'opération peut devenir inutile, faute de ponctualité dans le premier cas, comme faute d'attention dans le second... Érasme, regarde un peu le nuage qui est au-dessus du Rariton et fais-moi savoir s'il monte.

Le nègre répondit que la vapeur restait stationnaire, comme entre parenthèse, que l'embarcation venue de New-York avait atterri, et que des gens de l'équipage s'acheminaient vers le Lust-in-Rust.

— Qu'ils reçoivent l'hospitalité ! reprit cordialement l'alderman. Je suis sûr que ce sont quelques honnêtes fermiers de l'intérieur affamés par le travail de la nuit. Va dire au cuisinier de les régaler de son mieux et s'il y a parmi eux quelque fermier d'une tournure convenable, invite-le à s'asseoir à notre table. Nous ne sommes pas dans un pays, patron, où l'on regarde si un homme a de beaux habits sur le dos et s'il porte ses cheveux ou une perruque. Qu'a donc ce drôle ?

Érasme se frotta les yeux, montra ses dents éblouissantes de blancheur, et annonça que son frère utérin, déjà présenté au lecteur sous le nom d'Euclide, venait d'entrer dans la villa. Cette nouvelle suspendit subitement les fonctions masticatoires de l'alderman, qui n'eut pas toutefois le temps d'exprimer sa surprise : deux portes s'ouvrirent à la fois : à l'une parut François, tandis que l'autre fut obscurcie par la figure luisante de l'esclave venu de New-York. Les yeux de Myndert errèrent de l'un à l'autre, et de sinistres pressentiments l'empêchèrent de parler, car il vit au trouble que tous deux exprimaient qu'il allait apprendre de mauvaises nouvelles. La figure du valet de chambre, longue et maigre en tout temps, semblait s'étendre au delà de ses dimensions ordinaires ; sa mâchoire inférieure était pendante et s'en allait en pointe. Ses yeux saillants, d'un bleu clair, ouverts dans toute leur grandeur, exprimaient un égarement confus, qu'un mélange d'émotion douloureuse ne rendait pas moins frappant. Ses deux mains étaient levées la paume en dehors, et le mouvement de ses épaules détruisait le peu de symétrie que la nature leur avait accordé. Quant au nègre, il avait l'air humble d'un coupable et lançait à son maître des regards obliques. Ses mains tourmentaient la laine de son bonnet, et ses pieds, qui tournoyaient sur leurs talons, décrivaient des demi-cercles avec les orteils.

— Eh bien ! cria Myndert, quelles nouvelles ? la reine est-elle morte ? a-t-elle rendu la colonie aux Provinces-Unies ?

— Mademoiselle Alida ! dit François en gémissant.

— La pauvre bête ! murmura Euclide.

Les couteaux et les fourchettes tombèrent des mains de Myndert et de son hôte comme s'ils eussent été paralysés simultanément. L'amoureux se leva par un mouvement involontaire, mais l'alderman affermit sur sa chaise sa corpulente personne pour se préparer à recevoir un choc inattendu avec toute la résolution dont il était susceptible.

— Quelle nouvelle de ma nièce ? quelle nouvelle de mon cheval ? vous avez appelé Dinah ?

— Sans doute, monsieur.

— Et vous avez gardé les clefs de l'écurie ?

— Je ne m'en sépare jamais.

— Vous lui avez enjoint d'appeler sa maîtresse ?

— Monsieur, elle n'a pas répondu du tout.

— Les animaux ont eu leur pitance, comme je l'avais ordonné ?

— Ils n'ont jamais été mieux pansés.

— Vous êtes entré vous-même chez ma nièce pour la réveiller.

— Monsieur a raison.

— Que diable est-il arrivé à mon pauvre cheval ?

— Il a perdu l'appétit, et j'ai peur qu'il ne le retrouve jamais.

— Monsieur François, je désire savoir la réponse de la fille de M. Barbérie.

— Mademoiselle ne répond pas, monsieur, pas une syllabe !

— Par l'art vétérinaire ! il aurait fallu pratiquer une saignée.

— Il était trop tard pour cela, dit Euclide.

— Quel entêtement ! reprit l'alderman ; on voit bien qu'elle est d'une race de huguenots, qui a quitté sa patrie plutôt que de changer de religion.

— La famille de Barbérie est honorable, monsieur ; mais le grand monarque fut un peu trop exigeant. Vraiment la dragonnade était mal avisée pour faire des chrétiens.

— Maudites apoplexies ! vous auriez dû, misérables noirs, envoyer chercher le vétérinaire.

— J'ai envoyé chercher l'équarrisseur pour sauver la peau, car il était déjà mort.

Le mot de mort fit taire tout le monde. Le dialogue précédent avait été si rapide, les questions et les réponses non moins que les idées du principal orateur avaient été si confuses, qu'il ne sut d'abord si c'était la belle Barbérie ou le fameux flamand qui venait de payer sa grande dette à la nature. Jusqu'alors le désordre général avait empêché le patron ; mais il profita de ce temps d'arrêt pour intervenir.

— Il est évident, monsieur van Beverout, dit-il d'une voix tremblante, qu'il est arrivé quelque événement extraordinaire. Le noir et moi ferions bien mieux de nous retirer, pour que vous puissiez interroger François plus à votre aise sur ce qui est arrivé à mademoiselle.

Cette proposition remarquable tira l'alderman d'une profonde stupeur. Il s'inclina en signe d'adhésion, et laissa M. van Staats quitter la chambre ; mais quand Euclide voulut s'éloigner, il lui enjoignit de rester.

— Je puis avoir occasion de l'interroger, dit-il d'une voix qui avait perdu beaucoup de sa puissance ; reste ici, drôle, et sois prêt à répondre ; et maintenant, monsieur François, je désire savoir pourquoi ma nièce refuse de déjeuner avec moi.

— Mon Dieu, monsieur, il n'est pas possible d'y répondre. Les sentiments des demoiselles ne sont jamais décidés.

— Allez lui dire que mes sentiments sont décidés à supprimer certains legs pour lesquels j'avais plutôt consulté ses intérêts que l'équité envers mes autres parents.

— Monsieur y réfléchira ; mademoiselle Alida est une si jeune personne !

2,

— Jeune ou vieille, mon parti est pris; allez donc à votre Cour des Fées, et comptez la chose à votre paresseuse... Tu as monté à cheval sur cette pauvre bête, misérable esprit de ténèbres.

— *Mais pensez-y, je vous en prie, monsieur ; c'est la première fois que mademoiselle se sauve.*

— Que me dit ce drôle ! s'écria l'alderman, dont la mâchoire inférieure s'abaissa presqu'au niveau de celle du fidèle serviteur. Où est ma nièce, monsieur, et que signifie cette allusion à son absence?

— *La fille de M. de Barbérie n'y est pas !* répondit François, dont le cœur était trop plein pour donner d'autres explications.

Le vieux et affectionné domestique mit la main sur sa poitrine d'un air de profonde souffrance ; mais, croyant devoir comprimer ses émotions devant son supérieur, et cependant incapable de les maîtriser, il salua et se retira sans dignité.

On doit dire, à l'honneur de l'alderman, que l'absence inexplicable de sa nièce amortit le coup que lui avait porté la mort subite du hongre flamand. Il questionna Euclide, le menaça, le maudit pendant environ dix minutes ; mais l'esclave rusé profita des recherches qui suivirent la nouvelle donnée par François, pour se confondre avec ses frères, et son crime fut en partie oublié.

La Cour des Fées était en effet privée de son principal attrait. Les chambres occupées par François pendant le jour, et par la négresse Dinah pendant la nuit, étaient dans leur état ordinaire ; seulement le désordre du lit et la disparition d'un grand nombre d'effets, des hardes éparses çà et là, annonçaient que la négresse s'était couchée et qu'elle s'était levée pour partir à l'improviste.

D'un autre côté, le petit salon, la chambre à coucher et le cabinet de toilette de la belle Barbérie offraient l'arrangement le plus étudié. Pas un meuble n'était dérangé, pas une porte entre-bâillée, pas une croisée ouverte. On était évidemment sorti du pavillon par la route ordinaire, et la porte avait été fermée de la manière ordinaire. Le lit n'avait pas été défait. Enfin, il régnait tant d'ordre dans la place, que, par un sentiment naturel, l'alderman appela sa nièce à haute voix, croyant qu'elle s'était cachée pour faire une mauvaise plaisanterie ; mais cet expédient fut inutile. La voix sonna le creux dans les chambres désertes ; on écouta longtemps, et l'on n'entendit point la réponse enjouée et rieuse à laquelle on s'attendait.

— Alida, cria le bourgeois pour la quatrième et dernière fois, viens, mon enfant, je te pardonne ta mauvaise plaisanterie ; je n'ai jamais eu l'intention de te déshériter. Fille de ma sœur, viens embrasser ton vieil oncle.

Le patron détourna la tête en voyant le marchand endurci céder aux sentiments de la nature, et il oublia sa propre douleur pour ne songer qu'à celle de l'alderman.

— Retirons-nous, dit-il avec douceur ; il nous faut un peu de réflexion avant d'adopter un parti.

Myndert se laissa entraîner ; mais avant de quitter la Cour des Fées, il visita tous les meubles, et ses recherches ne lui laissèrent aucun doute sur ce qui était arrivé. La jeune héritière avait emporté ses robes, ses livres, ses boîtes de crayons ou de couleurs, et même ses instruments de musique.

CHAPITRE XIII.

On est porté naturellement à déplorer les fautes d'un enfant ; mais lorsqu'elles proviennent d'une éducation incomplète ou de la négligence des parents, ceux-ci éprouvent des remords qui ajoutent à leurs souffrances. L'alderman van Beverout était dans ce cas, et il ressentait une double peine en réfléchissant à l'imprudente conduite de la belle Barbérie, dont il parlait déjà comme si elle eût été à jamais perdue pour lui.

— C'était une fillette séduisante, dit-il au patron ; mais elle avait l'entêtement d'un jeune cheval qui n'est pas encore dressé... Misérable noir ! je ne recevrai jamais à appareiller la pauvre bête inconsolable qui survit !... L'enfant avait une multitude d'agréments, monsieur van Staats ; elle a eu tort de quitter son tuteur et ami ; pour se mettre à la merci des étrangers. Ah ! que de misères dans ce monde ! Tous nos calculs sont déjoués, et il est au pouvoir de la fortune d'anéantir les espérances les mieux fondées. Un grain de vent fait couler le navire le plus richement frété ; une baisse de prix nous dépouille de notre or, comme le vent de novembre rie chêne de ses feuilles ; et les banqueroutes désolent les plus vieilles maisons, de même que les infirmités usent les corps les plus robustes. Alida ! Alida ! tu as blessé un homme qui ne t'avait jamais fait de mal, en tu fais le malheur de mes vieux jours !

— Il est inutile de combattre les inclinations, répondit en soupirant van Staats. J'aurais voulu placer votre nièce à la tête de ma maison, mais il est maintenant trop tard !

— On ne sait, interrompit l'alderman, qui persistait à réaliser le plus grand désir de son cœur, comme s'il se fût agi d'une affaire avantageuse. Il ne faut pas nous désespérer, monsieur van Staats, tant que le contrat n'est pas signé.

— La manière dont mademoiselle de Barbérie a manifesté ses préférences est tellement positive, qu'il n'y a pas à revenir là-dessus.

— Pure coquetterie, pure coquetterie ! La jeune fille a disparu pour donner plus de prix à sa soumission future.

— Je crains, monsieur, répliqua sèchement le patron, que la *Coquette* ne joue un rôle trop important dans cette évasion. Si le commandant du croiseur est malheureux, ce n'est certes pas en amour.

— Vos insinuations sont offensantes pour ma pupille. Le capitaine Ludlow... Eh bien, drôle, que viens-tu faire ici?

— Il désire voir monsieur, répondit Erasme, qui tenait le bouton de la porte et admirait l'intelligence avec laquelle son maître avait deviné sa commission.

— Qui désire me voir, imbécile ?

— La personne que monsieur a nommée.

— L'heureux mortel vient ici pour nous annoncer son triomphe, dit avec hauteur van Staats Kinderhook. Ma présence est inutile dans une entrevue entre l'alderman et son futur neveu.

Le patron, justement mortifié, salua cérémonieusement le bourgeois et quitta la chambre aussitôt qu'il eut cessé de parler. Sa retraite fut regardée par Erasme comme un symptôme favorable à son rival, et le nègre s'empressa d'avertir le jeune capitaine que la côte était libre.

L'entrevue qui suivit devait avoir infailliblement quelque chose de contraint et d'embarrassé. L'alderman van Beverout prit un air d'autorité offensée, tandis que l'officier, en se présentant, semblait accomplir par nécessité une obligation désagréable.

— Il est de mon devoir, dit-il après force salutations, d'exprimer la surprise que j'éprouve en voyant un brigantin d'une physionomie équivoque mouiller de manière à exciter de fâcheux soupçons sur l'intégrité commerciale d'un négociant aussi connu que monsieur l'alderman van Beverout.

— Le crédit de Myndert van Beverout est trop bien établi, capitaine Cornélius Ludlow, pour souffrir de la position accidentelle des navires. Je vois deux vaisseaux à l'ancre auprès de Lust-in-Rust, et si j'étais appelé à déposer devant le conseil royal, je déclarerais que celui qui arbore le pavillon britannique a fait plus de tort aux sujets de la reine que le bâtiment étranger. De quoi l'accuse-t-on?

— Je ne dissimulerai rien, car le cas est assez grave pour qu'un homme tel que vous ait le droit de s'expliquer catégoriquement...

— Hem ! interrompit le bourgeois, qui voyait la conversation aboutir forcément à un compromis, j'apprécie votre modération, capitaine Ludlow. Asseyez-vous, je vous prie, que nous puissions causer à loisir, et dites-moi ce que vous pensez du brigantin. Un commerçant aussi expérimenté que vous n'a pas besoin qu'on lui donne de renseignements sur le navire appelé *la Sorcière des Eaux* et sur son célèbre commandant, l'Écumeur de mer.

— Le capitaine Ludlow ne va pas accuser l'alderman van Beverout de relations avec un pareil homme ! s'écria l'alderman en se levant par un mouvement involontaire et en reculant de quelques pas, sous l'influence apparente de la surprise et de l'indignation.

— Monsieur, répondit l'officier, je ne suis pas chargé d'accuser aucun des sujets de la reine, vous n'ignorez pas que le bâtiment qu'on m'a signalé n'est autre que la fameuse *Sorcière des Eaux*.

— C'est possible... Cependant que viendrait faire ce navire coupable sous les canons d'un croiseur de l'État?

— Monsieur l'alderman, mon amour pour votre nièce ne vous est pas inconnu.

— Je m'en suis douté, répondit l'alderman, qui voyait le capitaine sur le point d'entrer en arrangement.

— Cet amour m'a engagé à visiter votre maison la nuit dernière.

— C'est un fait qui est que trop bien établi.

— Et j'emmenai... Ici Ludlow eut un moment d'hésitation.

— Alida de Barbérie ! répéta Ludlow avec étonnement.

— Oui, monsieur, ma nièce, mon héritière et celle de feu Étienne de Barbérie. Votre croisière a été courte, capitaine Cornélius Ludlow, mais votre part de prise sera considérable, si l'on invoque les bénéfices de la neutralité en faveur d'une partie de la cargaison.

— Monsieur, votre plaisanterie est divertissante, mais je n'ai pas le temps de la goûter. Je conviens que j'ai visité la Cour des Fées, et je pense que cette déclaration n'offensera pas la belle Barbérie.

— Il faudrait qu'elle fût bien scrupuleuse, après ce qui s'est passé.

— Je ne m'occupe que de mon devoir ; le désir de l'accomplir m'a déterminé à enrôler à bord de *la Coquette* l'homme audacieux et bizarre qui nous accompagnait sur le bac.

— En effet, je me le rappelle.

— Eh bien, monsieur, ce marin est parvenu à obtenir l'autorisation de venir à terre avec moi, et c'est de concours de quelques hommes sans aveu il a fait mon équipage prisonnier.

— Sur mon âme ! s'écria le bourgeois avec une surprise toute naturelle, c'est la première fois que j'entends parler de cette affaire.

Ludlow parut soulagé en reconnaissant que l'alderman n'avait pas été complice de sa détention.

— Je n'avais aucun moyen de retourner à mon vaisseau, poursuivit-il ; mais, n'étant pas très-surveillé...

— Oui, oui, interrompit l'alderman, il n'est pas nécessaire d'entrer dans tous ces détails ; vous êtes allé au quai, et...

— Je consultai mes affections plutôt que mon devoir, monsieur, et je retournai au pavillon, où...

— Où vous avez décidé ma nièce à oublier ses devoirs envers son oncle et son protecteur.

— Voici une accusation bien cruelle et bien peu méritée. Je sais établir une distinction entre le désir très-naturel de posséder des objets de contrebande et l'intention criminelle de frauder la douane.

— Quoi! dit l'alderman, ma nièce a eu l'imprudence de s'entendre avec un contrebandier!

— Oui, monsieur van Beverout, et peu de jeunes personnes de son âge auraient refusé d'acheter les marchandises qui ont été étalées sous ses yeux, surtout quand le seul risque qu'elle pût courir était de les perdre, puisqu'on les avait déjà introduites dans le pays.

— Qui les avait introduites? demanda l'alderman. Si des marchandises prohibées ont paru sur la côte, n'est-il pas urgent d'en avertir immédiatement le gouverneur?

— J'ai d'autres intentions, et pendant toute la nuit des embarcations n'ont cessé de naviguer entre le brigantin et le rivage. Mais il n'est pas trop tard pour s'emparer du bâtiment contrebandier; seulement je voudrais le faire avec assez de ménagement pour ne compromettre personne.

— Votre prudence est digne d'éloges, reprit l'alderman. Vous n'avez sans doute à sévir que contre les gens de l'équipage; néanmoins le crédit est une fleur si délicate qu'on ne saurait y toucher avec trop de précaution. Je m'aperçois que vous voulez entrer en voie d'arrangement... Je suis disposé à écouter vos propositions, avec la certitude qu'elles seront aussi modérées qu'elles doivent l'être entre amis, je devrais dire peut-être entre parents, capitaine Ludlow.

— Cette expression me flatte, repartit le jeune commandant avec un gracieux sourire, et souffrez d'abord que je sois admis un instant dans la charmante Cour des Fées.

— C'est une faveur qui ne peut guère vous être refusée, à vous qui avez maintenant le droit d'y entrer quand bon vous semble. Venez donc, mon jeune ami, voici le pavillon de ma nièce; je voudrais pouvoir ajouter: voici également la propriétaire.

— Est-ce que la belle Barbérie n'occupe plus la Cour des Fées? demanda Ludlow avec un étonnement qui n'avait rien de factice.

L'alderman van Beverout demeura stupéfait; il se demanda ce que pouvait gagner l'officier à feindre d'ignorer l'absence d'Alida.

— On a vu des canots sur la mer pendant toute la nuit, dit-il d'un ton sec. Si les matelots du capitaine Ludlow ont été arrêtés, je suppose qu'on les aura délivrés en temps utile.

— Ils ont été conduits je ne sais où; mon canot a disparu, et je suis seul.

— Me direz-vous, capitaine Ludlow, qu'Alida de Barbérie ne s'est pas sauvée de ma maison la nuit dernière pour se réfugier à votre bord?

— Sauvée! répéta le jeune homme avec horreur. Alida s'est-elle sauvée de la maison de son oncle?

— Capitaine Ludlow, nous ne jouons pas la comédie; sur votre parole d'honneur, ignorez-vous l'absence de ma nièce?

Le jeune homme ne répondit pas, mais, se frappant la tête avec fureur, il prononça d'une voix étouffée quelques paroles inintelligibles. L'alderman, sans rien comprendre à cette pantomime, n'osa demander des explications sur une affaire qui paraissait s'embrouiller.

— Je ne nierai pas, dit-il après un moment de silence, que j'ai cru que vous aviez décidé ma nièce à s'enfuir à bord de la Coquette, car je connais l'imprudence et la folie des jeunes gens. Je suis maintenant aussi embarrassé que vous pour savoir ce qu'elle est devenue, puisqu'elle n'est pas ici.

— Attendez! interrompit Ludlow avec impétuosité. Un canot est parti pour la ville dans les premières heures de la journée; peut-être s'y est-elle embarquée?

— Ce n'est pas possible. J'ai des raisons pour savoir... Enfin, monsieur, elle n'est point partie par ce canot.

— Alors cette infortunée jeune fille est à jamais perdue pour nous! s'écria le jeune marin en s'abandonnant à la violence du désespoir. Homme mercenaire! à quel acte de délire la soif de l'or a-t-elle entraîné une créature aussi belle... que ne puis-je dire aussi pure!

Pendant que l'amant se désolait ainsi, l'alderman restait confondu. Ayant depuis longtemps deviné la prédilection de la belle Barbérie pour le commandant, il avait supposé naturellement qu'elle s'était laissé enlever pour ôter tout espoir au patron de Kinderhook. En voyant Ludlow se présenter, il l'avait considéré immédiatement comme devant être son neveu, puisque rien n'empêchait les deux jeunes gens de légitimer leur union.

Maintenant qu'il était impossible de méconnaître les souffrances réelles du malheureux amant, l'alderman s'efforçait en vain de comprendre ce qu'était devenue sa nièce; et lorsqu'il laissa tomber son double menton entre son pouce et son index, ce fut de l'air d'un homme qui examine en son esprit tous les points vraisemblables d'une question difficile.

— Coins et recoins! murmura-t-il: la friponne a trop de sang normand dans les veines pour jouer à cache-cache avec ses amis! elle s'est bien certainement sauvée, et elle a même emporté ce qu'elle

possédait. Sa guitare n'est plus là; je ne vois plus l'excellent luth hollandais que je lui avais acheté, les bijoux de ma sœur que je lui avais confiés; je ne vois pas non plus ses récentes acquisitions. François! François! serviteur dévoué d'Étienne de Barbérie, que diable est devenue ta maîtresse?

— Mais, monsieur, répondit le valet inconsolable, elle n'a rien dit au pauvre François; en supposant que monsieur interroge le capitaine, il lui répondra probablement.

Le bourgeois jeta un regard de soupçon sur Ludlow, et secoua la tête pour exprimer qu'il croyait que le jeune homme était sincère.

— Allez prier M. van Staats de Kinderhook de nous honorer de sa compagnie.

— Arrêtez! dit Ludlow faisant signe au valet de se retirer. Monsieur Beverout, un oncle doit être indulgent pour les erreurs d'une personne aussi jeune que cette fille cruelle et sans réflexion. Vous ne pouvez songer à l'abandonner à son triste sort. Lorsque j'ai un titre légal à quelque chose, je ne l'abandonne jamais.

— Vous parlez par énigme. Si vous savez où ma nièce est cachée, avouez-le franchement, et permettez-moi de la recouvrer.

Ludlow rougit; son âme était bouleversée autant par les regrets que par l'amour-propre offensé.

— Il est inutile de dissimuler le parti qu'a pris Alida de Barbérie, dit-il avec la plus amère ironie; elle a fait un choix que personne n'aurait prévu. Elle a désormais un compagnon plus convenable à sa position, à son caractère que van Staats de Kinderhook ou un pauvre officier de la marine royale.

— Secrets et mystères! que voulez-vous dire? la jeune fille n'est pas ici; vous déclarez qu'elle n'est pas à bord de la Coquette; il faut donc qu'elle soit...

— Sur le brigantin! dit le jeune marin d'une voix étouffée.

— Sur le brigantin, répéta lentement l'alderman. Ma nièce ne fait pas de contrebande ou du moins pas de commerce.

— Alderman van Beverout, si nous voulons échapper à la contagion du vice, il faut en éviter la société. Il y avait la nuit dernière dans le pavillon un homme dont la tournure et les discours hardis auraient pu séduire un ange. Ah! femme, femme! ton esprit se compose de vanité, et ton imagination est ton plus cruel ennemi.

— Est-il possible, s'écria le bourgeois stupéfait, que l'héritière de feu Étienne-Marie de Barbérie, ma nièce, recherchée en mariage par tant d'hommes honorables, se soit réfugiée sur un corsaire.... en supposant toujours que votre opinion sur le brigantin soit fondée?

— L'œil d'un amant, monsieur, peut être plus perçant que celui d'un tuteur. Accusez-moi de jalousie, si vous le voulez... Plût au ciel que mes soupçons fussent injustes! Mais si elle n'est pas là, où est-elle?

L'alderman parut se rendre à cet argument. Que pouvait-elle être devenue, si elle n'avait pas cédé aux charmes presque irrésistibles de maître Seadrift, joints à l'influence romanesque du mystère et de la singularité?

— Folie féminine, murmura le bourgeois après quelques instants de méditation. Les projets d'une femme sont aussi incertains que la chance d'un chasseur sur les profits de la pêche à la baleine! Capitaine Ludlow, votre concours sera nécessaire dans cette affaire, et, comme il n'est peut-être pas trop tard, on peut encore faire revenir ma nièce de son erreur et la préparer à récompenser tant d'assiduités et d'attachement.

— Mes services seront à la belle Barbérie tant qu'elle en aura besoin, répondit le jeune officier avec précipitation et cependant avec un peu de froideur: il sera temps de parler de récompense lorsque nous aurons réussi.

— N'ébruitons pas cette petite affaire de famille, reprit l'alderman; donc, si vous m'en croyez, attendons de plus amples informations pour émettre nos soupçons sur le caractère du brigantin.

Le capitaine s'inclina en signe d'assentiment. Et maintenant que nous sommes du même avis sur les préliminaires, allons chercher le patron de Kinderhook, que nous devons mettre dans la confidence.

Myndert sortit alors de la Cour des Fées; son allure ferme et sa physionomie exprimaient plutôt le dépit et la contrariété qu'un véritable chagrin.

CHAPITRE XIV.

Le nuage qui surmontait l'embouchure du Rariton ne s'était pas levé. La brise venait toujours de la pleine mer; le brigantin et le croiseur restaient à l'ancre comme deux habitations flottantes qu'on ne veut pas changer de place. On était à l'heure où le temps de toute la journée se décide, et il n'était pas probable qu'une brise de terre mit le bâtiment contrebandier à même de repasser le chenal avant le retour de la marée.

Les fenêtres du Lust-in-Rust étaient ouvertes comme lorsque le propriétaire était présent; mais les conférences que tenaient à l'écart les domestiques, au lieu de vaquer à leurs occupations habituelles, prouvaient surabondamment l'effet produit par l'inexplicable disparition de leur jeune maîtresse.

Sur le bord de la baie, à l'ombre d'un chêne, dans un endroit peu fréquenté, était un groupe qui semblait attendre des nouvelles du brigantin. Il se tenait sur la pointe de sable qu'avait transformée momentanément en îlot la formation d'un chenal entre l'anse et l'Océan.

Précaution, telle devrait être la devise d'un négociant, dit l'un des personnages que l'on reconnaîtra facilement à son langage : il doit avoir de la précaution dans ses affaires, dans les crédits qu'il accorde, dans ses spéculations; il lui faut de la précaution dans ses petites contrariétés domestiques; aussi suis-je charmé d'avoir pour adjudants des hommes aussi discrets que le capitaine Cornélius Ludlow et M. Oloff van Staats. Ah! le nègre a communiqué avec le contrebandier, toujours en admettant les idées de M. Ludlow sur ce bâtiment... Le voilà qui descend du brigantin.

Les compagnons de l'alderman ne lui firent aucune réponse. Ils épiaient les mouvements de l'esquif qui contenait le messager, et semblaient s'intéresser vivement au résultat de la commission. Toutefois, au lieu d'approcher du groupe, et quoiqu'il sût que le bateau était indispensable aux trois amis pour repasser le chenal, le nègre rama directement vers l'embouchure de la Shrewsbury.

— Rébellion! grommela le maître irrité : ce misérable nous laisse impitoyablement sur cette langue de sable stérile, où nous sommes sans moyens de communiquer avec l'intérieur, sans nouvelles de l'état du marché, abandonnés comme dans un désert!

— Voici quelqu'un qui semble disposé à parlementer avec nous, fit observer Ludlow, dont l'œil exercé avait découvert une embarcation détachée des flancs du brigantin et la route qu'elle allait suivre.

— Le jeune commandant ne s'était pas trompé, car un léger cutter, que la mer ballottait comme une bulle d'écume, s'approchait de la place où nos trois amis étaient assis. Lorsqu'il fut assez près pour rendre les communications faciles, autant par l'ouïe que par la vue, l'équipage cessa de ramer, et le marin au châle de cachemire, se levant dans la chambre du canot, examina d'un œil soupçonneux les buissons devant lesquels se trouvait le trio. Après une investigation suffisamment prolongée, il fit signe à ses matelots de se rapprocher de la plage, et prit la parole en ces termes :

— Qui donc peut avoir affaire au brigantin? il n'a plus rien dont on puisse tirer parti.

— Bon étranger, répondit l'alderman, nous sommes loin de songer à faire du commerce avec vous; de peur de mécontenter les autorités du pays. C'est une affaire particulière qui nous inspire le désir d'avoir une conférence avec le capitaine.

— Pourquoi y mêler un officier qui porte la livrée de la reine Anne? Nous n'aimons pas les serviteurs de Sa Majesté, et nous ne voulons pas former de fâcheuses liaisons.

Ludlow se mordit les lèvres en essayant de réprimer la colère provoquée en lui par l'assurance d'un homme qui l'avait déjà traité avec si peu de cérémonie. Oubliant momentanément l'orgueil de sa profession et les habitudes de son rang, il interrompit le dialogue pour dire avec hauteur :

— Si vous voyez la livrée de la reine, vous devez comprendre qu'elle est portée par un homme qui sait en faire respecter les droits. Je demande quel est le nom et le caractère de votre brigantin?

— Quant à son caractère, il est peut-être un peu compromis, comme la réputation des belles, mais nous n'y prenons pas garde. Quant à son nom, ce sera celui que vous voudrez; nous répondrons à tous ceux qu'on nous donne, pourvu qu'ils soient nettement articulés et dans une bonne intention.

— Il y a des raisons pour soupçonner votre vaisseau de pratiques illégales. Au nom de la reine, je demande à visiter vos papiers et à faire des perquisitions, soit dans votre cargaison, soit parmi l'équipage. Autrement je serai dans la nécessité de vous placer sous les canons du croiseur.

— Nos papiers sont faciles à lire, capitaine Ludlow. Ils sont écrits sur l'eau par une quille légère, et ceux qui nous poursuivent ne peuvent guère en contester la validité. Si vous désirez passer en revue la cargaison, examinez au prochain bal les manchettes et les garnitures de la femme du gouverneur, ou bien regardez la voile de point d'Angleterre au-dessus de leurs vertugadins la femme et les filles du juge de l'amirauté.

— Enfin, votre brigantin a un nom, et, par l'autorité de la reine, je demande à le savoir.

— Dieu me préserve de contester le droit de la reine! Vous êtes marin, capitaine Ludlow, et vous vous connaissez aussi bien en navires qu'en femmes. Regardez ces pièces de quartier : il n'y a pas de chute d'épaules qui en égale la courbe gracieuse, la tonture des préceintes surpasse en délicatesse et en correction la plus jolie taille, et les barres d'arcasse s'arrondissent comme les contours d'une Vénus. Ah! ce navire exerce une véritable fascination, et, en le voyant flotter sur la mer, il n'est pas étonnant qu'on l'ait appelé...

— La Sorcière des Eaux, dit Ludlow.

— Vous méritez d'entrer dans la confrérie, capitaine Ludlow, par votre faculté de divination.

— Surprise et stupéfaction! s'écria Myndert, voilà une découverte plus fâcheuse pour un respectable marchand que la conduite irrégulière de cinquante nièces. Voilà donc le fameux brigantin de l'Écumeur de mer! De grâce, monsieur le marin, ne vous méfiez pas de

nos intentions. Nous ne venons pas, envoyés par les autorités du pays, examiner vos transactions passées dont il est inutile de parler; nous sommes encore plus loin d'être poussés par la soif de l'or à favoriser un trafic interlope. Nous désirons seulement conférer pendant quelques minutes avec le célèbre contrebandier qui, si nous vous en croyons, commande le bâtiment. Cet officier de la reine est obligé par ses fonctions de vous faire certaines sommations auxquelles vous êtes libre de ne pas vous rendre, d'autant plus que le croiseur de Sa Majesté n'est pas à portée de canon... Capitaine Ludlow, il faut prendre cet homme par la douceur, sans cela il nous laisserait traverser la passe et retourner au Lust-in-Rust comme nous pourrions. Souvenez-vous de nos conventions, ou bien je ne m'en mêle plus.

Ludlow garda le silence. Le marin au châle ou maître Tiller examina de nouveau les buissons et fit approcher son canot de la terre afin qu'on pût y entrer par l'arrière.

— Venez, dit-il au capitaine de la Coquette, qui ne se fit point prier deux fois; votre présence nous garantit une trêve. L'Écumeur n'est pas ennemi de la bonne compagnie, et je lui ai déjà parlé avec éloge du serviteur de la reine.

— Vous êtes fier du succès de votre ruse. Jouissez un moment de votre triomphe, mais rappelez-vous que la Coquette...

— Est un excellent bâtiment dont j'ai eu le temps d'étudier les qualités et de virer le sablier; mais, comme nous avons affaire à l'Écumeur, nous parlerons de cela plus tard.

Après avoir prononcé ces mots, l'homme au châle devint plus grave, et d'un ton d'autorité il enjoignit à ses matelots de se diriger vers le brigantin.

L'audace, l'allure mystérieuse et les exploits de la Sorcière des Eaux et de celui qui la commandait excitaient à cette époque la surprise, la colère et l'admiration. Les amateurs du merveilleux écoutaient avec plaisir ce qu'on racontait de sa hardiesse et de sa célérité : ceux qui avaient si souvent échoué dans leurs tentatives pour capturer le contrebandier rougissaient en entendant prononcer son nom; tous s'étonnaient de l'intelligence qui présidait à ses mouvements. Ludlow et le patron, en approchant du gracieux et léger navire, éprouvèrent donc un intérêt qui augmentait à chaque coup de rame. Le capitaine appartenait trop complètement à une profession qui, surtout à cette époque, avait un caractère à part pour ne pas remarquer les proportions exactes et les contours élégants de la coque, ainsi que la symétrie des mâts et des agrès. Il ne pouvait s'empêcher de reconnaître l'incontestable supériorité du forban, malgré ses sentiments de rivalité; il y avait aussi un goût digne d'éloges dans le style, les accessoires d'ornement. Les marins de tous les siècles et dans toutes les périodes de l'art ont eu l'ambition de donner à leurs habitations flottantes un genre de décoration appropriée à la mer, mais en même temps analogue aux travaux de l'architecture civile. La piété, la superstition, les coutumes nationales influent sur ces ornements caractéristiques qui sont encore d'usage en différentes parties du monde, et établissent de grandes distinctions entre l'aspect des vaisseaux. Tantôt la figure de la proue est celle d'un monstre hideux, tantôt de gros yeux saillants et une langue pendante se dessinent sur les bossoirs. Les uns empruntent à leur pays ou à leurs métiers des emblèmes allégoriques; d'autres appliquent à l'avant l'image d'un saint patron ou de la bienheureuse Marie. Ces efforts de l'art nautique sont rarement heureux; mais le vaisseau dont nous parlons faisait exception à une règle presque générale. Sa quille, admirablement modelée, offrait au-dessus de l'eau une nuance bleue qui se confondait avec la couleur de l'Océan : la partie supérieure était peinte d'un noir de jais délicatement rehaussé par deux lignes d'un jaune-paille qui s'étendent tracées avec une exactitude mathématique, parallèlement au plan des œuvres mortes, et par conséquent convergeant légèrement vers la mer sous l'écusson.

Des filets de hamac cachaient ceux qui étaient sur le pont, et de forts parapets donnaient au brigantin l'air d'un vaisseau de guerre. Cependant Ludlow, suivant d'un œil curieux les deux lignes jaunes dans toute leur étendue, y chercha vainement des indices du poids et de la force d'un armement : s'il y avait des sabords, ils étaient ingénieusement dissimulés.

La Sorcière des Eaux avait à l'avant un mât de brick, à l'arrière le mât d'un schooner; mais, malgré cette apparente incohérence, elle se distinguait par la plus parfaite régularité. Pas un câble ne se détournait de la direction voulue; ses mâts se dressaient, ses vergues étendaient leurs bras avec une symétrie presque fatigante; ses voiles ressemblaient à une étoffe pliée par la main d'une prudente ménagère. Les modèles de verre qui représentent des vaisseaux n'ont pas plus de justesse et d'exactitude que n'en avaient les mâtereaux et les agrès du brigantin : son ensemble était aérien, fantastique, empreint d'un caractère extraordinaire de vitesse et de légèreté. Lorsque le canot fut sur le point d'arriver, un changement de la brise le fit tourner comme une girouette, et découvrit aux yeux les proportions longues et anguleuses des aiguillettes de l'avant. Ludlow aperçut sous le beaupré une image qui faisait évidemment allusion à la nature du bâtiment : c'était une statue de femme, sculptée avec art, dont l'une main posé légèrement sur la saillie du taille-mer, et l'autre suspendu dans la posture aérienne du fameux Mercure de Bologne. La draperie flottante, d'une teinte vert-de-mer, semblait emprunter sa couleur au liquide élément

La figure avait ces nuances bronzées qui sont adoptées depuis longtemps par les artistes pour reproduire une expression surhumaine. Les longs cheveux étaient épars, les yeux remplis du feu que l'imagination peut supposer à ceux d'une sorcière ; les lèvres étaient entr'ouvertes par un sourire si malicieux que Ludlow tressaillit à la première vue, comme si un être vivant lui eût rendu son regard.

— Magie et nécromancie ! murmura l'alderman : voici une drôlesse d'airain qu'on croirait capable de piller sans remords le trésor de la reine elle-même ! Vous avez les yeux d'un jeune homme, patron : qu'est-ce que cette effrontée tient si impudemment au-dessus de sa tête ?

— On dirait un livre ouvert sur lequel il y a des lettres rouges. Il ne faut pas être sorcier pour deviner que ce n'est pas un extrait de la Bible.

— Ni du livre des Statuts de la reine Anne. Il paraît que c'est le registre des bénéfices que le navire a faits dans ses nombreuses excursions. Écarquillement et grimaces ! L'air hardi de cette figure suffit pour mettre un honnête homme hors de soi !

— Voulez-vous connaître la devise de la Sorcière ? demanda maître Tiller : approchez, et vous serez initiés à ses pensées autant qu'on peut sonder le cœur d'une femme.

Tout en parlant, Tiller imprima un mouvement au gouvernail, et le canot se trouvait au-dessous de l'image fantasque. Les caractères rouges étaient faciles à distinguer, et, quand l'alderman van Beverout eut ajusté ses lunettes, chacun put lire la phrase suivante :

Emprunter ou prêter n'est point dans mon humeur ;
Trop prendre ou trop donner, c'est ce que je condamne ;
Pour sauver un ami qu'oppresse la douleur,
J'enfreindrai cependant les lois de la douane.

(Marchand de Venise.)

— Quelle infamie ! s'écria Myndert après avoir pris connaissance de la citation. Peut-on supposer l'intention de frauder la douane à un honorable marchand, qu'il soit de Venise ou d'Amsterdam ! Abordons le brigantin, mon ami le matelot, et terminons avant que les mauvaises langues ne commentent les motifs de notre visite.

— Nous avons le temps, reprit maître Tiller. Examinons encore les pages du livre de la dame, qu'il est impossible de juger d'après une première réponse.

A ces mots, d'un coup de rotin qu'il tenait à la main il fit tourner les pages du métal peint sur sur des gonds qui étaient artistement cachés.

— Qu'est-ce que cela, patron ? demanda le bourgeois, qui semblait se méfier de la discrétion de la Sorcière.

Nous colportons, sur un bâtiment neuf,
Bien des objets, du couchant à l'aurore ;
La cargaison donne en métal sonore
Trois fois pour nous, trois fois pour vous encore,
Trois fois de plus pour arriver à neuf.

— Pure folie ! ajouta le bourgeois. Quel est le commerce où l'on peut ainsi tripler la valeur des marchandises ?

— Nous avons d'autres pages, reprit Tiller, et nous vous les montrerons plus tard. J'ai souvent consulté ce volume dans les jours de calme, et mes gens vous diront qu'il est rare d'y trouver deux fois la même moralité.

Les canotiers confirmèrent du geste cette assertion pendant que l'embarcation accostait le brigantin. Tiller fit monter les trois intrus sur le pont ; et, sous prétexte d'aller vaquer à ses occupations, il les laissa seuls examiner l'élégant navire qu'ils ne connaissaient que de réputation. Il était évident que l'alderman lui-même n'en avait pas encore pénétré les mystères : il y régnait une admirable propreté. Les planches du pont semblaient avoir été posées par un habile ébéniste plutôt que par un vulgaire charpentier. Le même fini se présentait dans les lambris des parapets, dans les balustrades, dans les ornements de cuivre qui ressortaient çà et là sur la peinture claire du bois. Il n'y avait aucune trace d'armement, et les marins qui se promenaient gravement sur le tillac n'avaient aucunement l'air farouche : c'étaient tous des hommes d'un âge mûr, d'un extérieur grave, dont quelques-uns commençaient à grisonner. Ludlow avait été à même de voir tous ces détails lorsque Tiller reparut.

— Eh bien ! dit-il, vous voyez que les serviteurs de la Sorcière sont convenablement logés : voulez-vous visiter l'intérieur ?

— Le capitaine et ses compagnons se rendirent à l'invitation, et reconnurent qu'à l'exception d'une grande chambre garnie d'équipets imperméables à l'eau le reste de l'entrepont était disposé pour les officiers et pour l'équipage.

— On nous accuse de faire la contrebande, reprit Tiller avec un malin sourire ; mais si la cour de l'amirauté venait ici, elle ne pourrait y trouver de pièces de conviction. Voici, dans la cale, du fer pour tenir la dame sur ses pieds, de l'eau, du rhum de la Jamaïque et des vins d'Espagne, pour réjouir le cœur et rafraîchir les poumons de mes camarades ; mais nous n'avons aucune marchandise. Ces équipets sont

vides, et, comme vous le voyez, l'intérieur en est aussi propre que le bureau d'une dame. Ce ne sont pas des coffres faits pour renfermer du genièvre de Hollande ou des rouleaux de tabac. Si l'on veut suivre à la piste la cargaison de la Sorcière des Eaux, qu'on aille sur les traces des belles en grande toilette, ou des prêtres en soutane et en rabat. Il y aurait bien des lamentations dans l'église, et plus d'un évêque aurait le cœur gros si l'on apprenait qu'il est arrivé malheur à ce bon navire.

— Cet audacieux mépris des lois doit avoir un terme, dit Ludlow, et le temps approche peut-être où vos fanfaronnades seront sévèrement châtiées.

— En ce cas, répondit l'homme au châle, le livre de la Sorcière nous avertira du danger, car je l'ai souvent consulté, et jamais je n'y ai rencontré un mensonge... mais nous jasons comme des marins d'eau douce, désirez-vous voir l'Écumeur de mer ?

— Sans doute, répondit Ludlow, dont le cœur battit violemment au nom du célèbre forban : si ce n'est pas vous-même, conduisez-nous vers lui.

— Si ce n'est pas moi ! s'écria Tiller en riant : parlez plus bas, car si la dame Vert-de-Mer entendait un pareil blasphème, je ne répondrais plus de sa bienveillance. Suivez-moi.

En parlant ainsi, il mena les trois visiteurs dans les logements de l'arrière.

CHAPITRE XV.

L'emplacement destiné à recevoir la légère mais précieuse cargaison du brigantin était flanqué de deux petites cabines. Tiller entra dans l'une d'elles avec l'aisance d'un homme qui est chez lui ; mais plus près de la poupe était une enfilade de pièces meublées de la même manière que celles d'un yacht de plaisir. A partir de la cloison du logement des officiers, le pont avait été abaissé afin d'augmenter la hauteur de l'appartement principal, dans lequel on descendait par deux marches. Il était précédé d'une antichambre évidemment réservée aux domestiques. Tiller prit sur une table une sonnette d'argent et l'agita légèrement, comme si son audace habituelle eût été tempérée par le respect. A cet appel répondit un enfant d'une dizaine d'années, dont le costume était assez original pour mériter d'être décrit. Ce jeune serviteur de Neptune portait un habit de soie rose, taillé comme celui d'un page de grande maison. Il avait une ceinture d'or, un col de dentelles et des brodequins garnis également de dentelles, avec des glands d'argent. Ses traits étaient fins et délicats, et ses manières n'avaient rien de commun avec celles d'un mousse ordinaire.

— Vaine prodigalité ! murmura l'alderman. Voilà comme on gaspille les richesses, quand on se livre à un commerce sans frein ! il y a assez de dentelles sur les épaules de ce galopin pour orner le corsage de la reine ! par Saint-Georges, les marchandises étaient à bon marché lorsqu'on a revêtu ce jeune drôle de sa livrée !

La surprise du bourgeois fut partagée par van Staats et par le capitaine. Celui-ci s'apprêtait à demander le sens de cette mascarade, quand il s'aperçut que maître Tiller avait disparu. Ils étaient seuls avec le page fantastique.

— Qui es-tu, enfant, et qui t'a envoyé ? demanda Ludlow.

Le petit domestique ôta son bonnet, qui était de soie rose comme son habit, et fit voir l'image de la Sorcière peinte avec art sur son front.

— Je sers la dame Vert-de-Mer, comme tous les autres matelots du brigantin.

— Quelle est cette dame ?

— Voici son portrait. Si vous voulez lui parler, elle est sur le taille-mer et ne refuse jamais de répondre.

— Il est étrange qu'une figure de bois possède le don de la parole !

— Crois-tu qu'elle soit réellement en bois ? reprit timidement l'enfant en regardant timidement Ludlow ; d'autres l'ont déjà dit, mais ceux qui connaissent la dame sont portés à le nier. A la vérité, elle ne répond pas avec la langue, mais le livre a toujours quelque chose à dire.

— Comme on a abusé de la superstition de cet enfant ! J'ai lu le livre, et je n'y comprends rien.

— Alors relisez-le. Ce n'est qu'après avoir couru des bordées que le vaisseau sous le vent gagne au vent. Mon maître m'a ordonné de vous conduire....

— Attends, tu as un maître et une maîtresse. Tu nous as parlé de celle-ci ; donnes-nous quelques détails sur celui-là.

L'enfant sourit, et détourna la tête comme s'il eût hésité à répondre.

— Ne refuse pas de t'expliquer ; je viens pour l'autorité de la reine.

— Il nous dit que la dame Vert-de-Mer est notre reine.

— Imprudence et rébellion ! murmura Myndert. Tant d'audace fera condamner un jour ce joli brigantin ; on en sèmera alors de faux fruits qui compromettront les gens les plus honorables.

— Votre maître a un nom ? reprit Ludlow sans faire attention au soliloque.

— Nous ne l'avons jamais su. Quand Neptune nous aborde sous les tropiques, il hèle toujours l'Écumeur de mer, et on lui répond. Le vieux dieu nous connaît bien, car nous passons dans ces parages plus souvent que les autres vaisseaux.

— Vous servez donc dans ce brigantin? Vous avez dû parcourir bien des mers et débarquer sur bien des côtes?

— Moi, je n'ai jamais été à terre, répondit l'enfant avec un air rêveur. On dit qu'elle est rude, et qu'il est difficile de marcher dessus; qu'il s'y fait des tremblements et des trous où disparaissent les villes; que les hommes se tuent sur les grands chemins pour de l'argent, et que les maisons qu'on aperçoit sur les collines doivent rester toujours à la même place; ce doit être bien triste de vivre toujours à la même place et de ne jamais sentir de mouvement, excepté dans les tremblements de terre.

— Tu es mieux à bord, mon enfant; mais ton maître, l'Ecumeur de mer?...

— Silence, murmura le page; il vient de monter dans la grande cabine, et bientôt il nous fera signe d'entrer.

On entendit les légers accords d'une guitare, et un harmonieux solo fut exécuté dans la pièce voisine.

Mylord vicomte Cornbury.

— Alida elle-même n'a pas les doigts plus agiles; murmura l'alderman, et je ne lui ai jamais entendu mieux toucher mon luth hollandais qui m'a coûté cent florins. Une belle voix d'homme, d'une grande étendue et d'une puissance remarquable chanta bientôt, en s'accompagnant sur le même instrument, un air grave, sorte de récitatif, qui semblait peu convenir à des marins. Voici quelles étaient les paroles:

O mon beau brigantin, ta carène élancée
Brave de l'Océan les fougueux tourbillons.
Léger comme un oiseau, prompt comme la pensée,
Tu rases dans ton vol les liquides sillons.
Qu'un ennemi te guette amarré sur le sable,
Et qu'il veuille entraver ta course insaisissable,
Il te voit disparaître à l'horizon lointain,
O mon beau brigantin!

O mon beau brigantin, avec art modelée,
Ta quille est une voûte aux solides arceaux;
Tes cordages sont forts; sans en être ébranlée,
Ta mâture des vents supporte les assauts.
Tes marins, dont un charme augmente le courage,
Accueillent en cette nuit le défi de l'orage,
Dominateurs des flots, leur triomphe est certain,
O mon beau brigantin!

O mon beau brigantin, marche avec assurance;
Un mystique pouvoir t'a créé de sa main;
Tu dois en son appui mettre ton espérance,
Sûr qu'il t'aplanira les périls du chemin.

Ton étoile, qui luit à la voûte azurée,
Dans son propice éclat n'est jamais altérée;
La dame Vert-de-Mer veille sur ton destin,
O mon beau brigantin!

— Il chante souvent ainsi, murmura l'enfant lorsque la mélodie cessa de se faire entendre; car on dit que la dame Vert-de-Mer aime la musique qui célèbre sa puissance. Écoutez! il nous ordonne d'entrer.

— Il n'a fait que toucher les cordes de la guitare.

— C'est sa manière d'appeler quand le temps est beau. Il frappe plus fort lorsque le vent siffle et que les eaux mugissent.

Ludlow aurait volontiers continué la conversation; mais l'enfant ouvrit une porte, indiqua un chemin et disparut derrière un rideau.

Les visiteurs, et surtout le jeune commandant de la Coquette, trouvèrent de nouveaux sujets d'admiration dans l'intérieur de la grande cabine. Elle était spacieuse et élevée relativement à la grandeur du vaisseau; elle recevait le jour par deux fenêtres de l'arrière. Deux petites chambres, placées de chaque côté des hanches et éclairées de la même manière, avaient entre elles une alcôve profonde, qui pouvait être séparée du reste de la cabine par un rideau de damas cramoisi. Une pile de somptueux coussins couverts de maroquin rouge était posée en guise de divan oriental le long de la barre d'arcasse, et deux guéridons d'acajou s'appliquaient contre les cloisons. Des casiers disposés çà et là contenaient des livres; la guitare dont on s'était si récemment servi reposait sur une table de palissandre au centre de l'alcôve. De côté et d'autre étaient épars divers objets susceptibles d'occuper les loisirs d'un esprit cultivé mais plus efféminé qu'énergique. Les uns paraissaient négligés depuis longtemps; d'autres avaient été utilisés depuis peu.

La pièce elle-même était également garnie de consoles, de coussins, de chaises en bois précieux, de livres et de quelques meubles disposés de manière à soutenir les mouvements violents qui étaient souvent inévitables dans un navire d'un aussi faible tonnage. Une tenture de damas cramoisi régnait autour de l'appartement, lambrissé en acajou et décoré par intervalles de panneaux en bois de rose. Le plancher était recouvert d'une natte dont le tissu, la fraîcheur et le parfum annonçaient une origine indienne. Quelques miroirs étaient attachés aux cloisons et aux vaigres; mais Ludlow ne découvrit aucune trace de ces trophées d'armes, sabres, épées ou pistolets qu'on place habituellement sur les vaisseaux de guerre ou à bord des navires marchands qui sont exposés à des attaques imprévues.

Au centre de l'alcôve se tenait l'étrange personnage qui avait la veille rendu visite à la Cour des Fées. Il portait encore le même costume; mais l'image de la dame Vert-de-Mer était peinte sur le devant de sa veste de soie. Il salua tranquillement ses hôtes et les accueillit avec un sourire qui dénotait presque autant de mélancolie que de politesse. Lorsqu'il ôta son bonnet, les boucles de cheveux noirs que la nature lui avait prodigués roulèrent en désordre sur ses tempes.

Les visiteurs montrèrent plus d'embarras. La profonde anxiété qu'ils avaient éprouvée en abordant le contrebandier avait fait place à des sentiments de surprise et de curiosité qui leur faisaient oublier l'objet de leurs démarches. L'alderman van Beverout semblait seul inquiet, et il songeait évidemment moins à sa nièce qu'aux résultats d'une aussi remarquable entrevue.

— Messieurs, dit celui qui faisait les honneurs du bâtiment, je viens d'apprendre que j'ai le plaisir de recevoir un capitaine au service de la reine Anne, le riche et honorable patron de Kinderhook et un très-digne membre du corps municipal. Il est rare qu'un pauvre brigantin soit honoré d'une semblable compagnie, et au nom de ma maîtresse je vous exprime nos remercîments.

— Nous n'avons qu'une seule maîtresse, dit Ludlow, et nous sommes tous obligés de lui obéir.

— Je vous comprends, monsieur, reprit l'homme qui passait pour l'Ecumeur de mer; mais il est inutile de vous dire que la reine n'a guère d'autorité en ces lieux. Permettez, ajouta-t-il précipitamment en voyant que Ludlow allait répondre; nous recevons assez fréquemment des officiers anglais, nous savons ce qu'ils peuvent nous dire pour nous reprocher d'enfreindre les lois. Supposons donc que vous avez rempli à mon égard les devoirs d'un loyal sujet, et passons à l'objet qui vous amène.

— Monsieur a raison, patron, dit l'alderman, c'est aux jurés à s'occuper des contraventions qu'il peut avoir commises; et quand l'affaire s'instruira, douze hommes sensés qui ont de la sympathie pour les souffrances du commerce sauront trancher la question.

— N'est-ce pas vous, monsieur, reprit, en souriant toujours, le maître du navire, que l'on appelle Myndert van Beverout? A quelle perturbation dans le prix des fourrures dois-je l'honneur de votre visite?

— On assure, dit l'alderman, que des gens de votre équipage ont osé débarquer cette nuit sur mes terres à mon insu et sans ma participation... Pesez bien mes paroles, monsieur van Staats, car notre conversation peut être produite en justice... C'est donc sans me participation qu'on a déposé sur ma propriété des marchandises prohibées.

— Cela regarde la cour de l'échiquier, mais nous ne devons pas nous en occuper.

— Je précise les faits pour qu'il n'y ait point de malentendu et que mon crédit ne soit point compromis. C'est déjà bien assez du malheur qui m'arrive. La fille d'Etienne de Barbérie a quitté cette nuit sa demeure, et nous sommes portés à croire qu'elle est venue à votre bord. Bonne foi et sincérité, maître Seadrift! je crois que vous avez outrepassé vos priviléges de contrebandier! On peut importer et exporter des femmes sans avoir des droits à payer, et je ne vois pas pourquoi vous les enlevez clandestinement.

— Votre réclamation est positive, dit maître Seadrift, et je suppose que ces messieurs sont venus ici pour la rendre plus régulière.

L'Écumeur de mer s'avance galamment et porte à ses lèvres la main de la jeune fille.

— Nous venons à l'aide d'un tuteur qui cherche sa pupille égarée, répondit le capitaine.

Le contrebandier se tourna vers le patron, qui adhéra par un signe de tête à la déclaration précédente.

— C'est bien, messieurs, je consens à vous prendre pour témoins; mais, quoique l'on me croie d'ordinaire digne d'être mis en rapport avec la justice, je connais peu jusqu'à présent cette aveugle divinité. Est ce qu'il est dans les usages d'admettre sans preuves de pareilles accusations?

— Les niez-vous? demanda Ludlow.

— Vous pouvez voir par vous-même qu'elles ne sont pas fondées, capitaine; mais je crois qu'on use ici d'artifice afin de détourner les soupçons. Il existe d'autre vaisseau que le brigantin, et une belle capricieuse peut avoir cherché un protecteur sous le pavillon de la reine Anne.

— C'est une idée qui m'a déjà frappé, fit observer le patron de Kinderhook. Avant de croire que votre nièce s'était mise à la merci d'un étranger, nous aurions peut-être mieux fait, monsieur van Beverout, de nous demander si elle n'avait pas pris un parti plus explicable.

— Que veulent dire ces paroles ambiguës? s'écria le capitaine.

— Un homme certain de ses bonnes intentions n'a pas besoin d'équivoque. Je pense avec ce célèbre contrebandier que la belle Barbérie a dû s'enfuir auprès d'un homme qu'elle connaît depuis longtemps, et pour lequel elle a malheureusement trop d'estime, plutôt que de s'abandonner à un étranger dont la vie est un profond mystère.

— Si l'estime que la belle Barbérie accorde est de nature à exciter les soupçons, il faut, reprit Ludlow, faire des perquisitions dans le manoir de Kinderhook.

— Promesses et fiançailles! interrompit l'alderman. La jeune fille n'avait pas besoin de se cacher pour devenir la femme d'Oloff van Staats! elle aurait eu ma bénédiction accompagnée d'un riche présent.

— Ces soupçons sont naturels entre hommes qui poursuivent le même but, reprit le contrebandier. L'officier de la reine pense que la belle capricieuse a jeté les yeux sur les vastes domaines et les riches prairies; quant au propriétaire, il appréhende l'influence romanesque que la carrière maritime peut avoir sur une imagination virginale.

Mais y a-t-il ici de quoi déterminer une altière beauté à oublier sa famille et sa position?

— Caprice et vanité! on ne peut répondre de l'esprit des femmes. Pour leur complaire, il faut aller chercher au loin de précieuses denrées, des fourrures que le castor ne se laisse pas enlever facilement; leurs fantaisies bouleversent toutes les spéculations commerciales, et je ne vois pas pourquoi une jeune fille ne serait point capable de toute autre folie.

— Cet argument semble concluant à l'oncle, les deux prétendants l'admettent-ils?

Le patron de Kinderhook ne répondit à cette question que par un geste de regret et d'assentiment. Pour Ludlow, il venait de passer en revue le mobilier de la cabine, et il montra avec un sourire douloureux un tabouret recouvert d'une tapisserie qui représentait des fleurs avec leur coloris naturel.

— Ceci, dit-il, n'est pas l'œuvre d'un faiseur de voiles. D'autres beautés, audacieux marin, ont fréquenté votre joyeuse cabine.

— Vous ne nous connaissez pas, capitaine; nous n'avons pas besoin d'avoir ici des demoiselles errantes pour être initiés au goût du beau sexe. C'est l'esprit d'une femme qui nous gouverne et qui communique sa délicatesse à toutes nos actions, même à celles que les bourgeois appellent illégales. Voyez, ajouta-t-il en écartant un rideau, voici les travaux de l'aiguille et du pinceau.

— Allons, dit l'alderman, je crois qu'il faut arranger l'affaire par un compromis. Avec votre permission, messieurs, je vais faire en particulier des propositions à ce hardi commerçant, qui sera peut-être disposé sans doute à les accepter.

— De grand cœur, répondit maître Seadrift en touchant légèrement les cordes de sa guitare afin de faire venir le page. Zéphyr, confie ces messieurs au soin de Thomas Tiller pendant que j'aurai une conférence avec le marchand. La réputation de M. van Beverout, capitaine Ludlow, ne permet pas de nous supposer l'intention de frauder la douane.

Riant de sa propre allusion, le contrebandier fit conduire les deux jeunes gens dans une autre partie du vaisseau.

Le vieux François et le nègre viennent annoncer à l'alderman que sa nièce a disparu et que son hongre flamand est mort.

— Mauvaise langue et calomnie! s'écria aussitôt le bourgeois. Tu veux donc me perdre, maître Seadrift? tu ne te contentes pas d'avoir fait avec moi un marché dans lequel j'ai tout le désavantage! Le commandant de la Coquette a l'air de se douter de quelque chose, et tes plaisanteries sont comme de l'huile sur le feu; mets-y un terme, et rends-moi ma nièce. Tu l'as compromise d'une manière irréparable. C'est maintenant une marchandise en baisse dont les propriétaires des manoirs et les croiseurs ne s'arrangeront qu'aux conditions les plus exorbitantes. Ah! ton père n'a jamais fait de pareilles folies. L'honnète trafiquant entrait innocemment dans le port et n'attirait l'attention de personne par ses extravagances.

— Tu m'as souvent attendri en me parlant de mon père, répondit maître Seadrift, et j'ai souvent payé en doublons tes éloges; mais où veux-tu en venir?

— A traiter avec toi, ajouta Myndert avec répugnance; mais songe que tu m'as déjà mis à sec, et que j'ai perdu ce matin un hongre flamand que je remplacerai à un prix fou.

— Quelles sont tes offres?

— Rends-moi ma nièce, et accepte vingt-cinq ducats.

— C'est la moitié du prix d'un hongre flamand; la belle Barbérie rougirait de l'entendre estimer si peu.

— Usure et insensibilité! Mettons-en cent, et qu'il n'en soit plus question.

— Écoutez, monsieur van Beverout, je puis cacher à vous moins qu'à tout autre que je brave quelquefois les exigences de la reine, car je n'aime ni l'usage de gouverner un peuple par fondé de pouvoirs, ni le principe en vertu duquel un hémisphère impose des lois à l'autre. Il n'existe pas dans mes idées de porter des cotonnades anglaises quand je recherche les articles de Florence, et d'avaler de la bière quand je prise les vins de Gascogne. Ce point admis, je respecte même les droits les plus imaginaires, et eussé-je cinquante de tes nièces, des sacs de ducats n'en achèteraient pas une seule!

— Obstination et extravagance! murmura Myndert consterné; tu veux donc t'embarrasser de la fille que tu as séduite...

— Je n'ai séduit personne; le brigantin n'est pas un corsaire d'Alger pour exiger des rançons.

— S'il en est ainsi, consens à nous laisser faire des recherches, qui tranquilliseront les jeunes gens et maintiendront la valeur réelle d'une fille à marier.

— Volontiers; mais fais-y attention! Si certaines fourrures de martre et de castor et autres objets de ton commerce font découvrir mes correspondants, tu ne pourras m'accuser de trahison.

— Tu dis vrai! il ne faut pas que des yeux profanes pénètrent dans tes ballots. Eh bien, maître Seadrift, je vois que nous ne pouvons arriver à un accommodement immédiat, et je m'empresse de déguerpir, car, en vérité, un négociant bien famé ne doit pas avoir d'inutiles relations avec un homme aussi suspect.

Le contrebandier sourit d'un air de mépris et de tristesse à la fois, puis il toucha vivement les cordes de la guitare.

— Zéphyr, dit-il au page qui se présenta, conduis ce digne bourgeois auprès de ses amis.

Alors, saluant l'alderman, il le congédia d'un air qui décelait un singulier assemblage de sentiments contradictoires. Une expression de regret et même d'affliction se mêlait à l'indifférence feinte ou naturelle du forban.

CHAPITRE XVI.

Pendant cette conférence, Ludlow et le patron s'entretenaient avec Tiller sur le gaillard d'arrière des détails de leur commune profession, et von Staats soutenait sa vieille réputation de taciturnité. L'apparition du Myndert, pensif et embarrassé, donna un autre cours à leurs idées; probablement le bourgeois était loin de croire que sa nièce ne fût pas à bord, mais il pensait qu'il n'avait pas offert assez d'argent pour qu'on la lui rendît. Quoi qu'il en fût, lorsqu'on l'interrogea sur les résultats de l'entrevue, il répondit d'une manière évasive:

— Ce qui m'est démontré, dit-il, c'est qu'Alida de Barbérie reparaîtra plus tôt et sans tache, aussi intacte que le crédit des van Stopers de Hollande. Le bizarre individu qui est dans la cabine affirme que ma nièce n'est pas ici, et je suis tenté de le croire. J'avoue que si l'on visitait l'entrepont, sans toucher d'ailleurs à la cargaison, on acquerrait peut-être plus de certitude; mais... faute d'autre garantie, messieurs, il faut nous contenter de cette déclaration.

— Que le vent se maintienne à l'est, dit Ludlow en examinant les nuages qui planaient au-dessus du Rariton, nous visiterons à notre gré les équipets et les cabines.

— Silence! le digne Tiller pourrait entendre cette menace, et en somme je ne sais s'il n'est pas prudent de laisser partir le brigantin.

— Monsieur l'alderman van Beverout, repartit le capitaine, votre affection pour votre nièce ne me détournera pas de mon devoir. Vous pouvez consentir à la laisser quitter le pays comme une vulgaire marchandise; mais le commandant de ce navire doit avoir, avant d'entrer en mer, un passe-port de Sa Majesté.

— Oseriez-vous dire cela à la dame Vert-de-Mer? demanda brusquement l'homme au cachemire.

La question était si étrange et si imprévue qu'elle fit tressaillir l'officier; mais recouvrant sa présence d'esprit, il répliqua:

— Oui; et à tous les monstres que vous pourrez conjurer.

— Je vous prends au mot, reprit Tiller; pour connaître le passé ou l'avenir, le vent qui doit s'élever ou la saison des tempêtes, il n'y a rien de mieux que de s'adresser à notre maîtresse. Vous allez en juger par vous-même.

Là-dessus l'homme au châle s'éloigna, et presque aussitôt après on entendit les accords de plusieurs instruments. L'alderman, craignant toujours d'être découvert, pressa vainement ses compagnons de partir; mais van Staats, d'un esprit lourd et d'une imagination lente, avait autant d'appétence pour les émotions extraordinaires qu'un homme robuste en a pour les liqueurs fortes. Pour Ludlow, il voulait voir la fin de cette singulière comédie. Il voulait d'ailleurs étudier en détail l'équipage, qui lui semblait composé d'hommes de différents pays.

Maître Tiller invita les étrangers à rentrer dans la principale cabine, où ils retrouvèrent celui qu'on considérait comme l'Écumeur de mer. Ils furent suivis par Zéphyr et par deux matelots, l'un Finlandais, l'autre Italien, qui voulaient consulter la Sorcière. Le rideau de damas cramoisi avait été abaissé devant l'alcôve; les fenêtres de l'arrière avaient été fermées, et l'on avait ouvert sur le côté une petite croisée dont les vitres coloriées jetaient des reflets qui s'harmonisaient avec la nuance des tentures.

— On m'a dit que vous désiriez parler à notre maîtresse, dit Seadrift à voix basse: vous allez être satisfait.

A ces mots il tira le rideau, et l'on vit au centre de l'alcôve une figure toute semblable à celle qui était placée sur le taille-mer.

— Si quelqu'un veut consulter la protectrice de notre bâtiment, elle ne le fera pas attendre, dit maître Seadrift aux trois visiteurs stupéfaits:

Ludlow répondit avec une émotion involontaire:

— Je voudrais savoir si celle que je cherche est à bord du brigantin.

Seadrift, qui agissait comme médiateur dans cette cérémonie extraordinaire, s'approcha du livre que tenait la statue, et parut le consulter avec un profond respect.

— La sorcière, reprit-il, vous demande si celle que vous cherchez a toutes vos affections; s'il s'attachement que vous avez pour elle l'emporte sur le sentiment qui lie un marin à un vaisseau, et un jeune militaire à la gloire?

Le capitaine de la Coquette hésita un moment et sembla faire son examen de conscience; puis il répondit: — J'ai pour elle tout attachement compatible avec l'honneur.

— N'a-t-il point été troublé par un événement récent? demanda Seadrift après avoir de nouveau consulté le volume.

— Troublé, mais non détruit.

La dame Vert-de-Mer s'agita, et les pages du livre mystérieux tremblèrent comme s'il eût été pressé de rendre ses oracles.

— Êtes-vous capable de réprimer votre curiosité, votre orgueil, vos préjugés, et de n'exiger de votre maîtresse aucune espèce d'explication?

— Je ferai tout, répondit le capitaine, pour obtenir un regard favorable d'Alida de Barbérie; mais je me rendrais indigne de son estime en souscrivant à vos humiliantes conditions. Si je la revois telle que je l'ai perdue, je consacrerai ma vie entière à son bonheur; dans le cas contraire je déplorerai à jamais sa chute.

— Avez-vous jamais été jaloux?

— Dites-moi d'abord si j'ai sujet de l'être! s'écria le jeune homme, et il s'avança vers la statue dans l'intention évidente de l'examiner de plus près; mais Tiller le retint avec force herculéenne.

— On ne doit point manquer de respect à notre maîtresse, dit froidement le vigoureux marin.

Ludlow pensa qu'il était sans défense et modéra son emportement.

— Avez-vous jamais été jaloux? poursuivit l'imperturbable interrogateur.

— Peut-on ne pas l'être quand on aime?

Pendant le moment de silence qui suivit cette réponse, on entendit un doux soupir dans la cabine sans que personne pût dire d'où il venait. Le contrebandier se retourna vers Oloff van Staats et lui dit:

— Que cherchez-vous?

— La même femme.

— Vous avez des terres et des maisons? Celle que vous aimez vous est-elle aussi chère que vos trésors?

— Je les apprécie tous deux, puisqu'on ne peut désirer s'unir à une femme pour la rendre misérable.

— Il y a plus de prudence que d'ardeur, reprit Seadrift. Recevrez-vous votre maîtresse sans lui adresser de questions sur ce qui s'est passé?

— Oui! oui! interrompit brusquement tout à coup l'alderman: j'en répondrais, car le patron remplit ses engagements aussi bien que la meilleure maison d'Amsterdam...

Le livre trembla de nouveau, mais on eût dit que le frémissement de ses feuillets indiquait du mécontentement.

— Que veux-tu à notre maîtresse? demanda Seadrift au matelot finlandais.

— J'ai fait des affaires avec des négociants de mon pays, répondit le marin aux cheveux blonds, et je voudrais savoir si le vent sera bientôt favorable, pour repasser le goulet.

— Va! la Sorcière des Eaux mettra à la voile quand il le faudra. Et toi?

— Je demande, dit le matelot italien, si je tirerai bon parti de quelques fourrures que j'ai achetées hier au soir?

— La dame Vert-de-Mer t'assurera des bénéfices. T'a-t-elle jamais fait faire un mauvais marché?... Enfant, qui t'amène ici?

Le petit page trembla et eut à peine la force d'articuler une réponse.

— J'ai envie d'aller à terre.

— Tu t'y rendras avec les autres, à la première occasion.

— On dit qu'il est si agréable de cueillir des fruits sur des arbres.

— On t'a répondu. Messieurs, notre maîtresse va nous quitter. Elle sait que l'un de vous a menacé son brigantin favori de la colère d'une reine céleste; mais elle ne daigne pas répondre à d'aussi vaines bravades.

Les plis du rideau retombèrent lentement; on entendit le bruit d'une porte massive, qui s'ouvrait et se refermait avec violence, et la sorcière disparut. Le page et les deux matelots se retirèrent.

— Peu d'officiers en uniforme ont vu la dame Vert-de-Mer, dit Seadrift à Ludlow après un moment de silence. Cela prouve qu'elle a moins d'antipathie pour votre croiseur que pour les autres navires dont les longs pavillons pendent sur les eaux.

— La maîtresse, ton vaisseau et toi-même, vous êtes tous très-divertissants, répondit le jeune marin avec la fierté de son grade et le sourire de l'incrédulité. Nous verrons si vous soutiendrez longtemps la plaisanterie au détriment de la douane britannique.

— Nous mettons notre confiance dans la puissance de la Sorcière des Eaux, et nous n'avons rien à craindre; mais on ne vous a pas encore répondu; suivez l'honnête Tiller qui va vous conduire à terre, et regardez le livre en passant.

Après avoir fait cette recommandation, le contrebandier salua de l'air d'un souverain qui congédie des courtisans après une audience. Il se retira dans l'alcôve, mais il ne put s'empêcher de jeter un coup d'œil derrière lui, pour remarquer l'effet qu'avait produit l'entrevue. Les trois amis semblaient plongés dans une méditation profonde, et ils se trouvèrent dans le canot avant d'avoir échangé une seule parole. Lorsqu'ils furent sous les flancs du brigantin, Tiller leur demanda s'ils voulaient jeter un dernier regard sur le livre. Ludlow y consentit, et l'embarcation s'approcha de la statue immobile de la taille-mer, mais pleine d'expression et souriant toujours d'un air malicieux.

— Vous avez fait la première question, dit Tiller à Ludlow, et vous avez droit par conséquent à la première réponse. Il faut vous avertir que notre maîtresse emprunte surtout ses pensées au vieux Shakspeare.

— Que veut dire ceci? s'écria Ludlow.

> Vous l'accusez à tort; vous l'avez offensée.
> Vous la retrouverez plus belle que jamais.
> Elle vous revient pure, et je vous le promets;
> Je connais ses vertus, car je l'ai confessée.

— Ces paroles sont claires, mais j'aurais mieux aimé qu'elle eût eu un autre confesseur.

— Silence, reprit Tiller; vous vous emportez trop vite, et la dame Vert-de-Mer ne veut pas qu'on glose sur ses oracles. Allons, monsieur le patron, tournez la page avec le rotin, et voyons ce que le hasard amènera.

Oloff van Staats leva son bras vigoureux avec l'hésitation et la curiosité d'une jeune fille. Il était facile de voir que le plaisir qu'excitaient en lui des émotions inattendues était combattu par les préjugés d'une éducation qui le condamnait à la gravité. Il lut à haute voix :

> Si vous ne doutez pas de mes intentions,
> Vous prêterez l'oreille à mes conditions :
> Je vous donne mon bien, accordez-moi le vôtre.
> Donc à votre palais rendons-nous l'un et l'autre.
> Ce qu'y s'y passera, vous devez le savoir;
> Ce qui reste caché, nous vous le ferons voir.

> (*Mesure pour mesure.*)

— Loyales transactions! s'écria l'alderman. Vous me donnez votre bien, je vous donne le mien; c'est vraiment mesure pour mesure. On ne saurait faire de marché plus équitable, que lorsque les valeurs d'échange sont pareilles. Maintenant, monsieur le marin, il s'agit de débarquer et de nous rendre à Lust-in-Rust, qui doit être le palais désigné dans les vers. Ce qui reste caché doit être Alida, qui joue à cache-cache avec nous, uniquement par vanité féminine, pour montrer qu'elle peut faire tourner la tête à trois hommes d'importance. Partons, maître Tiller, puisque tel est ton nom, et mille remerciments de ta politesse.

— Ce serait faire une grave injure à la dame que de la quitter sans savoir tout ce qu'elle a à dire. La réponse vous regarde, digne alderman, et le rotin fera son office entre vos mains tout aussi bien que dans celles des autres.

— Je ne suis pas curieux, répondit Myndert, et je me contente des enseignements de la fortune. J'ai à New-York des hommes qui tiennent leur nez hors de l'eau, comme des grenouilles, pour sauter sur le crédit de leurs voisins.

— Allons, allons, vous n'avez rien à redouter, vous verrez que l'oracle de la Sorcière vous sera favorable.

Myndert, qui, comme presque tous les Hollandais de la colonie,

croyait à la divination, se décida à prendre la canne qu'on lui présentait, et leva les yeux en tournant la page. Elle ne contenait qu'un seul vers tiré de *Mesure pour mesure*,

> Proclamez-le, prévôt, tout autour de la ville.

Dans son empressement, Myndert lut l'oracle tout haut; puis il retomba sur son banc, et feignit de rire de ce qu'il regardait comme une puérile et vaine plaisanterie.

— Pourquoi des proclamations? ce n'est que dans un temps de danger public qu'on proclame les nouvelle par les rues. La Sorcière, maître Tiller, n'est pas meilleure qu'il le faut, et à moins qu'elle ne s'amende, aucun honnête homme ne voudra lui tenir compagnie. Je ne crois pas à la nécromancie, quoique le chenal se soit ouvert cette année d'une manière vraiment extraordinaire; j'ai donc peu de foi dans tes paroles, et je défie ta maîtresse de dire quelque chose qui puisse me compromettre, à la ville ou à la campagne, en Hollande ou en Amérique. Cependant comme je ne voudrais pas avoir à démentir des bruits mensongers, je te conseille de lui fermer la bouche.

— Comment peut-on arrêter la trombe ou la rafale! La vérité ressort de ce livre, et tout lecteur doit s'attendre à l'y trouver... Capitaine Ludlow, vous êtes libre; votre canot et votre équipage vous attendent derrière ce monticule. Maintenant, messieurs, nous confions l'avenir à la dame Vert-de-Mer, à notre adresse et au vent!

— Aussitôt que les visiteurs furent à terre, l'homme au châle démarra, et moins de cinq minutes après, son canot était suspendu par ses palans à l'arrière du brigantin.

CHAPITRE XVII.

Pendant cette matinée, un observateur curieux était resté en permanence sur les rivages de la baie. C'était le factotum de Lust-in-Rust, un esclave appelé Bonnie, homme investi de la confiance de l'alderman. La responsabilité qui pesait sur ce noir lui avait donné des habitudes de vigilance et d'observation assez rares chez les gens de son espèce; aussi, tout en ayant l'air de manier le râteau dans le jardin de la maison, suivit-il tous les mouvements des trois aventuriers.

Ceux-ci, en revenant de leur excursion, tinrent une longue conférence au pied du chêne, s'enfoncèrent ensuite dans les taillis qui couvraient le cap, et s'embarquèrent ensemble pour se rendre à bord de *la Coquette*, au moment où leur canot atteignait les flancs du vaisseau. Le nuage qui flottait au-dessus de l'embouchure du Rariton commençait enfin à se lever. Les larges flocons de blanchâtres vapeurs, qui avaient plané toute la journée sur le continent, se réunissaient en masse compacte. Le ressac battait la côte avec un bruit plus menaçant qu'à l'ordinaire, et les vagues roulaient sur la plage avec moins de régularité que dans les premières heures du jour.

Bientôt un éclair sortit des nuées et le bruit d'un tonnerre lointain résonna sur les eaux. Ce fut comme un signal pour le croiseur. Ses agrès se garnirent de matelots; ses cordages semblèrent se multiplier; ses huniers se déployèrent comme des ailes d'aigle; ses blanches voiles s'étalèrent les unes après les autres, et se détachant de ses amarres, il s'élança avec ardeur sur les flots.

La Sorcière des Eaux ne bougea pas. Les yeux expressifs de la statue semblaient étudier les mouvements de son adversaire. Cependant le vent sauta à l'est, et facilita la marche de *la Coquette*. Malgré l'agitation des vagues, elle s'avança avec assez de rapidité, pour dépasser en peu d'instants les bouquets de chênes et de sapins qui parsemaient la plage sablonneuse, et l'équipage aperçut pour la première fois le brigantin qui lui avait été caché par les massifs. Les gabiers le signalèrent par leurs clameurs, et le premier lieutenant aborda le capitaine, dont cette découverte n'avait point modifié l'attitude.

— Voilà un joli bâtiment! dit le lieutenant ; ce doit être un contrebandier ou un boucanier des Antilles. Il n'arbore aucun pavillon.

— Monsieur, répondit Ludlow, faites-lui savoir qu'il doit le respect à des hommes chargés d'une mission par l'État.

Un coup de canon retentit presque aussitôt, et Ludlow, qui avait donné ses ordres avec distraction, se réveilla au bruit de l'explosion.

— La pièce était-elle chargée à boulet? demanda-t-il.

— Oui, monsieur, mais elle n'était pas pointée; c'était un simple avertissement.

— Je ne veux pas causer d'avaries à ce navire, quand même ce serait un boucanier. Ayez soin de ne pas l'atteindre, à moins d'instructions contraires.

— En effet, reprit le lieutenant, il vaudrait mieux le prendre tout vif; ce serait dommage de briser un aussi beau bateau comme un vieux ponton... Ah! il montre enfin de l'étamine. Serait-il français? il arbore un drapeau blanc.

Le lieutenant prit une lunette et y appliqua ses yeux exercés. Peu d'instants après il laissa retomber l'instrument d'optique, et parut passer en revue dans sa mémoire les différents pavillons qu'il avait rencontrés.

— Le farceur, dit-il, doit venir d'une terre inconnue, si je ne me trompe; il a sur son étendard une femme assez laide... Aussi vrai que j'existe, la doublure de cette femme se retrouve à l'avant! Voulez-vous jeter un coup d'œil sur ces dames, monsieur?

Ludlow saisit la lunette avec empressement, car il était curieux de voir les couleurs que l'impudent contrebandier osait étaler en présence d'un croiseur. Les vaisseaux étaient assez près l'un de l'autre pour lui permettre de distinguer les traits basanés et le malicieux sourire de la dame Vert-de-Mer, dont l'image était brodée sur le champ du pavillon. Confondu par tant d'audace, il rendit la lunette et se promena silencieusement sur le pont.

Le chef de timonerie, qui avait entendu la conversation, examina l'étranger en vieux marin méthodique, comme un autre serait entré dans les particularités d'un signalement.

— Un brick à demi gréé, dit-il; le perroquet d'avant ayant la clef passée en arrière, une double martingale et un pic dormant. Le drôle n'a pas besoin de montrer sa figure bronzée pour être reconnu! Je l'ai chassé pendant trente-six heures dans le canal Saint-Georges, où il jouait autour de nous comme un dauphin. Ce n'est autre que l'Ecumeur de mer.

— L'Ecumeur de mer! répétèrent à la fois une vingtaine de voix.

— Je le jurerais devant toutes les amirautés d'Angleterre et de France, mais je n'ai pas besoin de serment, puisque j'ai son signalement écrit de mes propres mains.

A ces mots, le chef de timonerie tira une tabatière de sa poche, et après en avoir enlevé un rouleau de tabac à chiquer, il en tira une lassse de tons qui avait revêtu les nuances de l'herbe de Jean Nicot.

— Maintenant, messieurs, dit-il, vous allez avoir des détails précis sur sa construction... Noubliez pas d'acheter un manchon de martre pour madame Trysail...

— Ce n'est pas cela! Mes papiers sont embrouillés! Le mousse qui a renouvelé ma provision de tabac les a mis dans un tel désordre, que je ne puis plus m'y reconnaître. C'est ainsi que sont embrouillés les comptes du ministère quand le parlement veut les vérifier; mais il faut passer quelque chose à la pétulance de la jeunesse. Dans mon enfance, il m'est arrivé, un samedi soir, de lâcher un singe dans une église: il a fait un tel remue-ménage parmi les livres de prières, que la paroisse en a retenti pendant six mois et qu'il s'est élevé entre deux vieilles dames une querelle qui dure encore aujourd'hui... Ah! nous y voilà! Ecumeur de mer, agrès complets à l'avant, flèche en queue, haute mâture, hune peu chargée; il porte une bonnette de baume dans les temps calmes; sa grande vergue ressemble à celle du hunier d'une frégate, et sa voile d'étai de hune est aussi grande que celle d'un hoc. Il est bas sur l'eau; il a une femme pour ornement. Voici les particularités auxquelles l'une des dames d'honneur de la reine Anne peut reconnaître l'Ecumeur de mer.

— Qu'il soit ce qu'il voudra, interrompit le premier lieutenant; il est actuellement sous notre vent, ayant le vent contraire et enfermé de trois côtés par des plages sablonneuses. Si votre description est inexacte, maître Trysail, vous allez avoir occasion de la rectifier.

Le chef de timonerie secoua la tête d'un air de doute et se mit à regarder les nuages que le vent poussait vers la mer. En ce moment la Coquette n'était plus séparée du but de sa course que par quelques encablures.

D'après les ordres de Ludlow, on rentra toutes les voiles légères, et le vaisseau resta avec ses trois huniers et son foc. Le contrebandier demeurait toujours impassible; seulement il tournoyait par intervalles sur lui-même. Ses évolutions ressemblaient aux mouvements d'un chien de chasse qui lève la tête pour écouter quelques sons lointains, ou pour flairer des odeurs que le vent lui apporte. Il y avait quelque chose de si remarquable dans cette apparente sécurité, que Ludlow, persuadé que son antagoniste se fiait à quelque obstacle imprévu, se détermina à faire jeter la sonde à l'entrée de la baie. Il se jeta lui-même dans une yole avec le pilote et le chef de timonerie; et comme les grondements du tonnerre annonçaient un ouragan, on se hâta d'accomplir l'opération.

— C'est bien, dit le capitaine après s'être assuré qu'il y avait assez d'eau pour jeter. Je désirerais approcher le plus possible du brigantin, dont la tranquillité me paraît suspecte.

— Je reconnais bien la Sorcière, murmura Trysail n'osant peut-être pas élever la voix auprès d'un être qui semblait doué de facultés humaines; mais où sont ses gens? le vaisseau est muet comme la tombe! A vrai dire, j'aimerais mieux avoir affaire à un bâtiment français qui montre ses canons et se distingue par son bavardage, qu'à cette sorcière en robe verte dont j'ignore réellement la nature... Il me semble qu'elle a parlé!

Cette exclamation involontaire fut arrachée à Trysail par la lueur d'un éclair qui jeta brusquement de sinistres reflets sur les traits sombres de la dame. Cet avertissement ne pouvait être dédaigné. Le vent, longtemps incertain, commençait à siffler dans les agrès du brigantin taciturne, et les couleurs sombres du ciel et des eaux présageaient une bourrasque imminente.

Le jeune capitaine regarda son vaisseau avec inquiétude. Les vergues avaient été amenées sur le ton; les voiles gonflées flottaient à la dérive, et les gabiers échelonnés sur la mâture s'empressaient de les mettre au bas ris.

La yole retourna à la hâte au croiseur, et au moment où Ludlow mettait le pied sur le pont, l'ouragan éclatait dans toute sa violence!

— Laisse tomber tout! s'écria-t-il; cargue les basses voiles! Gabiers, rangez-vous sur les vergues et ferlez!

Ces ordres furent donnés, coup sur coup et sans porte-voix, car le jeune homme pouvait dominer au besoin le bruit de la tempête; ils furent suivis de ces moments terribles et pleins d'émotion auxquels les marins sont si habitués.

Tous les matelots étaient à leur poste, tandis que les éléments se déchaînaient autour d'eux avec autant de fureur que s'ils eussent été à jamais affranchis du contrôle de la main puissante qui les gouverne. La baie était comme une nappe d'écume, et les mugissements de la rafale ressemblaient aux roulements de mille chariots.

Le vaisseau céda à cette force irrésistible; on vit l'eau jaillir par les dalots du côté du vent, et les grands mâts s'inclinèrent comme pour tremper le bout de leurs vergues dans les eaux. Et bientôt le bâtiment recouvra son équilibre et se débattit contre les lames, comme s'il eût senti que le mouvement était son unique moyen de salut. Ludlow regarda du côté de dessous le vent. L'ouverture de la baie était favorablement située, et il aperçut au loin les mâts du brigantin qui tanguaient violemment. Il demanda si les ancres étaient dégagées, et cria de son poste sur le passavant : — La barre tout au vent!

Le croiseur était dépouillé de ses voiles et obéissait difficilement au gouvernail; mais il reprit sa vitesse quand il eut fait son abatée. Au même instant les écluses du ciel s'ouvrirent, et un torrent de pluie augmenta le désordre. Tout disparut aux yeux des marins, excepté les lignes perpendiculaires de l'eau qui tombait et la blanche écume sur laquelle se balançait le navire.

— Voici la terre, monsieur! cria Trysail planté sur un bossoir comme un vénérable dieu marin. Nous la rasons avec une effrayante rapidité.

— Dégagez vos ancres de poste! répondit le capitaine.

Ludlow fit signe au timonier de mettre le vaisseau au vent, et quand il eut perdu suffisamment son air, les ancres massives tombèrent lourdement. Ce ne fut pas sans une effroyable lutte que l'on parvint à arrêter la vaste machine; la traction des câbles énormes fut si violente, qu'elle fit trembler la quille jusqu'au centre de la cale; mais le premier lieutenant et Trysail n'étaient pas novices dans leur métier, et, en moins d'une minute, ils avaient assujetti le navire sur ses ancres. Lorsque cet important devoir fut accompli, les matelots se regardèrent les uns les autres comme des hommes qui viennent de tenter une dangereuse expérience. Le temps s'éclaircit, les objets redevinrent visibles à travers la pluie; on eût dit qu'on passait subitement de la nuit au jour. Les plus vieux matelots respirèrent, comprenant l'imminence du danger auquel ils avaient échappé; et, rassurés désormais sur leur situation, ils se rappelèrent l'objet de leur poursuite. Tous les yeux se dirigèrent vers le contrebandier, mais il avait disparu.

— Qu'est devenu l'Ecumeur de mer? s'écrièrent les matelots d'une voix unanime, sans que leurs exclamations fussent réprimées par la discipline qui régnait sur le croiseur royal. Ils regardèrent de nouveau, mais en vain. La Sorcière des Eaux n'était plus à sa place, et aucun vestige de naufrage ne bordait les côtes de la baie. Pendant que la Coquette avait cargué ses voiles, personne n'avait eu le temps de s'occuper de l'étranger, et au moment où on avait jeté l'ancre des torrents de pluie interceptaient la vue de toutes parts. La pleine mer ondulait encore, mais Ludlow fit d'inutiles efforts pour en sonder l'étendue, quoiqu'il crût apercevoir vaguement au large la silhouette délicate d'un vaisseau qui naviguait à sec.

On fit ce soir-là d'étranges récits à bord du croiseur de Sa Majesté Britannique. Le contre-maître assura que, pendant qu'il donnait avec son sifflet le signal de descendre pour héler les câbles, il avait entendu dans l'air des cris affreux qui semblaient poussés par des démons railleurs. C'était, selon lui, l'écho des ordres donnés à bord du brigantin, qui avait profité pour appareiller d'un moment où l'autre vaisseau s'empressait de jeter l'ancre. Un gabier, nommé Robert Yarne, dont l'imagination égalait celle de Schéhérazade, jura qu'étant sur le bras de vergue de la hune d'artimon, il avait vu une femme à figure sinistre voltiger au-dessus de sa tête et lui effleurer le visage avec ses longs cheveux. Le camarade de Yarne prétendait que ces cheveux n'étaient que l'extrémité d'une garcette de ris. Mais cette explication ne fut pas admise.

Trysail lui-même hasarda quelques conjectures sur la destinée du brigantin; mais il fut chargé par le capitaine de sonder le chenal qui établissait une communication entre la baie et la pleine mer. Quand il revint, il était plus rêveur et moins communicatif qu'à l'ordinaire. Le quartier-maître, qui avait donné les coups de sonde en cette circonstance, apprit aux officiers étonnés ce que tout le monde à bord ignorait, à l'exception de l'alderman van Beverout : c'était qu'il y avait un peu plus de deux brasses d'eau dans cette passe mystérieuse.

CHAPITRE XVIII.

Le jour suivant, le temps eut un caractère fixe. Le vent était à l'est, faible mais constant. L'air avait la brumeuse épaisseur qu'on remarque souvent en automne dans l'Amérique septentrionale, mais qui se retrouve parfois au milieu de l'été. Le roulement des lames contre les rochers était monotone et régulier.

Dans l'après-midi, l'alderman se promenait sur la pelouse, en face de la Cour des Fées, accompagné d'Oloff van Staats et de Ludlow. A en juger par les fréquents regards que celui-ci jetait sur le pavillon, il était évident qu'il éprouvait plus d'inquiétude que ses compagnons et qu'il songeait encore à la jeune fille absente. Les traits du patron exprimaient l'indifférence ; mais ils étaient en même temps empreints d'une animation mystérieuse qui contrastait avec leur placidité habituelle. On pouvait croire que le jeune Hollandais s'occupait moins de la perte qu'il avait faite que des émotions causées par les singuliers incidents dont il avait été témoin.

— Convenances et repentirs ! dit le bourgeois pour répondre à une observation de l'un des jeunes gens. Je vous répète qu'Alida de Barbérie reviendra parmi nous aussi belle, aussi innocente et aussi riche que jamais ! Les circonstances, messieurs, vous ont mis de niveau dans mon estime. Si ma nièce, après tout, préfère le capitaine Ludlow, faut-il pour cela rompre les relations d'amitié qui existent entre Myndert van Beverout et le fils d'Étienne van Staats ?

— Pour moi, répondit le patron, je me vois forcé de cesser mes assiduités, puisque votre nièce ne les a pas agréées.

— Allez-vous vous rebuter pour si peu de chose ? reprit l'alderman, qui voyait diminuer de prix l'article qu'il avait à placer. La jeune fille a du sang normand dans les veines, et elle a voulu activer vos feux par une légère escapade... Mais voilà le capitaine Ludlow qui contemple l'Océan comme s'il s'attendait à voir Alida sortir des eaux sous la forme d'une sirène.

— Oui, dit Ludlow en désignant un point situé à deux ou trois lieues en pleine mer ; regardez entre cette cheminée et ce chêne mort et vous apercevrez un vaisseau !

Lorsque le vent est sec et que l'air est chargé de brouillards, la mer et le ciel se confondent si complétement que les objets qu'on aperçoit du sommet d'une hauteur semblent flotter en l'air au delà des limites apparentes de l'Océan. Aussi Myndert s'écria-t-il :

— Ce bâtiment navigue dans les cieux ! Ta grand'mère était cousine de la mienne, patron ; et je suis tenté de croire les étranges choses que me racontaient ces respectables dames lorsque j'assiste à de pareils spectacles.

— Je ne suis pas crédule, dit gravement Oloff van Staats, et pourtant, si l'on invoquait mon témoignage, j'hésiterais à dire que ce bâtiment ne flotte pas dans les airs...

— Vous vous tromperiez, dit Ludlow, c'est tout simplement un brigantin bien mâté qui porte peu de voiles et une grande bouline. Monsieur van Beverout le croiseur de Sa Majesté va prendre la mer.

Myndert entendit cette déclaration avec un visible mécontentement. Il parla du mérite de la patience et des avantages de la terre ferme, mais, lorsqu'il vit que rien n'ébranlait l'intention du serviteur de la reine, il déclara qu'il voulait être de la partie. En conséquence, le trio se rendit sur les rives de la Shrewsbury et se disposa à s'embarquer dans le canot de la Coquette.

— Adieu, monsieur François, dit l'alderman en faisant un signe de tête au domestique, qui errait inconsolable sur le rivage. Surveillez avec soin le mobilier de la Cour des Fées, dont nous aurons peut-être bientôt besoin.

— Mais, monsieur Beverout, supposez que la mer me fût plus agréable, mon devoir et mon désir seraient de suivre mademoiselle Alida. Jamais personne de la famille de Barberie n'a aimé la mer. Mais, monsieur, comment faire ? je mourrai sur la mer, de douleur ; et je mourrai d'ennui, si je reste ici, bien sûr !

— Allons, fidèle François, dit Ludlow, suivez votre jeune maîtresse, et cette épreuve vous démontrera peut-être que l'existence d'un marin est plus tolérable que vous ne l'avez cru.

Le domestique affectionné entra dans le canot, non sans faire une grimace expressive qui fit croire aux matelots égayés que le pressentiment du mal allait agir sur lui aussi efficacement que la réalité. Ludlow eut pitié de lui et l'encouragea par un regard d'approbation. Le bienveillant serviteur eut l'idée qu'il s'était peut-être exprimé avec trop d'irrévérence sur le compte d'une profession à laquelle le capitaine s'était voué.

— La mer, monsieur le capitaine, dit-il, est un vaste théâtre de gloire. Voilà MM. de Tourville et Duguay-Trouin ; ce sont des hommes vraiment remarquables ! Mais, monsieur, quant à toute la famille de Barbérie, elle a toujours eu un sentiment plus favorable pour la terre.

— Je voudrais que votre fantasque maîtresse eût eu la même opinion que vous, fit observer Myndert ; car permettez-moi de vous dire que sa croisière dans un vaisseau suspect fait peu d'honneur à son jugement... Rassurez-vous, patron, la jeune fille n'agit que pour mettre votre ardeur à l'épreuve, et l'air de la mer n'endommagera ni son teint ni sa bourse. Un peu de prédilection pour l'eau salée ne lui fera pas perdre votre estime, capitaine Ludlow.

— Pourvu que la prédilection se borne à l'élément ! dit Ludlow d'un ton sarcastique. Mais, trompée ou non, Alida de Barbérie ne doit être abandonnée à la merci d'un misérable. J'aimais votre nièce,

monsieur van Beverout, et... Ramez avec énergie, mes amis, vous endormez-vous ?

Le jeune homme s'interrompit soudain et garda le silence jusqu'à ce qu'on fut arrivé au vaisseau. Il donna immédiatement des ordres pour doubler la pointe de Sandy-Hook et gouverner vers la voile étrangère. La nuit commençait à venir avec tous les pronostics d'un beau temps, mais en même temps d'une obscurité profonde. Au milieu des clartés qui brillaient encore à l'occident, Ludlow put distinguer les belles proportions de la Sorcière des Eaux. L'avant du brigantin venait au vent, et dans un instant où les bossoirs étaient soulevés par une grosse lame, Ludlow crut voir la mystérieuse image toujours perchée sur le taille-mer, offrant son livre aux curieux et montrant même du doigt l'immensité des eaux.

Il importait de suivre attentivement tous les mouvements du brigantin, qui pouvait profiter des ténèbres pour s'éloigner. Ludlow quitta le passavant où il s'était placé en observation, recommanda la surveillance aux vigies et alla retrouver ses hôtes sur le gaillard d'arrière.

— On doit suppléer à la force par l'adresse, lui dit l'alderman. Je ne prétends pas être bon marin, quoique j'aie traversé sept fois l'Océan pour aller à Rotterdam ; mais je crois qu'on ne fait rien de bon en voulant contraindre la nature. Les patrons des navires où je me suis trouvé m'aventuraient jamais dans les nuits sombres comme celle-ci. Ils étaient sûrs de ne pas s'égarer en chemin et d'arriver à bon port.

— Le brigantin déploie ses bonnettes, répondit Ludlow ; il veut marcher vite, et il faut que nous l'imitions pour le rattraper.

— On ne peut savoir ce qui se brasse dans les cieux quand l'œil ne distingue pas la couleur des nuages ; et mon avis serait d'allumer les lanternes, pour empêcher les navires de se heurter contre nous, et d'attendre ensuite le lever du soleil.

— On nous épargne la peine de nous éclairer ! regardez ! l'insolent vient de hisser un fanal comme pour nous inviter à le suivre. Cette témérité surpasse toute croyance. Oser braver ainsi l'un des plus habiles croiseurs de la flotte anglaise !

— Que tous les cordages soient tendus, messieurs, et donnez un coup d'œil aux écoutes. Hélez les gabiers, et assurez-vous que tout est en ordre.

L'officier de quart demanda aussitôt si les voiles étaient déployées dans toute leur étendue. On mit du monde à quelques câbles, et un calme général succéda à une activité momentanée.

Quoique vivement piqués de tant d'effronterie, les officiers de la Coquette se trouvèrent soulagés d'un pénible devoir. Ils avaient été forcés jusqu'alors d'exercer leurs sens pour obtenir par intervalles une idée de la position du brigantin. Mais, grâce au fanal, ils manœuvrèrent avec confiance, guidés par un point brillant qui se levait et retombait doucement sur les vagues.

— Je crois que nous approchons, murmura le capitaine : on aperçoit déjà quelques dessins sur les vitres de la lanterne. C'est le visage d'une femme !

— Les canotiers, dit le premier lieutenant, qui se trouvait auprès du capitaine, assurent que ce symbole se reproduit dans plusieurs parties avec le vaisseau.

— C'est vrai : prenez la lunette, monsieur Luff, et dites-moi s'il n'y a pas un visage de femme peint sur le devant de ce falot... Nous approchons rapidement... que tout le monde garde le silence à l'avant et à l'arrière. Les coquins ont mal calculé nos relèvements.

— Je reconnais, répondit le lieutenant, une femelle effrontée, dont le rire impudent est visible à l'œil nu.

— Qu'on prépare l'abordage ! Un détachement s'apprête à se jeter sur ses ponts ! je le conduirai moi-même.

Ce commandement, donné à voix basse, fut promptement exécuté. Cependant la Coquette commençait à s'avancer doucement : la rosée du soir avait humecté ses voiles, et le souffle de la brise agissait sur elle avec un redoublement de puissance. Les matelots d'abordage se groupèrent dans le plus profond silence, et comme on approchait, les officiers reçurent l'ordre de ne pas bouger. Ludlow se plaça dans les porte-haubans d'artimon pour diriger le vaisseau, et ces indications furent répétées à demi-voix au quartier.

— La nuit est si sombre que nous sommes certains de ne pas être vus, fit observer le jeune homme à son premier lieutenant : ils se sont incontestablement mépris sur notre position. Observez comme la figure peinte devient distincte : on voit même les boucles de ses cheveux... Lofez, monsieur, lofez, nous allons l'aborder par sa hanche du vent.

— L'imbécile doit être en panne, reprit le lieutenant. Les sorcières elles-mêmes manquent quelquefois de sens commun.

— Voyez-vous de quel côté son cap est tourné ?

— Je ne vois que le noir qu'on distingue à peine nos voiles, et pourtant je crois que voilà des vergues en avant de notre bau, de côté de dessous le vent.

— C'est le boute-hors de nos bonnettes basses. Je l'ai préparé pour virer au besoin : ne portons-nous pas trop plein ?

— Lofez un peu, lofez, ou nous allons le briser !

A ces mots, Ludlow se précipita à l'avant : il trouva les matelots d'abordage prêts à s'élancer, et leur recommanda d'emporter le brigantin par un coup de main, mais sans violences inutiles. Il leur enjoignit à plusieurs reprises de ne pas pénétrer dans les cabines, et de prendre vivant l'Écumeur de mer. Pendant ce temps, la lumière était si proche qu'on apercevait les moindres traits de la *Sorcière*. Ludlow cherchait en vain des vergues pour juger de la direction de la proue du brigantin ; mais, se confiant à sa bonne étoile, il pensa que le moment décisif était arrivé.

— Tribord et à l'abordage ! s'écria-t-il d'une voix claire et retentissante. Jetez le grappin : rencontre, rencontre !... la barre dessous !

Les hommes d'abordage poussèrent un hourra, et s'échelonnèrent dans les agrès. La *Coquette*, obéissant rapidement au gouvernail, s'inclina vers le falot, et, retournant au vent, elle accosta le navire qu'elle poursuivait. En ce moment d'émotion, la figure de femme, enlevée en l'air, parut sourire de ces vains efforts. Les chaînes d'abordage tombèrent lourdement à la mer, et le croiseur passa à l'endroit où l'on avait aperçu le fanal sans éprouver le moindre choc. Quoique les nuages se fussent un peu éclaircis, et que l'œil pût embrasser une circonférence de quelques centaines de pieds, on vit au milieu des vagues agitées la quille de la *Coquette*.

Ce singulier incident causa à bord un désappointement général, et les matelots ignorants se persuadèrent que le brigantin n'appartenait pas à la terre. Trysail lui-même partagea cette opinion : il connaissait les ruses habituelles des contrebandiers ; il savait qu'ils avaient souvent recours à de faux signaux ou à des lanternes flottantes ; mais il s'imagina en cette circonstance qu'il avait eu affaire à des marins d'un ordre surnaturel. Si le capitaine Ludlow pensa différemment, il ne daigna pas communiquer ses idées à des hommes dont le devoir était l'obéissance passive. Après avoir arpenté le gaillard d'arrière pendant quelques minutes, il commanda au lieutenant de faire rentrer les voiles, d'amarrer les boute-hors et de dépasser les manœuvres des bonnettes. La civadière fut amené au vent, et, les basses voiles ayant été carguées, la voile de hune de misaine fut masquée.

Ce fut dans cette position que la *Coquette* attendit le jour, afin d'agir avec plus d'assurance.

CHAPITRE XIX.

Il n'est pas nécessaire de dire que le patron et l'alderman van Beverout suivirent avec un vif intérêt les manœuvres de la *Coquette*. Le dernier laissa presque échapper un cri de joie en apprenant que le vaisseau avait manqué la *Sorcière des Eaux*, et qu'il n'était nullement probable qu'on pût l'atteindre dans la nuit.

— A quoi bon poursuivre ces mouches phosphorescentes qui voltigent sur l'Océan ? dit-il à l'oreille d'Oloff van Staats. Je n'ai pas eu avec cet écumeur de mer des relations qui ne sauraient convenir au chef d'une maison de commerce ; mais la réputation est comme une fusée qu'on peut voir de loin, et je sais par ouï-dire que le contrebandier est capable de défier à la course n'importe quel vaisseau de l'État.

— Le capitaine Ludlow ne se propose pas seulement la capture de votre brigantin, répondit le grave patron : il s'imagine qu'Alida de Barbérie est à bord.

— Est-ce que vous le croyez ? demanda l'alderman.

— Sans doute.

L'alderman réfléchit un instant, et se mit à rire comme d'une folle idée.

— Allons, reprit-il gaiement, cette affaire est comme un compte compliqué, mais elle s'éclaircira à la satisfaction générale.

— Quelle qu'en soit l'issue, reprit Oloff van Staats, votre nièce a montré pour un autre une préférence marquée qui a beaucoup diminué mes sentiments.

— Que dites-vous là, monsieur van Staats ? Vos idées seraient-elles changées par rapport à la fille d'Étienne de Barbérie ?

— Non ; j'y suis fixé, et je ne me soucie guère d'introduire dans ma maison une femme qui a tant vu le monde. Nous sommes d'une famille casanière, et de nouvelles habitudes dérangeraient mon ménage.

— Vous y réfléchirez, patron, dit l'alderman d'un ton enjoué. Alida vous reviendra en temps opportun ; et si jamais vous vous mariez, ce sera certes avec celle qui n'a pas fait quitter vos terres et vos domaines pour vous hasarder sur l'Océan.

Pendant ce colloque, les matelots s'étaient retirés dans l'entrepont pour se livrer au repos. Ludlow les avait suivis, mais il lui fut impossible de dormir. A chaque parole que laissait entendre l'officier de quart, le capitaine relevait la tête. Vers minuit, convaincu que le brigantin ne devait pas s'être éloigné, il résolut d'avoir recours à la ruse pour surprendre l'ennemi. Il ordonna de mettre à la mer quatre embarcations, et d'y placer des matelots d'élite. Il prit lui-même le commandement de la plus grande, et donna celui des autres à des officiers sur lesquels il pouvait compter.

Lorsque tout fut prêt, les quatre chaloupes quittèrent les flancs du croiseur, et ramèrent en ligne ininterrompue au milieu des ténèbres qui couvraient l'Océan. Avant d'avoir fait cinquante brasses, Ludlow reconnut l'inutilité de sa poursuite, car l'obscurité de la nuit, même à cette courte distance, lui rendait presque invisible les mâts de son

propre vaisseau. Après avoir gouverné pendant un quart d'heure, à l'aide de la boussole, dans une direction qui le portait au vent de la *Coquette*, le jeune homme ordonna de cesser de ramer, et attendit patiemment le résultat de sa tentative.

Durant une heure entière, la monotonie de la scène ne fut variée que par le balancement régulier de la chaloupe, et par le soin qu'on donnait de temps en temps pour maintenir la chaloupe à sa place ou par la respiration bruyante de quelques poissons du genre des cétacés, qui s'élevaient à la surface de l'eau. Tout à coup on entendit un bruit inexplicable pour tout autre qu'un marin. Un craquement plaintif fut suivi du sourd murmure d'un câble qui flottait contre un corps dur ; puis l'on entendit les battements d'une toile brusquement retenus après avoir obéi d'abord à une énergique impulsion.

— Entendez-vous ! s'écria Ludlow ; c'est le brigantin, dont le gui tréluche. Avancez, mes amis, et que tous soient prêts à l'abordage.

Les matelots furent arrachés à leur somnolence. Les rames fendirent les flots, et l'on distingua bientôt les voiles d'un bâtiment.

— Du courage ! de la vigueur ! ajouta Ludlow avec ardeur. Encore quelques coups d'aviron et il est à nous... Ensemble... jetez le grappin... A vos armes !... En avant !

Ces ordres produisirent sur les matelots l'effet d'une fanfare guerrière. L'équipage poussa un cri unanime ; le cliquetis des armes retentit, et des trépignements prolongés annoncèrent le succès de l'entreprise. Les autres embarcations entendirent les acclamations des hommes d'abordage. Ils y répondirent de toute la force de leurs robustes poumons, et tirèrent en l'air des fusées. Tout l'Océan parut subitement illuminé, et le canon de la *Coquette* ajouta au tumulte ; pour indiquer sa position, elle hissa plusieurs lanternes, tandis que des feux bleus et autres signaux maritimes brûlaient sans cesse dans les embarcations, comme si leurs guides eussent voulu intimider l'ennemi en faisant étalage de leurs forces.

Au milieu de la scène d'agitation qui succédait si inopinément à un profond repos, Ludlow se mit en devoir de s'assurer des fruits de sa victoire. Il avait réitéré l'ordre de ne pas s'introduire dans les cabines, et de respecter la personne de l'Écumeur de mer. Aussitôt qu'il fut maître absolu de la prise, il s'élança vers les retraites cachées du vaisseau. Le cœur lui battait encore plus violemment que pendant l'abordage. Enfoncer la porte d'une cabine située sur le gaillard d'arrière, et descendre au niveau du plancher, fut pour lui l'affaire d'un instant, mais le dépit succéda vite à son triomphe. La grossièreté de la construction n'avait rien de commun avec l'élégante disposition du brigantin, et les odeurs qui s'échappaient de l'intérieur n'avaient rien de balsamique.

— Ce n'est pas la *Sorcière des Eaux* ! s'écria-t-il sous le coup de la surprise.

— Dieu soit loué ! répondit une voix : on nous disait que le corsaire rôdait au large, et les cris que nous entendions nous semblaient n'avoir rien d'humain.

L'homme qui avait prononcé ces mots montra au-dessus de l'écoutille son visage effaré. Le sang qui avait circulé si tumultueusement dans les artères et les veines de Ludlow se porta à ses joues et à l'extrémités de ses doigts, où il causa une cuisante démangeaison. Une courte conférence apprit au capitaine que le prétendu contrebandier n'était qu'un chasse-marée appelé le *Grand Pin*, commandé par John Turner et allant de New-York à la Caroline du Nord. Les embarcations retournèrent tristement à leur bord, sans que les matelots échangeassent une seule parole ; mais lorsqu'ils furent étendus sur leur hamac, ils racontèrent ce qui s'était passé avec d'étranges commentaires. Quelques-uns même allèrent jusqu'à dire qu'ils avaient vu le gracieux contrebandier se transformer en un chasse-marée lourd et vulgaire.

Les vigies firent bonne garde pendant le reste de la nuit ; mais on n'eut aucun motif pour éveiller les matelots étendus comme d'ordinaire entre les canons. Ludlow alla se reposer, et quoique son sommeil fût sans doute un peu troublé par des rêves, il resta dans son hamac jusqu'au quart de diane.

CHAPITRE XX.

Sitôt que les lueurs perlées de l'aube jetèrent leurs teintes grises sur l'Atlantique, Ludlow fut réveillé par l'officier de quart, qui lui posa légèrement le doigt sur le bras. Il suffit de ce contact pour arracher aux charmes du sommeil un homme qui avait toujours présent à l'esprit la responsabilité de son poste. Son premier soin fut de demander si l'on avait remarqué quelque chose de nouveau, et la réponse fut négative.

— J'aime ce jour que l'on voit au nord-ouest, dit le capitaine après avoir observé l'horizon encore obscurci par la brume : c'est de là que viendra le vent. Que nous en ayons seulement plein une casquette ; et nous jugerons de la vitesse de cette fameuse *Sorcière des Eaux*.... Est-ce une voile que j'aperçois par notre bossoir du vent, ou est-ce tout simplement l'écume d'une lame moutonneuse ?

— La mer devient irrégulière, et voilà plusieurs fois que j'y suis trompé depuis la naissance du jour.

— Augmentons notre voilure ; le vent vient de la terre, et il faut en profiter.

Le lieutenant reçut ces ordres avec la déférence accoutumée, et les communiqua à ses inférieurs avec la célérité que commande la discipline maritime. La Coquette naviguait alors sous ses trois huniers, dont l'un était coiffé, afin de maintenir le vaisseau aussi immobile que le permettaient la dérive et le clapotement des lames. Dès que l'officier de quart eut appelé l'équipage au travail, les vergues massives se déployèrent ; on hissa plusieurs voiles légères, qui accéléraient la marche du bâtiment en même temps qu'elles le tenaient en équilibre ; et l'on s'avança sous l'influence d'un vent du nord qui vint à s'élever tout à coup. Les vapeurs qui avaient couvert les cieux tant qu'avait prédominé la brise du sud-est se roulèrent comme la toile immense d'un théâtre, et laissèrent voir à la fois l'onde et les cieux. On comprend aisément que notre jeune marin se hâta d'examiner les objets qui se trouvaient à sa portée. D'abord, le désappointement se peignit sur sa physionomie ; mais l'animation de ses yeux et la rougeur de ses joues prouvèrent que ses espérances s'étaient réveillées.

— Je croyais la Sorcière partie, dit-il à son premier lieutenant ; mais la voilà sous notre vent. Avançons, et couvrons-nous de voiles depuis les pommes girouettes jusqu'à la cale. Réveillons tout le monde, et montrons à l'insolente ce dont est capable un sloop de Sa Majesté.

Pour répondre à ce désir, les matelots couvrirent les espars de voiles blanches comme la neige, et placèrent même des boute-hors autant qu'en put supporter la mâture inclinée sous la faix. Les lames vinrent se briser sur les flancs du vaisseau comme sur un rocher, sans qu'il fût ébranlé par leurs faibles efforts. La coque basse qui soutenait cette masse haute et compliquée de cordages, de voiles et de mâtereaux, sans compter les hommes et l'artillerie, fendit les flots avec la force d'une puissante machine. Le vaisseau s'éloigna de la terre, et vit disparaître les collines auxquelles était adossé le Lust-in-Rust. L'objet que poursuivait Ludlow semblait une tache immobile sur la limite extrême de l'Océan ; mais il ne tarda pas à prendre les proportions symétriques du brigantin si bien connu. Lorsque la Coquette fut à portée de canon, il mit toutes voiles dehors et se prépara à la lutte en essayant de gagner au vent. Jugeant cet essai inutile, il vira de bord et boulina. Enfin il se détermina à mettre la barre tout au vent et à se confier à la légèreté de sa voilure, comme un oiseau de mer à ses ailes.

La poursuite dura plusieurs heures sans que la Coquette pût gagner une brasse d'avantage. On distinguait par intervalles comme une ligne sombre la carène du brigantin. Mais la plupart du temps on n'apercevait que ses voiles pyramidales, pareilles aux nuages dont elles égalaient la vitesse.

— J'attendais mieux du vaisseau, maître Trysail, dit au chef de timonerie le capitaine assis sur les bittons : nous sommes ensevelis jusqu'aux soubarbes de beaupré, et cependant notre adversaire n'est pas plus près de nous que lorsqu'il a pour la première fois déployé ses bonnettes.

— Il en sera toujours ainsi, capitaine Ludlow. J'ai chassé le corsaire dans la mer du Nord, étant à bord du Druide, et le coquin s'est moqué de nous. Il glissait hors de la portée de nos canons aussi aisément que le vaisseau qu'on lance à la mer quand on a enlevé les pièces de bois qui soutiennent les bossoirs.

— Oui, mais le Druide était un peu rouillé par la vieillesse.

— Je ne discrédite aucun vaisseau, monsieur, car il ne faut pas parler légèrement des choses maritimes. J'admets que la Coquette soit fine voilière, mais il ne me paraît pas démontré qu'un vaisseau de l'État, quel qu'il soit, puisse rattraper le brigantin.

— Eh quoi ! Trysail, partageriez-vous les superstitions des matelots ?

— J'ai trop vécu, capitaine Ludlow, pour ne pas savoir que les idées d'aujourd'hui ne sont plus celles de ma jeunesse. Personne ne comprend mieux que moi que le dictionnaire d'un jeune homme devient l'alphabet du vieillard. On dit que la terre est ronde, ce qui est aussi mon avis, d'abord, parce que sir Francis Drake et plusieurs autres Anglais en ont fait le tour, de même qu'un certain Magellan, qui prétend avoir découvert le détroit... Mais c'est un mensonge, car il est absurde de supposer qu'un Portugais ait fait ce qu'un Anglais n'avait pas songé à faire. On dit encore que la terre tourne, je n'en doute point, et il est probable que les idées tournent aussi, ce qui me ramène à l'objet de nos observations. Le brigantin montre sa bordée plus que d'habitude, et la terre, qui doit être par notre bossoir de bâbord, afin d'avoir une eau moins houleuse.

— J'avais espéré le chasser des côtes. Allez dire à l'officier de quart d'amener l'avant du vaisseau d'un point et demi au nord... Je crois que nous l'approchons... On peut même voir la couleur de ses moulures.

— Peut-être faudrait-il lui envoyer quelques boulets dans ses mâts et dans ses voiles.

Ludlow ne se rendit pas immédiatement à cet avis ; mais après quelques instants de réflexion, il commanda de dégager le canon d'avant, et se chargea de le pointer lui-même. L'envie qu'il avait de protéger celle qu'il croyait à bord du brigantin influa peut-être sur la direction de la pièce. Après que le jet de flamme eut brillé sur l'eau, suivi de ses volutes de fumée, on chercha vainement la trace du projectile de fer dans les agrès de la Sorcière des Eaux. L'épreuve fut répétée cinq fois de suite et toujours avec le même insuccès.

Les hommes qui vivent tranquillement chez eux lisent avec surprise le récit de combats où l'on prodigue la poudre et les boulets presque impunément, tandis qu'un engagement moins long et moins opiniâtre sur la terre ferme coûte la vie à une multitude d'hommes. Le secret de cette différence est dans l'incertitude que présente le but sur un élément aussi agité que la mer. Un vaisseau, quelle que soit sa grandeur, est rarement immobile au large, et il n'est pas nécessaire de dire à nos lecteurs que la moindre variation au point de mire arrive à être de plusieurs vergues à la distance de quelques centaines de pieds. L'artilleur de marine est comme le chasseur ; tous deux doivent établir leur calcul sur un changement dans la position de l'objet qu'ils visent, et le marin doit en outre tenir compte des mouvements compliqués de sa pièce.

— Il est inutile de perdre notre poudre, dit Ludlow ; nous sommes trop loin et la mer est trop grosse. Il faut vaincre à la course, et laisser reposer l'artillerie... Rattachez le canon !

— La pièce est prête, monsieur, dit le capitaine du canon, ce serait dommage de tromper son attente.

— Tirez donc vous-même, repartit avec indifférence le capitaine, qui voulait prouver que les autres étaient aussi malheureux que lui.

Les matelots se groupèrent autour de l'affût, et le vieil officier qui les commandait s'écria :

— Rentrez le cabrion et visez droit ! Je n'ai pas besoin de calculs géométriques.

On appliqua la mèche à la lumière ; une lame qui s'élevait favorisa le tireur, et l'on vit quelques morceaux de bois se détacher du boute-hors des bonnettes de la grande hune. Il s'inclina en avant, et dérangea les deux voiles importantes qu'il soutenait.

— Voilà ce que c'est que de porter trop de voiles ! s'écria le vieux capitaine, enthousiasmé, en frappant une sorte d'affection sur la culasse du canon. Sorcière ou non, si le capitaine y consent, nous allons la déshabiller davantage.

— Le capitaine a donné l'ordre de rattacher la pièce, dit un aspirant en sautant sur le talon du beaupré pour juger de l'effet produit par le coup ; le coquin se démène pour sauver ses voiles !

Il était en effet nécessaire à ceux qui dirigeaient le brigantin de déployer la plus grande activité. Les deux voiles dont le service était momentanément paralysé, étaient d'une grande importance avec le vent en poupe. La distance entre les deux vaisseaux était à peine d'un mille, et il fallait la maintenir.

Pendant que les contrebandiers travaillaient à réparer l'avarie, Ludlow fit signe à l'alderman et à son ami de le suivre et entra dans sa cabine.

— Nous n'avons qu'un parti à prendre, dit Ludlow en posant sa lunette sur la table. Il faut s'emparer de ce corsaire à tout prix, et l'occasion s'offre à nous de le prendre à l'abordage. Maintenant que le voilà désemparé, nous pouvons l'atteindre dans vingt minutes !

— Pensez-vous qu'il vous reçoive comme une vieille femme ? demanda piteusement Myndert.

— Je ne crois pas son capitaine capable de demander quartier sans combat ; mais le devoir commande ; alderman van Beverout, et il faut que j'obéisse. Voulez-vous accompagner l'expédition et servir de médiateur ?

— Piques et grenades ! suis-je fait pour escalader les flancs d'un contrebandier avec l'épée entre les dents ? Si vous voulez me mettre dans le moindre de vos canots avec deux mousses d'équipage, pendant que vos trois huniers avec six mâts surmontés du pavillon de paix, je consens à porter au brigantin la branche d'olivier. Mais pas de menaces ! Si j'en crois ce qu'on rapporte, le corsaire ne les aime pas, et que Dieu me préserve de contrarier les habitudes de quelqu'un ! J'irai comme la colombe de l'arche ; mais je ne veux pas me montrer dans le rôle de Goliath.

— Et vous, ajouta Ludlow en s'adressant au patron de Kinderhook, ne ferez-vous rien pour arrêter les hostilités ?

— Je suis sujet de la reine Anne, et prêt à défendre les lois, répondit tranquillement Oloff van Staats.

— Vous ne savez ce que vous dites, patron, s'écria Myndert. Il ne s'agit pas de combattre les Mohawks ou les sauvages du Canada. Il n'est question que d'une diminution insignifiante dans les revenus de la douane ; cela regarde les gardes-côtes.

— Je suis le sujet de la reine, répéta Oloff d'un ton ferme.

— J'ai confiance en vous, monsieur, dit Ludlow en prenant par le bras son rival, qu'il conduisit à la chambre du Conseil.

La conférence fut bientôt terminée, on mit les embarcations à la mer, et M. Luff reçut le commandement du vaisseau, avec la recommandation de profiter de la brise pour s'approcher autant que possible de la Sorcière des Eaux.

Trysail fut placé dans la chaloupe avec un nombreux détachement. Van Staats de Kinderhook prit pour lui la yole, conduite par son équipage habituel, et Ludlow monta le canot-major, dont la chambre fut garnie d'armes.

La chaloupe, étant la plus tôt prête et la plus lourde dans sa marche, fut la première à quitter la Coquette et gouverna directement vers le brigantin. Ludlow fit un détour, sans doute dans l'intention de détourner l'attention du contrebandier et d'atteindre le point d'attaque en même temps que la principale embarcation. La yole s'écarta également de la droite ligne, et s'éloigna autant qu'un côté que le canot-major s'éloignait de l'autre. Ce fut dans cet ordre que les trois équipages ramèrent pendant une vingtaine de minutes, au bout desquelles le détachement de Ludlow quitta les avirons pour s'apprêter au combat.

La chaloupe était par le travers du brigantin et à portée de pistolet. La yole était en face de l'avant, et van Staats de Kinderhook étudiait l'expression maligne de la figure avec un intérêt qui croissait à mesure que sa lourde nature était excitée. De l'autre côté de la chaloupe, Ludlow, au moyen de sa longue-vue, examinait les dispositions de l'ennemi. Trysail profita de ce temps d'arrêt pour haranguer ses matelots.

Visite de l'alderman, du capitaine de la *Coquette* et du patron à bord de la *Sorcière des Eaux.*

— Cette expédition, dit-il, a lieu dans un temps calme, par un vent assez faible, au mois de juin et sur la côte de l'Amérique du Nord. Vous n'êtes pas assez ignorants pour vous figurer que nous avons mis nos embarcations à la mer sans autre but que de héler le brick que voilà? Cet insolent capitaine n'est autre que le fameux Écumeur de mer, homme dont je ne conteste pas les capacités, mais qui ne jouit pas d'une excellente réputation. On vous a parlé sans doute des exploits de ce forban, qui a de secrètes intelligences avec des êtres peu orthodoxes. Mais, qu'importe! vous êtes de braves Anglais, instruits de ce qu'on doit à l'Église et à l'État, et que diable! vous ne vous laisserez pas effaroucher par un peu de raillerie (applaudissements)! Je n'en dirai pas davantage, si ce n'est pour vous enjoindre de ne pas malmener les gens du brigantin, de ne leur couper la gorge et de ne leur casser la tête qu'autant que ce sera indispensable pour prendre le vaisseau. Soyez aussi miséricordieux après la victoire, et n'entrez dans les cabines sous aucun prétexte. En ce qui concerne ce point, mes ordres sont formels, et je ne pourrais m'empêcher de jeter à la mer quiconque oserait les transgresser. Maintenant que nous nous entendons, et que vous connaissez vos devoirs, il ne vous reste plus qu'à les accomplir. Je ne vous dis rien de la part de prise (applaudissements), car vous êtes attachés à la reine, et plus jaloux de son honneur que d'un vain lucre (Bravo! bravo!), mais je puis vous promettre en toute assurance que le partage ordinaire aura lieu (applaudissements); et comme ces coquins exerçaient un trafic assez avantageux, la somme ne sera pas une bagatelle. (Triple salve d'applaudissements.)

La détonation d'un pistolet tiré du canot-major fut suivie immédiatement par un coup de canon du croiseur. Le boulet passa en sifflant entre les mâts de la *Sorcière des Eaux*, et fut comme le signal de l'assaut. Le chef de timonerie cria d'une voix ferme et sonore : — En avant! Au même instant le canot et la yole se dirigèrent vers l'objet de leurs communs efforts avec une vitesse qui promettait une prompte issue à l'action. Cependant, chose étrange! l'ennemi ne donnait aucun

signe de vie. Le vent était tombé; les voiles pendaient le long des mâts et la coque flottait au gré des vagues, sans qu'aucun être humain en parût diriger les mouvements. Ce profond repos ne fut point troublé par l'approche des embarcations, et si le forban déterminé avait des projets de résistance, il ne les manifesta nullement. Le bruit des rames et des clameurs ne produisit aucun changement sur les ponts de la *Sorcière;* toutefois Ludlow vit les vergues de la misaine changer lentement de direction. Ne devinant pas l'objet de cette manœuvre, il se leva sur son banc et encouragea ses hommes en agitant son chapeau.

Le canot-major était à cent pieds de la bordée du brigantin lorsque les larges plis de ses voiles se déroulèrent à l'improviste. Ses mâts, ses voiles et ses agrès si artistement combinés s'inclinèrent gracieusement vers le canot comme pour lui faire leurs adieux, et le léger navire glissa sur les flots en cédant à l'embarcation ennemie la place qu'il venait d'occuper. Du premier coup d'œil Ludlow comprit l'inutilité de sa poursuite. La brise s'était brusquement élevée; elle ridait déjà la surface de la mer, et emportait l'heureux contrebandier. Le commandant de *la Coquette* fit signe à Trysail de se désister, et tous deux regardèrent d'un air morne la ligne de bulles blanches que laissait le sillage du fugitif.

Mais tandis que *la Sorcière des Eaux* s'éloignait des bateaux commandés par Ludlow et le chef de timonerie, elle gouvernait de manière à se rapprocher de la yole. Pendant quelques moments l'équipage de cette dernière crut que c'était sa propre rapidité qui abrégeait la distance, et quand l'aspirant qui commandait eut reconnu son erreur, il eut juste assez de temps pour empêcher le brigantin de passer sur le frêle esquif. Il donna un puissant écart à la yole, et ordonna à ses matelots de faire force de rames.

Uloff van Staats ne s'apercevait pas d'un danger qui était à peine sensible pour un marin. Armé d'un poignard, il s'était placé à la proue et ne songeait qu'à l'abordage ; lorsque la *Sorcière* longea la yole en inclinant vers l'eau ses porte-haubans inférieurs, le patron de Kinderhook s'y cramponna par un effort énergique en poussant une espèce de cri de guerre hollandais. Presque aussitôt il sauta par-dessus les parapets et disparut sur le pont du contrebandier.

Le capitaine de la *Coquette* et son vieux quartier-maître.

Lorsque Ludlow réunit ses embarcations à l'endroit qu'avait occupé la *Sorcière*, il reconnut que l'unique incident de son infructueuse expédition avait été l'enlèvement involontaire du patron de Kinderhook.

CHAPITRE XXI.

Les hommes doivent souvent à un concours fortuit de circonstances la réputation qu'ils conservent par rapport à leurs qualités personnelles. Il en est de même des vaisseaux ; leurs avantages ou leurs défauts, comme ceux des individus, sont quelquefois le résultat de la bonne ou de la mauvaise fortune, malgré l'influence que peuvent exercer les talents des officiers et la disposition du bâtiment. Quoique la brise qui vint si à propos au secours de *la Sorcière des Eaux* emplît les voiles de *la Coquette*, elle ne modifia pas les idées de l'équipage anglais sur la prospérité incroyable de l'Écumeur de mer. Trysail lui-même secoua la tête d'une manière significative, et Ludlow exhala sa bile en maudissant ce qu'il appelait la chance du contrebandier. Les canotiers regardèrent le brigantin qui se retirait avec la stupéfaction profonde que les Japonais auraient accordée à une frégate à vapeur.

Comme M. Luff ne négligeait pas ses devoirs, *la Coquette* se rapprocha rapidement de ses embarcations. Le temps employé à les hisser permit au navire poursuivi de se mettre hors de portée du canon. Cependant Ludlow ordonna de continuer la chasse dès que le vaisseau y serait prêt, et il se hâta de cacher son désappointement dans sa cabine.

— La chance est le bon du marchand, dont un profit clair et net est la récompense, dit l'alderman van-Beverout, pouvant à peine dissimuler le plaisir que lui causaient les évasions réitérées du brigantin. Il y a des gens qui gagnent des doublons quand ils n'espéraient que des dollars; et plus d'une marchandise baisse en attendant des arrivages certains. Il y a assez de Français, capitaine Ludlow, pour occuper un brave officier. Pourquoi donc tracasser dans ses opérations insignifiantes un misérable contrebandier?

— J'ignore le prix que vous attachez à votre nièce, monsieur van Beverout; mais, si j'étais l'oncle d'une pareille femme, la voir enlever par les artifices d'un infâme me ferait perdre la tête.

— Accès et paroxysmes! heureusement vous n'êtes pas son oncle, capitaine Ludlow, et par conséquent vous n'avez pas de motifs pour vous inquiéter. La jeune fille a l'humeur française; elle fourrage dans les soies et les dentelles du contrebandier; et quand son choix sera fait, elle reparaîtra toute parée.

— Ô Alida, Alida! est-ce là ce que nous devions attendre de votre esprit cultivé, de vos nobles sentiments?

— La culture est mon ouvrage et les nobles sentiments sont l'héritage d'Étienne de Barbérie, répartit sèchement Myndert; mais les récriminations n'ont jamais fait hausser les fonds. Envoyons fait chercher le patron et avisons au moyen de retourner au Lust-in-Rust avant que le vaisseau de Sa Majesté perde de vue la côte d'Amérique.

— La plaisanterie est hors de saison, monsieur. Votre patron est parti avec votre nièce; ils feront sans doute ensemble une agréable traversée. Nous les avons perdus dans l'expédition.

— Perdu! s'écria l'alderman effrayé. Oloff van Staats perdu dans l'expédition maudite serait le jour où ce digne et opulent jeune homme serait perdu pour la colonie! Sa mort éteindrait l'une des meilleures et des plus riches de nos familles, et laisserait sans héritier direct la propriété qui occupe le troisième rang dans cette province.

— Le malheur n'est pas aussi complet, répondit le capitaine avec amertume; le patron a abordé *la Sorcière* et est allé examiner les soies et les dentelles avec la belle Barbérie.

Ludlow expliqua alors la manière dont le patron avait disparu. Lorsque l'alderman fut convaincu que son ami n'avait éprouvé aucun mal corporel, sa satisfaction fut aussi vive que sa consternation l'avait été.

— Il est allé avec la belle Barbérie, répéta-t-il en se frottant les mains. Le sang de mon vieil ami Étienne commence à se montrer. Le Hollandais ne ressemble ni à l'Anglais, qui jure et qui tempête, ni

Ludlow descendit de son poste et pointa lui-même le canon dans la direction de *la Sorcière des Eaux*.

au Français de vif argent, qui se frappe la tête au moindre propos un peu dur d'une femme. Le fils de la vieille Batavie sait attendre l'occasion. Bravo! jeune Oloff, tu es l'enfant de mon cœur, et sans doute la fortune te protégera.

— Ludlow se leva en souriant amèrement, quoiqu'il n'éprouvât aucun mécontentement à l'égard d'un homme dont l'enthousiasme était si naturel.

— Monsieur van Staats, dit-il, peut avec raison se féliciter de son bonheur; mais je serais bien trompé s'il l'emportait sur son hôte artificieux. Quel que soit le caprice des autres, alderman van Beverout, je ferai mon devoir. Jusqu'ici le contrebandier m'a échappé, mais la prochaine fois nous en triompherons.

Ludlow avait cette menace sur les lèvres lorsqu'il quitta la cabine pour reprendre son poste sur le pont. La brise était tout en faveur de *la Sorcière des Eaux*, qui, ayant orienté au plus près, avait déjà pris une avance considérable. Avant le coucher du soleil, elle avait déjà disparu à l'horizon.

On ignore combien *la Coquette* fit de chemin pendant la nuit; mais lorsque le commandant s'éveilla, ses regards inquiets n'eurent à scruter qu'une vaste solitude liquide. On n'y distinguait que les crêtes vertes et régulières des lames et les larges ailes des goélands. Pendant les jours suivants, le croiseur continua à sillonner l'Océan, tantôt courant vent large, tantôt luttant contre les vents contraires. Le digne alderman avait la tête complètement tournée, et, malgré sa patience, il se demandait avec anxiété quand finirait la croisière. Avant la fin de la semaine, il ne savait même dans quels parages se trouvait le vaisseau. Enfin il remarqua que les efforts des marins se ralentissaient et que *la Coquette* n'était plus aussi chargée de voiles.

Dans l'après-midi d'un de ces jours de travail modéré, François quitta l'entre-pont, et, chancelant de canon en canon, il s'installa au centre du vaisseau, dans un endroit où il prenait habituellement l'air et où, sans trop abuser de la bienveillance des officiers, il était à l'abri de l'intimité des gens grossiers de l'équipage.

— Ah! s'écria-t-il en s'adressant à un jeune aspirant nommé Hopper, *voilà* la terre, quel bonheur! le bâtiment est très-agréable; mais vous savez, monsieur l'aspirant, que je ne suis point marin. Quel peut être le nom du pays?

— C'est *la France*, répondit le mauvais plaisant, qui savait assez de français pour comprendre le baragouin du domestique; c'est un excellent pays pour ceux qui l'aiment.

— Ce *n'est pas possible*, reprit François, partagé entre le plaisir et l'étonnement.

— Préférez-vous que ce soit la Hollande?

— Dites-moi, monsieur Hopper, ajouta François en posant une main tremblante sur le bras du jeune étourdi, est-ce *la France?*

— Un observateur comme vous l'aurait déjà deviné. Ne voyez-vous pas le clocher, monsieur? le château sous le fond et les maisons du village groupées au pied du manoir? Maintenant regardez ce parc! il y a une avenue droite comme le sillage d'un vaisseau et une douzaine de statues qui n'ont qu'un seul nez pour elles toutes.

— Ma foi! je ne vois ni parc, ni château, ni village, ni statue, ni nez... Mais, monsieur, je suis âgé... Est-ce *la France?*

Je vais suppléer à l'insuffisance de vos yeux. Ces espèces de cartes d'échantillons vertes et jaunes qui ressemblent encore à des vierges de signaux où seraient réunis les pavillons de toutes les nations, ce sont *les champs!* Ce beau bois, dont toutes les branches sont alignées comme des conscrits à l'exercice, c'est *la forêt.*

La crédulité du sensible domestique était à bout. Prenant un air de commisération et de pitié, il se retira et laissa le jeune novice s'applaudir de sa plaisanterie avec un de ses camarades.

Cependant *la Coquette* avançait toujours. Le château et le village de l'aspirant se transformèrent bientôt en une plage sablonneuse, avec un arrière-plan de pins rabougris entre lesquels on apercevait des fermes étendues ou des maisons de campagne. Vers midi, la cime d'une colline s'éleva du sein des flots, et au moment où le soleil se couchait derrière la montagne, le vaisseau doubla le cap sablonneux et mouilla à la place qu'il avait quittée lorsque son commandant était revenu après sa visite au brigantin. On amarra le bâtiment, on amena les petites vergues et on mit un canot à la mer. Ludlow et l'alderman y descendirent et se dirigèrent vers l'embouchure de la Shrewsbury. Quoiqu'il fît déjà nuit lorsqu'ils atteignirent le rivage, il restait assez de jour pour leur faire distinguer un objet d'un aspect étrange flottant dans la baie. Ils se détournèrent de leur route afin de le contempler de plus près.

— Croiseurs et sorcières des eaux! murmura Myndert, cette drôlesse au teint cuivré nous pourchasse comme si nous lui avions volé son or! Mettons pied à terre et rentrons chez nous. Il faudra une députation du conseil municipal pour me décider à en sortir.

Ludlow changea la barre et reprit sa course vers la rivière ; il n'eut pas besoin d'explications pour comprendre la nature de l'artifice dont il avait été la victime. La cuve doucement balancée, le mât qui la surmontait, les traits de *la Sorcière* peints sur la corne d'une lanterne éteinte, lui rappelèrent le faux signal qui avait égaré *la Coquette*.

CHAPITRE XXII.

Lorsque Ludlow et l'alderman s'approchèrent du Lust-in-Rust, l'obscurité était complète, et la montagne projetait son ombre sur la rivière, sur l'étroite langue de terre qui la séparait de la mer et même sur une partie de l'Océan. Avant d'arriver à la pelouse qui précédait la villa, l'alderman s'arrêta et s'adressa à son compagnon d'un ton de confiance qu'il n'avait pas pris depuis quelques jours.

— Vous comprenez, dit-il, que notre excursion sur l'eau a plutôt un caractère privé que public. Votre père était un de mes meilleurs amis, et je crois même que nous étions parents par alliance. Votre digne mère, ménagère économe et peu bavarde, avait un peu du sang de ma famille. Je serais désolé de voir interrompre la bonne intelligence que ces souvenirs ont établie entre nous. J'admets, monsieur, que, sans la douane, l'État serait un corps sans âme; mais il ne faut pas pousser un principe à l'extrême. Le brigantin, qui est, à ce qu'il paraît, *la Sorcière des Eaux*, eût été de bonne prise s'il était tombé entre nos mains. Maintenant qu'il nous a échappé, j'ignore quelles peuvent être vos intentions; mais, si votre excellent père vivait encore, il se garderait bien de tenir des propos inutiles.

— Quel que soit le parti que j'adopte, répondit le jeune homme, soyez sûr que je tairai l'étrange résolution de votre nièce. Je ne crois pas nécessaire de violer le sanctuaire domestique et d'occuper les oisifs du récit des écarts d'Alida.

Le capitaine prouvait, par le tremblement de sa voix, que la jeune fille exerçait encore sur lui une grande influence. Il s'arrêta brusquement, laissant à l'oncle le soin de deviner ce qu'il aurait voulu ajouter.

— Voilà qui est généreux et digne d'un loyal amant, reprit l'alderman; mais ce n'est pas précisément tout ce que je désire. Au surplus, il est inutile de prodiguer les paroles en plein air... Ah! quand le chat est endormi, les souris dansent sous la table! Les maudits noirs qui mènent mes chevaux la nuit se sont emparés du pavillon d'Alida, et nous pouvons rendre grâces au ciel de ce que les appartements de la jeune fille ne sont pas aussi spacieux que la maison commune de Harlem, car on y ferait galoper mes malheureuses bêtes.

L'alderman à son tour s'interrompit brusquement et tressaillit, comme si quelque spectre se fût présenté à ses yeux. Son langage avait attiré les regards de son compagnon vers la Cour des Fées, et les deux interlocuteurs reconnurent simultanément, à ne pas s'y méprendre, la belle Barbérie, qui passait devant la fenêtre ouverte de sa chambre. Ludlow était sur le point de courir en avant, quand son impétuosité fut contenue par Myndert.

— Ceci doit plutôt exercer notre esprit que nos jambes, dit le bourgeois avec le sang-froid de la prudence. C'est bien ma nièce et pupille, ou la fille de feu Étienne de Barbérie en sosie.

— Nous faisons-nous illusion, François? N'as-tu pas vu une femme à la croisée du pavillon?

— Certainement oui, s'écria le fidèle domestique. Quel malheur d'avoir été obligé d'aller sur la mer, tandis que mademoiselle n'a jamais quitté la maison! *J'étais sûr que nous nous trompions*, car jamais la famille de Barbérie n'a aimé *la marine*.

— Il suffit, bon François. Allez dire aux paresseux qui sont dans ma cuisine que leur maître vient d'arriver, et rappelez-vous qu'il est inutile de parler des merveilles que nous avons vues sur l'Océan. Capitaine Ludlow, abordons ma nièce avec le moins de bruit possible.

Ludlow accepta l'invitation avec empressement et suivit vers l'habitation l'imperturbable alderman. En traversant la pelouse, ils s'arrê-

tèrent involontairement pour jeter un coup d'œil dans l'intérieur du pavillon.

La belle Barbérie avait décoré la Cour des Fées avec ce goût national qu'elle tenait de son père. La lourde magnificence qui caractérisait le règne de Louis XIV n'était guère descendue jusqu'à M. de Barbérie; toutefois il avait apporté en exil des idées de luxe et d'élégance qui sont presque exclusivement l'apanage de la France. Il les avait appliquées sans tomber dans la fastueuse exagération de l'époque, et les avait mêlées à ces habitudes de bien-être domestique qui appartiennent aux Anglais et aux Américains. Cette association produisait un juste équilibre entre l'utile et l'agréable.

Alida était assise auprès d'une petite table d'acajou et profondément absorbée par la lecture d'un petit volume. Elle avait auprès d'elle un service à thé dont les tasses avaient ces dimensions microscopiques alors en usage, quoiqu'elles fussent artistement travaillées. Elle ne s'occupait que de son livre, et la théière d'argent sifflait à ses oreilles sans attirer son attention.

— Voilà, murmura Ludlow, le tableau que je me suis souvent retracé lorsque les grains et les orages me retenaient sur le pont. Accablé de fatigue d'esprit et de corps, j'ai rêvé ce repos, j'ai même osé l'espérer!

— Vous entendez le confortable, maître Ludlow, repartit l'alderman. La jeune fille a une telle fraîcheur, qu'on jurerait qu'elle ne s'est jamais exposée à la brise, et il est difficile de croire que naguère encore elle foidtrait au milieu des dauphins. Entrons!

L'alderman ne mettait pas de cérémonies dans les visites qu'il rendait à sa nièce. Sans juger à propos de se faire annoncer, il ouvrit tranquillement la porte et introduisit son compagnon dans l'appartement.

L'aisance et l'indifférence affectées de Ludlow et de van Beverout furent parfaitement imitées par la jeune personne. Elle mit de côté son livre avec autant de calme que si elle les eût quittés une heure auparavant. Son attitude prouva à son oncle et au capitaine que leur retour était connu et qu'ils étaient attendus. Elle se leva à leur entrée, leur sourit avec plus de politesse que d'émotion et les pria de s'asseoir. Cette conduite jeta l'alderman dans une profonde rêverie. Quant au jeune marin, il ne savait ce qu'il devait admirer le plus, ou de l'amabilité constante de la dame, ou de l'admirable sang-froid qu'elle conservait dans une scène aussi embarrassante.

Alida ne semblait en rien sentir la nécessité d'une explication, car, dès que ses hôtes furent assis, elle se mit à leur verser du thé.

— Vous me trouvez, dit-elle, prête à vous offrir une tasse de ce thé délicieux, qui a été apporté par le navire le *Caernarvon*.

— Oui, c'est une marchandise que je recommanderai à tous mes amis; mais, ma chère nièce, daignerez-vous apprendre à ce capitaine au service de l'État et à un pauvre alderman de la bonne ville de New-York combien il y a de temps que vous attendez notre compagnie?

Alida consulta la petite montre richement émaillée qu'elle portait à la ceinture.

— Il est neuf heures, dit-elle; c'est à la chute du jour que Dinah m'a avertie du plaisir qui m'était réservé; mais il ne faut pas que j'oublie de vous dire qu'il est arrivé de la ville des paquets qui semblent contenir des lettres.

C'était donner une nouvelle et subite direction aux pensées de l'alderman. Il ne fut pas fâché de retarder des explications dont certaines particularités pouvaient le compromettre. Il avala d'une seule gorgée le contenu de sa tasse, saisit les papiers qu'Alida lui présentait et sortit après avoir murmuré quelques excuses.

Jusque-là le commandant de *la Coquette* n'avait pas dit un seul mot. La surprise et l'indignation lui fermaient la bouche; mais en se servant activement de ses yeux, il essayait de pénétrer le voile dont Alida s'enveloppait. Il avait cru remarquer sur ses lèvres un sourire mélancolique, et elle l'avait plusieurs fois regardé furtivement, comme pour juger de l'effet qu'elle produisait sur l'esprit du jeune marin.

— La croisière de *la Coquette* a-t-elle été funeste aux ennemis de la reine? dit précipitamment la belle Barbérie quand elle s'aperçut que son coup d'œil était découvert.

— La crainte ou la prudence, peut-être aussi les remords de leur conscience, les ont décidés à fuir notre approche. Nous avons couru depuis la pointe de Sandy-Hook jusqu'à la lisière du grand banc, et nous sommes revenus sans succès.

— C'est fâcheux; mais si le Français vous a échappé, quelque coupable n'a-t-il pas été puni? Le bruit court parmi les esclaves que le brigantin qui nous a rendu visite excite les soupçons du gouvernement, et la belle Barbérie pourrait me dire si la réputation de l'Écumeur de mer est méritée.

Alida sourit, et son amant pensa que ce sourire était aussi doux que jamais.

Il y aurait trop de complaisance de la part du capitaine Ludlow à demander des conseils aux jeunes filles de la colonie. Nous pouvons encourager secrètement la contrebande; mais nous ne voulons pas qu'on puisse nous en accuser, et les insinuations qu'on se permet me forceront à abandonner le Lust-in-Rust pour chercher un air salubre dans une situation moins exposée. Heureusement les rives de l'Hudson offrent des sites charmants.

— Entre autres, le manoir de Kinderhook ?

— L'habitation d'Oloff van Staats, répondit Alida en souriant, est, dit-on, commode et assez bien placée. Je l'ai vue...

— Dans vos rêves d'avenir, interrompit le jeune homme.

— Non, d'une manière plus positive : j'ai aperçu de loin, en naviguant sur le fleuve, les cheminées construites dans le style du Brabant hollandais ; et, quoiqu'elles manquent de nids de cigognes à leur faîte, elles portent à croire que l'aisance, si séduisante pour les femmes, règne autour de leur foyer. Les offices ont également de quoi charmer une bonne ménagère.

— Et c'est une fonction que sans doute vous ne laisserez pas longtemps vacante dans la maison du digne patron.

Alida jouait avec une cuillère ciselée, qui représentait la tige et les feuilles de l'arbre à thé ; elle la laissa tomber, tressaillit et fixa sur son interlocuteur un regard assuré, mais qui n'était pas exempt de sympathie.

— Cette fonction ne sera jamais remplie par moi, dit-elle d'un ton solennel et avec une fermeté qui prouvait que sa résolution était arrêtée.

— Cette déclaration me soulage d'un lourd fardeau ! Oh ! Alida, si vous pouviez aussi facilement...

— Silence ! s'écria la jeune fille, qui se leva brusquement et se tint un instant dans l'attitude de l'attente. Ses yeux devinrent plus brillants, ses joues plus colorées, et ses traits exprimèrent fortement le plaisir et l'espoir ; mais comme aucun bruit ne suivit celui qu'elle avait entendu, elle reprit sa place et accorda de nouveau son attention à son amant.

— Que disions-nous ? balbutia-t-elle.

— Vous venez de déclarer que vous ne seriez jamais la femme d'O-loff van Staats, et vos paroles sincères ont dissipé de ce côté toutes mes appréhensions. Il ne vous reste plus qu'à expliquer votre absence pour reprendre votre empire sur un homme qui est trop disposé à vous croire.

La belle Barbérie parut touchée ; elle contempla le jeune marin avec plus de bienveillance, et sa voix avait un peu perdu de son assurance habituelle quand elle répondit :

— Cet empire a donc été affaibli ?

— Vous me mépriseriez si je disais non ; vous ne me croiriez pas si je disais oui. Le silence est donc le meilleur parti que nous ayons à prendre pour entretenir notre bonne intelligence...

— Bien certainement, j'ai entendu frapper légèrement sur le volet.

— L'espérance nous abuse quelquefois. Cette idée, qui vous vient à deux reprises, ferait croire que vous attendez une visite.

Un coup donné distinctement sur le volet confirma les prévisions d'Alida : elle regarda son compagnon avec embarras, changea de couleur, et parut sur le point de dire quelque chose que la prudence lui interdisait de révéler.

— Capitaine Ludlow, vous avez été déjà témoin d'une entrevue qui, je le crains, m'a exposée à de fâcheuses suppositions ; mais un homme aussi généreux que vous doit avoir de l'indulgence pour les petites vanités d'une femme. J'attends une visite à laquelle ne devrait peut-être pas assister un officier de la reine.

— Je ne suis pas un douanier pour fouiller dans les garde-robes et dans les tiroirs secrets. Mon devoir est seulement d'agir sur les hautes mers et contre les violateurs déclarés de la loi. S'il est quelqu'un dont vous désiriez la présence, faites-le entrer sans vous préoccuper de mes fonctions ; je saurai prendre ma revanche quand nous nous trouverons dans un lieu plus propice.

La jeune fille exprima sa reconnaissance par un geste, et elle produisit un son argentin en frappant avec une cuillère l'intérieur d'une tasse à thé. Les taillis qui ombrageaient la fenêtre s'écartèrent, et l'on vit paraître ce galant contrebandier que l'alderman appelait maître Seadrift. Au moment où on l'aperçut, une légère pacotille lancée du dehors vint tomber au milieu de la chambre : il ôta son bonnet pour s'incliner devant la maîtresse de la Cour des Fées, salua le capitaine avec moins de cérémonie, et remit sur ses beaux cheveux d'ébène sa coiffure galonnée d'or.

— J'envoie un avant-courrier pour me faire connaître, dit-il. Voici une pratique sur laquelle je ne comptais pas... Nous nous sommes déjà vus, capitaine Ludlow.

— Oui, monsieur l'Écumeur de mer, et nous nous reverrons encore. Le vent peut changer, et la fortune favoriser encore le bon droit.

— Nous mettons notre confiance dans la dame Vert-de-Mer, reprit l'étrange contrebandier en montrant avec un respect réel ou affecté une image brodée sur le velours de son bonnet. Ce qui a été sera, et le passé donne de l'espoir pour l'avenir. Nous sommes ici sur un terrain neutre, n'est-ce pas ?

— Je suis le commandant d'un croiseur royal, monsieur, répondit Ludlow.

— La reine Anne doit être fière de vos services !... Mais nous négligeons nos affaires. Mille pardons, aimable maîtresse de la Cour des Fées : cette entrevue de deux rudes marins pourrait porter atteinte aux droits de la beauté. Tous compliments à part, j'ai à vous offrir certains articles qui donnent de l'éclat aux yeux les plus brillants.

Là-dessus le contrebandier ouvrit son ballot. Ludlow remarqua avec douleur, avec indignation, qu'il semblait s'être établi entre le forban et Alida une secrète intelligence, et même une sorte d'intimité. Cependant il résolut de rester calme, afin d'éclaircir ses doutes.

— En vérité, capitaine, lui dit la jeune fille, maître Seadrift doit bien connaître le cœur des femmes pour leur choisir ce genre de tissus.

— S'il possède cette science, il doit s'estimer heureux, répliqua Ludlow avec une tranquillité forcée, mais d'un ton qui n'était pas exempt d'amertume.

— J'ai beaucoup fréquenté le beau sexe qui compose presque exclusivement ma clientèle, répondit l'élégant contrebandier. Voici un brocart, dont le pareil se porte ouvertement en présence de la reine Anne, quoiqu'il vienne des métiers proscrits d'Italie. Les dames de la cour, pour plaire au public, dansent une fois par an en robes de fabrique anglaise, et, pour se plaire à elles-mêmes, elles portent le reste de l'année des étoffes plus attrayantes. Dites-moi pourquoi l'Anglais avec son pâle soleil dépense des monceaux d'or pour obtenir une imitation rabougrie des fruits tropicaux ? C'est uniquement parce qu'il aime le fruit défendu. Dites-moi pourquoi un gourmet de Paris savoure une figue qu'un lazaroni de Naples jetterait dans sa baie ? C'est que, sous un ciel humide, il veut jouir des avantages d'une basse latitude. J'ai vu un individu humer avec délices l'eau sucrée d'un ananas européen qui coûtait une guinée, et il aurait refusé le même fruit mûri par un soleil ardent, parce qu'il aurait pu avoir pour rien ce délicieux mélange de douceur et d'acidité. Tel est le secret de notre faveur, et comme les femmes sont surtout avides du fruit défendu, c'est à elles que nous devons le plus de remercîments.

— On voit que vous avez voyagé, maître Seadrift, reprit la belle Barbérie en étalant sur le tapis le contenu de la balle.

— La dame au manteau vert-de-mer ne souffre pas que nous restions oisifs. Nous suivons la direction de ses caprices ; tantôt elle nous mène au milieu des îles de l'Adriatique, tantôt sur vos côtes orageuses. Il y a peu de contrées en Europe entre Gibraltar et le Categat que je n'aie pas visitées.

— Mais l'Italie semble votre séjour de prédilection, si j'en juge par la quantité de ses produits.

— Je me partage entre l'Italie, la France et les Flandres ; mais j'aime surtout la petite plaine de Sorrente, où s'est écoulée mon enfance, et même une partie de ma jeunesse. Je me rappelle encore mon habitation située sur le bord des rochers. J'ai encore devant les yeux le paysage qu'on voyait de mes fenêtres. A gauche était l'île de Procida, peuplée par une colonie grecque ; une passe étroite la séparait du cap Misène, où Énée débarqua et d'où Pline partit pour aller examiner de plus près le réveil du volcan. De tous côtés s'offraient à mes yeux des souvenirs historiques : c'était le golfe de Baya, où tant de consuls et de poètes ont cherché le repos ; c'étaient les vestiges du lac Lucrin, le Styx fabuleux, les Champs-Élysées, la grotte de la Sibylle ; puis la bruyante ville de Naples, couronnée par le château Saint-Elme, et le volcan au triple sommet dont la base recouvre Pompeïa !

— Un homme qui a tant d'instruction devrait en faire un meilleur usage, dit Ludlow d'un ton sévère lorsque le contrebandier eut cessé de parler.

— Dans les autres pays, les hommes s'instruisent dans les livres ; en Italie, ils acquièrent la science par l'observation des objets visibles. Mais à quoi bon vous entretenir des impressions de ma jeunesse ? Les couleurs de ces étoffes doivent avoir plus de charme pour une jeune et vive imagination que les tableaux mêmes de la nature.

La belle Barbérie sourit au contrebandier avec une expression de sympathie qui déchira le cœur de Ludlow ; et elle allait répondre lorsque la voix de son oncle se fit entendre.

— Vents et marées ! s'écria l'alderman quand il eut jeté un coup d'œil dans le pavillon, que vois-je ici ? Des marchandises d'une origine suspecte ! Qui vous les a envoyées, ma nièce ?

— Ce sont des questions que vous ferez mieux d'adresser à leur propriétaire, répondit la belle Barbérie, et elle montra gravement, mais non sans émotion, le contrebandier qui, à l'approche de l'alderman, avait essayé de se dissimuler.

— A quelle baisse de prix, à quel changement dans les idées de la chambre du commerce dois-je l'honneur de cette visite, monsieur le... le... le marchand de dames vertes et de tissus précieux ?

L'assurance du contrebandier avait disparu ; il montrait à la place une hésitation qui ne lui était pas habituelle.

— Ceux qui risquent beaucoup pour gagner leur vie, dit-il d'un ton d'humilité et d'indécision naturelle à leur situation, s'adressent aux personnes connues par leurs libéralités. J'espère que vous excuserez ma hardiesse à cause de ses motifs ; et qu'avec votre expérience supérieure vous aiderez madame à apprécier le mérite et le bon marché de mes articles.

Myndert fut interdit de ce langage et de la soumission de maître Seadrift. Il s'était imaginé qu'il aurait besoin de toute son adresse pour réprimer la familiarité accoutumée de l'Écumeur de mer. A sa grande surprise, celui-ci lui témoignait une déférence subite et extraordinaire. Enhardi, et peut-être même rehaussé dans sa propre estime, Myndert ne manqua pas d'attribuer son succès à quelques qualités particulières, et il prit le ton d'un commissaire de police qui morigène un perturbateur.

3.

— Vous venez ici sous un faux pavillon, murmura-t-il, et vous compromettez ma nièce en lui apportant des objets dont les sujets de la reine ne doivent pas faire usage. Vous devriez savoir que les sages conseillers de la reine ont décidé que l'Angleterre produirait tout ce que les colonies consommeraient, et que la métropole consommerait de son côté ce que produiraient les colonies.

— Je ne l'ignore point, monsieur, répondit Seadrift; mais nous autres contrebandiers nous jouons à pair ou non avec les autorités. Lorsque nous débarquons sans danger, nous gagnons; quand nous sommes saisis, nous perdons. Les enjeux sont égaux et la partie ne saurait être considérée comme déloyale. Si les dominateurs du monde faisaient disparaître les entraves inutiles qu'ils imposent au commerce, notre métier n'existerait plus.

— Il n'en est pas moins vrai que vous induisez ma nièce en tentation, et que vous abusez de la faiblesse héréditaire qu'elle a pour la toilette, puisque les femmes de France sont plus disposées à se parer que celles des autres pays. Je n'ai pas néanmoins l'intention de manifester une sévérité déraisonnable; car feu Étienne, en transmettant ses fantaisies à sa fille, lui a laissé la possibilité de les payer. Présentez votre compte et je l'acquitterai.

— Avant de s'en occuper, demanda Ludlow, ne serait-il pas bon de profiter de l'occasion pour demander des nouvelles du camarade que nous avons perdu dans la dernière croisière?

— Vous avez raison, monsieur Cornelius. Le patron de Kinderhook n'est pas homme à tomber dans la mer, comme un baril de liqueur prohibée, sans qu'on s'informe de ce qu'il est devenu. Laissez-moi le soin de cette affaire, et les métayers d'un des meilleurs domaines de la colonie ne seront pas longtemps sans nouvelles de leur propriétaire. Si vous voulez accompagner maître Seadrift dans une autre partie de la villa, je vais, de mon côté, pendant que vous l'interrogerez, prendre auprès de ma nièce tous les renseignements nécessaires.

Le commandant du croiseur royal et l'Écumeur de mer parurent trouver la proposition singulière. L'hésitation du dernier était toutefois la plus sensible, puisque Ludlow avait résolu de conserver son caractère neutre jusqu'au moment où il lui serait permis d'agir en loyal sujet. Il croyait fermement que la Sorcière des Eaux était encore dans la baie cachée derrière l'ombrage des bois, et comme il avait été déjà le jouet de l'adresse des contrebandiers, il se proposait d'agir avec prudence et de retourner à son vaisseau en temps opportun pour entamer contre la Sorcière une poursuite efficace. Ce n'étaient pas là les seules raisons qui le déterminassent à user d'artifice. Les manières et le langage du contrebandier s'élevaient bien au-dessus des hommes de sa classe, et excitaient pour lui un certain degré d'intérêt auquel l'officier de la couronne n'était pas insensible. Il s'inclina donc avec urbanité et se rendit avec empressement aux insinuations de l'alderman.

— Maître Seadrift, dit-il en quittant la Cour des Fées, nous nous sommes rencontrés sur un terrain neutre, et, malgré la différence de nos positions, nous pouvons causer amicalement du passé. L'Écumeur de mer jouit dans son genre d'une réputation qui le met presque de niveau avec les marins distingués d'un meilleur service. J'attesterai toujours son habileté et son sang-froid, mais je ne puis m'empêcher de déplorer la malheureuse direction qu'ont prise ses belles qualités.

— C'est faire des réserves convenables en faveur des droits de la couronne! repartit Seadrift dont la bonne humeur était revenue en plein air. Nous suivons la carrière dans laquelle le hasard nous a jetés. Vous servez une reine que vous n'avez jamais vue et une nation qui se servira de vous dans ses revers, et vous méprisera dans sa prospérité; pour moi, je ne sers que moi-même. Que la raison décide entre nous!

— J'admire cette franchise, monsieur, et j'ai espoir que nous finirons par nous entendre si vous renoncez aux mystifications de votre femme Vert-de-Mer. Votre farce a été bien jouée; mais, à l'exception d'Oloff van Staats et des personnes éclairées que vous promenez sur l'Océan, vous n'avez pas converti beaucoup de monde à la nécromancie.

La bouche charmante du contrebandier fut détendue par un sourire.

— La politique que vous suivez, reprit le capitaine, vous permet-elle de me révéler le sort du patron? car, bien que je sois, ou plutôt que j'aie été son rival, je ne puis voir un homme quitter mon vaisseau, avec si peu de cérémonie sans m'intéresser à sa destinée.

— Vous faites une juste distinction, repartit Seadrift en souriant encore : il est vrai que vous et lui êtes rivaux et que vous ne l'êtes plus. M. van Staats est un brave homme, quoique étranger à la science nautique; il est vrai qu'un homme qui a prouvé tant de courage est sûr d'être bien traité sous la garde de l'Écumeur de mer. Il a conquis le brigantin par un coup de main, et il se repose sur ses lauriers. Nous autres contrebandiers, nous sommes plus gais qu'on ne croit dans notre intérieur, et ceux qui se joignent à nous n'ont pas envie de nous quitter.

— J'aurai, je l'espère, occasion de pénétrer les mystères de votre vaisseau. Jusque-là, je vous dis adieu.

— Arrêtez! s'écria Seadrift; ne nous laissez pas longtemps dans l'incertitude, je vous en prie. Votre maîtresse est comme l'insecte qui prend la couleur de la feuille sur laquelle il séjourne. Vous lui avez vu sa robe vert-de-mer, qu'elle ne manque jamais de revêtir quand elle rôde le long des côtes d'Amérique; mais au large son manteau est teint de l'azur des profondeurs de l'Océan. On a remarqué des symptô-

mes d'un changement qui dénote toujours l'intention de s'éloigner du continent.

— Écoutez, monsieur Seadrift, vos folies peuvent être de mise tant que vous aurez le pouvoir de les soutenir; mais souvenez-vous que, si la loi ne punit le contrebandier que par la confiscation, elle inflige au ravisseur des peines corporelles et quelquefois la mort! Rappelez-vous aussi que l'on franchit aisément la ligne qui sépare la contrebande de la piraterie, et que tout retour devient impossible.

— Au nom de ma maîtresse, je vous remercie de ce généreux conseil, répondit le joyeux marin en saluant avec une gravité qui rehaussait plutôt qu'elle ne dissimulait son ironie.

— Votre Coquette porte au loin ses boute-hors, et elle est fine voilière, capitaine Ludlow; mais quelles que soient ses qualités, elle trouvera dans le brigantin une femme qui l'égalera en ruses et en caprices, et qui bravera toutes ses menaces.

Là-dessus les deux marins se séparèrent. Ludlow s'éloigna à la hâte de la maison; le jeune marin du brigantin entra chez l'alderman, prit un livre et attendit qu'on le demandât à la Cour des Fées. En entendant un bruit de pas à la porte de la salle, il donna des signes d'une vive et insurmontable agitation. C'était la négresse d'Alida, qui entra, lui présenta un chiffon de papier et se retira. Le jeune homme lut les paroles suivantes écrites à la hâte au crayon :

« J'ai éludé toutes les questions, et il est plus qu'à moitié disposé à croire à la nécromancie. Le moment n'est venu de lui avouer la vérité, car il n'est pas en état de l'entendre, étant déjà inquiet des conséquences que peut avoir l'apparition du brigantin sur la côte et si près de sa maison de campagne. Croyez bien qu'un jour il reconnaîtra des droits que je saurai faire valoir, et qui, à mon défaut, seraient soutenus par le redoutable Écumeur de mer. Venez dès que vous entendrez le bruit de ses pas dans le corridor. »

Cette injonction fut bientôt suivie. Au moment où l'alderman rentrait chez lui par une porte, le contrebandier en sortait par l'autre. Myndert ne parut pas s'inquiéter de trouver son appartement désert, et il murmura entre ses dents :

— Caprices de femmes! cette fillette fait des détours comme un renard poursuivi, et il serait plus facile de convaincre un marchand d'avoir fait une fausse facture, que celle enfant de dix-neuf ans d'avoir commis une indiscrétion. Il y a dans ses yeux une expression qui rappelle si bien pauvre Étienne et sa race normande, que l'on n'ose point la pousser à bout! J'avais espéré que van Staats profiterait de l'occasion; pendant une semaine passée en mer, il avait le temps de séduire une nièce; mais, quand le prononce son nom, Alida prend d'un air d'une religieuse!... et le retour de cet Écumeur qui vient me causer de nouveaux embarras! et les idées que le jeune Ludlow a dû me donner! Mort et infirmité! il faut quitter le commerce et clore les livres de la vie! Je dois définitivement songer à établir ma balance définitive. Ce serait fait demain si la somme totale était un peu plus en ma faveur.

CHAPITRE XXIII.

Ludlow quitta le Lust-in-Rust sans avoir de plan arrêté. Pendant la précédente entrevue il avait épié d'un œil jaloux les traits de la belle Barberie, et il y avait lu une évidente sympathie pour maître Seadrift. Il était convaincu qu'elle avait fait un choix pour la vie, et tout en déplorant la fascination par laquelle elle se laissait entraîner, il avouait franchement que le séducteur était fait pour exercer une puissante influence sur l'imagination d'une femme jeune et isolée.

Il y avait dans l'esprit du capitaine une lutte pénible entre ses devoirs et ses sentiments. Se rappelant l'artifice par lequel il était tombé naguère au pouvoir des contrebandiers, il avait pris ses précautions pour avoir son rival à sa merci. Devait-il profiter de cet avantage ou lui laisser la possession de sa maîtresse et sa liberté? tel était le problème qu'il se posait. Il éprouvait une vive tendresse pour Alida, et il craignait qu'on lui reprochât d'avoir cédé sous l'impulsion du dépit. Il lui répugnait en outre, quoiqu'il eût des ordres précis, d'assimiler son vaisseau aux cutters de la douane en donnant la chasse à la Sorcière des Eaux. Il se demandait encore si, après avoir rencontré le contrebandier proscrit sur un terrain neutre, il lui était permis de le faire arrêter par surprise. Agité par ces idées contradictoires, le jeune marin se promena quelque temps sur la pelouse afin de respirer librement et de réfléchir dans une entière liberté.

La nuit était arrivée au premier quart des marins. L'ombre de la montagne couvrait encore néanmoins le Lust-in-Rust, la rivière et les bords de l'Atlantique de ténèbres plus profondes que celles qui obscurcissaient au delà la surface tumultueuse de l'Océan. Les objets les plus proches n'étaient visibles qu'à force d'attention, tandis que de vagues contours se distinguaient dans le lointain. Les rideaux de la Cour des Fées avaient été tirés, mais il y avait toujours de la lumière dans le pavillon, et un coin de la draperie restait soulevé. Lorsque Ludlow atteignit la porte qui menait au débarcadère, il jeta un dernier regard sur la villa et aperçut la personne qui occupait le plus ses pensées. Elle avait le coude appuyé sur la table et l'une de ses belles mains soutenait son front, où régnait une mélancolie inusitée. Le commandant de la Coquette sentit le sang refluer vers son cœur, car il s'imagina que cette attitude était celle du repentir. Cette idée ranima ses espérances; il crut qu'il n'était pas encore trop tard pour arracher à sa perte la femme qu'il aimait si sincèrement. La démarche irréparable qu'elle avait faite était déjà oubliée, et le généreux marin allait retourner à la Cour des Fées pour supplier sa maîtresse de faire un retour sur elle-même, lorsqu'un mouvement d'Alida annonça qu'elle n'était plus seule. Elle leva les yeux avec cette franchise ingénue qu'une femme pure montre à l'égard de ses plus intimes confidents. Elle sourit plutôt de tristesse que de plaisir, et prononça des paroles que l'éloignement empêchait d'entendre. L'instant d'après Seadrift parut dans l'espace que laissait voir la draperie relevée. Il prit la main d'Alida, et, loin de faire aucun effort pour la retirer, la jeune fille contempla le contrebandier avec un redoublement d'affection. Alors Ludlow ouvrit la porte avec violence et courut sans s'arrêter jusqu'au bord de la rivière.

Le canot de *la Coquette* fut trouvé à la place où le capitaine avait recommandé à ses hommes de rester cachés, et il allait y entrer lorsque le bruit de la porte que le vent refermait attira son attention. Un être humain se glissait le long des murs de Lust-in-Rust, et descendait vers la rivière. Ludlow ordonna à ses hommes de se tenir à l'écart, et attendit à l'ombre d'une haie l'approche du nouveau venu, dans lequel il reconnut le contrebandier. Celui-ci promena les yeux autour de lui pendant plusieurs minutes, et fit entendre un sifflement à voix basse mais distincte. Aussitôt une petite barque sortit des gazons de la rive opposée, et vint rejoindre maître Seadrift. Il y sauta légèrement et se mit à descendre la rivière. Ludlow remarqua que le frêle esquif n'était conduit que par un seul matelot; et, comme sa propre embarcation était montée de six robustes rameurs, il comprit que l'homme qu'il avait tant poursuivi allait enfin tomber honorablement en son pouvoir. Nous n'essaierons pas d'analyser l'émotion qui croissait dans l'esprit du jeune officier. Il suffit d'ajouter qu'il fut bientôt dans son canot et ardemment occupé à la poursuite. Comme il suivait une route plus diagonale que directe, quelques coups de rames l'amenèrent si près de la barque qu'il put l'arrêter en mettant la main sur le plat-bord.

— Quoique légèrement équipé, dit-il, vous êtes moins heureux sur un canot que sur un grand bâtiment. Nous nous rencontrons sur notre élément, maître Seadrift, et il ne peut exister aucune neutralité entre un contrebandier et un serviteur de la reine.

Le captif, surpris d'une manière complètement inattendue, tressaillit et eut beaucoup de peine à réprimer une exclamation.

— Je reconnais votre supériorité, dit-il à voix basse et non sans agitation. Je suis votre prisonnier, capitaine Ludlow, et je vous prie de me dire comment vous entendez disposer de ma personne.

— Il est facile de vous répondre. Il faudra vous contenter pour ce soir des cabines de *la Coquette*, où vous ne trouverez pas le luxe de la *Sorcière des Eaux*. Quant à ce que les autorités de la province pourront décider demain, ce n'est pas à la portée d'un pauvre capitaine de la marine royale.

— Lord Cornbury est maintenant....

— En prison, dit Ludlow, où il médite sur les vicissitudes de la vie. Son successeur, le brigadier Hunter, a, dit-on, moins de sympathie pour les faiblesses humaines.

— Vous jugez bien légèrement les grands dignitaires! s'écria le captif, dont la gaieté revint brusquement, comme la vague à la marée haute. Avec une revanche à prendre de certaines libertés que je me suis permises il n'y a pas une quinzaine à l'égard de votre embarcation; toutefois, si je ne m'abuse point sur votre caractère, vous êtes ennemi de toute sévérité inutile. Puis-je communiquer avec le brigantin?

— Oui, quand il sera enfin sous la garde d'un officier de l'État.

— Oh! monsieur, vous dépréciez les qualités de ma maîtresse en supposant qu'elle se laisse aisément aborder... Puis-je communiquer avec le rivage?

— Je n'y vois point d'objection, si vous en connaissez le moyen.

— Mon compagnon serait un fidèle messager.

— Trop fidèle! Il vous accompagnera à bord de *la Coquette*, maître Seadrift. Et pourtant, ajouta Ludlow avec un ton mélancolique, s'il est à terre quelqu'un qui vous porte assez d'intérêt pour être plus affligé de l'incertitude que de la réalité, un de mes gens fera votre commission.

— Soit, répondit le contrebandier qui n'espérait pas en obtenir davantage, et il remit une bague au messager que Ludlow désigna en disant :

— Portez cet anneau à la maîtresse de cette maison au double pavillon, et dites-lui que celui qui l'envoie est sur le point de visiter le croiseur de la reine Anne en compagnie de son commandant. Si l'on vous demande des détails, vous pourrez raconter mon arrestation.

— Et songez-y bien, camarade, ajouta le capitaine, il faut surveiller ceux qui peuvent rôder sur la plage, et empêcher aucun canot de quitter la rivière pour instruire les contrebandiers de leur perte.

L'homme qui était armé comme l'est ordinaire un canotier, reçut ces instructions avec la déférence accoutumée, et l'on approcha l'embarcation du rivage assez pour qu'il pût sauter à terre.

— Et maintenant, dit maître Seadrift, puisqu'il s'agit à vos vœux, j'espère et que vous allez condescendre aux miens. Voici dans mon canot une place à votre service, et j'avoue que vous me ferez plaisir en la prenant.

À ces mots, le capitaine, tant par une complaisance naturelle que par une familiarité un peu hautaine, étendit un bras pour offrir la main au contrebandier; mais celui-ci recula, et, évitant un contact qui lui semblait être désagréable, il sauta sans aide de la barque dans le canot. La place qu'il venait de quitter fut occupée par Ludlow, qui substitua également un de ses matelots au camarade de Seadrift. Quand ces arrangements furent pris, il adressa de nouveau la parole au prisonnier.

— Je vous confie, dit-il, aux soins de mon patron de canot et de ses braves matelots. Nous suivrons une ligne différente; vous prendrez possession de ma cabine où tout sera à votre disposition. Je serai de retour avant le quart de minuit.

Ludlow expliqua ses intentions au patron dans une conférence secrète; puis ils se séparèrent. Le canot-major se dirigea vers l'embouchure de la rivière avec ce mouvement régulier d'avirons qui caractérise la marche d'une embarcation de l'État. La barque suivit sans bruit, presque invisible, grâce à sa couleur et à la petitesse de ses dimensions.

Lorsque les deux bateaux furent entrés dans les eaux de la baie, le plus grand s'achemina vers le vaisseau lointain, et le plus petit, tournant à droite, gouverna au fond de l'anse. La prévision du contrebandier avait garni sa barque d'avirons assourdis, et Ludlow put sans se faire remarquer aller observer les mâts fins et légers de la *Sorcière des Eaux*, qui s'élevaient au-dessus des arbres nains épars sur la rive. Dès qu'il eut constaté la position du brigantin, il avança avec un redoublement de précaution, et arriva sous le beaupré sans avoir donné l'alarme à ceux qui veillaient sur le pont. La tranquillité du navire était si profonde que Ludlow demeura convaincu qu'il l'aurait emporté d'un coup de main avec des forces suffisantes.

Le vent était du sud, et quoique assez faible il avait la pesanteur et l'humidité de l'air de la nuit. Comme le brigantin était garanti de l'influence des marées, ses bossoirs étaient dirigés vers l'embouchure de la Shrewsbury. La terre n'était éloignée que d'une cinquantaine de brasses, et le vaisseau n'avait d'autre amarre qu'une empennelle. Ludlow conçut l'espoir de couper la haussière, sûr que le bâtiment échouerait avant qu'on pût donner l'alarme et déployer les voiles. Il ne possédait d'autre instrument tranchant que le large coutelas de son matelot, mais la tentation était trop grande pour ne pas risquer l'épreuve. Le projet était séduisant; le retard inévitable occasionné que le relèvement du vaisseau aurait permis aux embarcations de *la Coquette* de venir s'en emparer. Ludlow prit le coutelas, essaya d'entamer la masse compacte des fils de caret, mais à peine y eut-il touché qu'un jet de lumière éblouissant le frappa en plein visage. Il se remit, se frotta les yeux, éprouva ce remords involontaire qui nous saisit quand on nous surprend dans un acte clandestin, quelle que soit la noblesse de nos motifs. C'est une espèce d'hommage qu'en toute circonstance la nature rend à la loyauté.

Quoique Ludlow eût compris que sa vie était en danger, la curiosité ne laissa chez lui aucune place à l'inquiétude. Les traits bronzés de la statue s'illuminèrent d'une clarté soudaine; elle fixa les yeux sur lui comme pour épier ses moindres mouvements, et parut railler ses vains efforts par un malicieux sourire. Il fut inutile de donner des ordres à l'homme qui tenait les rames. Dès qu'il eut vu les mouvements de cette figure mystérieuse, il fit voler au loin l'esquif avec la précipitation d'une mouette alarmée.

La lumière de l'étrange tête était condensée, puissante, dirigée sur un seul point. Toutefois elle jetait quelques reflets qui permirent au capitaine de reconnaître que, comme maître Seadrift l'avait annoncé, le manteau vert-de-mer avait été métamorphosé en une robe plus légère de la couleur azurée des eaux profondes.

— Cette momerie est bien soutenue, murmura Ludlow quand il fut plus en sûreté. Le changement de costume que nous avons marqué annonce que le corsaire a l'intention de quitter la côte. Je tâcherai de l'en empêcher.

Pendant les dix minutes suivantes, notre aventurier eut le temps de réfléchir à la nécessité du succès pour les projets dont les moyens pratiques sont contestables. Si la haussière avait été coupée, et si le brigantin eût échoué, l'entreprise du capitaine aurait été probablement au nombre de ces beaux exploits dont l'invention est réservée aux hommes d'élite; mais celui qui aurait passé pour un héros en cas de triomphe tremblait maintenant que son malencontreux projet ne vînt à être connu. Son compagnon était le gabier Robert Yarn, le même qui avait eu le bonheur d'être caressé par les cheveux de la dame Vert-de-Mer en ferlant le hunier de *la Coquette*.

— Maître Yarn, lui dit le capitaine, il est inutile de tout consigner dans notre livre de loc. Vous me comprenez, et votre esprit pénétrant n'a pas besoin d'explication.

— Je connais mon devoir, monsieur, répliqua le gabier. Il est toujours difficile, dans les temps les plus favorables, de couper un câble avec un couteau; mais, s'il m'est permis d'avoir une opinion en votre présence, je crois qu'on n'a pas encore aiguisé l'acier qui entamera une corde du brigantin sans le consentement de la femme du beaupré.

— Et quelle est l'opinion de l'équipage sur cet étrange navire, que nous avons suivi si longtemps sans succès?

— Que nous le suivrions sans plus de chance jusqu'à complet épuisement de nos vivres. Il ne m'appartient pas de donner des leçons à Votre Honneur ; mais il n'y a pas à bord un matelot qui s'attende à gagner quelque chose à la capture du contrebandier. On s'accorde à dire que c'est un vaisseau tout particulier, qui n'a point son semblable sur l'Océan, et qu'il est sans doute favorisé par celui qui donne rarement la main aux honnêtes spéculations.

— Mes gens exagèrent trop le pouvoir du brigantin. La Coquette ne s'est pas encore trouvée dans des circonstances favorables. Donnez-lui la pleine mer, une bouffée de vent, et elle bravera toutes les sorcières du monde. Quant à l'Écumeur de mer, homme ou diable, il est notre prisonnier.

— Eh quoi ! demanda Yarn, croyez-vous que cet élégant et agile particulier soit en effet le célèbre flibustier ? Il y a des gens à bord qui soutiennent que l'homme en question est plus grand que la jetée de Plymouth, et qu'il vous a une paire d'épaules...

— J'ai la certitude qu'ils se trompent. Puisque nous en savons plus long que nos camarades, maître Yarn, tenons-nous bouche close afin qu'on ne nous vole pas notre instruction. Tenez, voici une pièce à l'effigie du roi Louis ; comme c'est notre plus cruel ennemi, vous pouvez la manger si bon vous semble, et rappelez-vous que notre croisière dans la barque est secrète, et que nous ferons bien de parler le moins possible de la manière dont l'ancre du brigantin est gardée. L'honnête Yarn prit la pièce d'argent avec un empressement et une avidité que ne pouvaient diminuer ses idées superstitieuses, et il protesta de sa discrétion en portant la main à son chapeau. A son retour, en effet, les camarades du gabier essayèrent en vain d'obtenir de lui des renseignements sur son excursion avec le capitaine. Il éluda leurs questions ou répondit par des allusions si ténébreuses et si ambiguës, qu'elles fortifièrent la crédulité que Ludlow s'était proposé de détruire.

Le capitaine de la Coquette trouva dans sa cabine son prisonnier grave, rêveur, mais parfaitement maître de lui-même. L'arrivée de cet homme avait produit une vive impression dans tout l'équipage, mais la plupart des officiers et des matelots refusaient de croire que ce fût le célèbre contrebandier.

Les observateurs superficiels des formes sous lesquelles se traduisent les qualités humaines, en méconnaissent trop souvent les signes extérieurs. Il est assez logique de croire que lorsqu'un assistant fréquemment à des scènes de violence on en prend l'aspect farouche et repoussant. Cependant, de même que les courants les plus profonds sont cachés ordinairement par les eaux les plus calmes ; de même la force qui commande aux événements et qui fait naître des combinaisons extraordinaires est parfois dissimulée sous des dehors froids et réservés. Il n'est pas rare que les hommes les plus tenaces, les plus déterminés, soient ceux dont la physionomie et les manières auraient fait présumer les dispositions les plus douces et les plus accommodantes. Tel autre, au contraire, a l'air d'un lion, et en réalité ne vaut guère mieux qu'un agneau.

Sans s'inquiéter de ce que l'équipage pouvait penser de son captif, Ludlow alla lui rendre visite.

— Cette chambre d'officier est à votre service, maître Seadrift, lui dit-il en lui montrant une petite pièce en face de celle que lui-même occupait. Nous devons vraisemblablement naviguer plusieurs jours ensemble, à moins que vous ne préfériez entrer en capitulation pour la Sorcière des Eaux.

— Avez-vous une proposition à me faire ?

Ludlow hésita, promena les yeux autour de lui et se rapprocha de son prisonnier.

— Monsieur, reprit-il, je veux vous traiter en marin. La belle Barbérie m'est plus chère que jamais femme ne l'a été pour moi ; plus chère surtout que quelque femme ne le sera-pour moi. Vous savez ce qui s'est passé... Aimez-vous cette dame ?

— Sans doute.

— Et elle... Ne craignez pas de confier votre secret à un homme qui n'en abusera pas. Elle vous rend votre affection ?

Le marin recula avec dignité ; mais retrouvant immédiatement sa présence d'esprit, comme s'il eût craint de s'oublier, il dit d'un ton chaleureux :

— L'homme se complaît ainsi à plaisanter avec les faiblesses des femmes ! Elles aussi, capitaine Ludlow, peuvent parler de leurs inclinations, et nous devrions les respecter. Quant à moi, j'ai toujours cru à leur constance en amour, à leur soumission en ménage, à leur attachement pour leurs devoirs, à leur innocence, à leur fidélité !

— Ces sentiments vous font honneur, et je désirerais, pour vous comme pour les autres qu'ils fussent moins en contradiction avec votre caractère. On ne peut que gémir...

— Vous avez une proposition à me faire pour le brigantin ?

— Je voulais vous dire que si le vaisseau était rendu sans combat, on pourrait trouver moyen d'adoucir le coup pour ceux qui, autrement, auraient le plus à souffrir de sa capture.

La figure du contrebandier avait perdu un peu de son éclat et de son animation ; ses joues naguère colorées et ses yeux moins placides que dans ses premières entrevues avec Ludlow. Mais un sourire de sérénité traversa son visage, quand il entendit parler de la destinée du brigantin.

— La quille du vaisseau qui doit capturer la Sorcière des Eaux n'est pas encore sur le chantier, dit-il d'un ton ferme ; la toile qui doit le conduire à travers les vagues n'est pas encore tissée. Notre maîtresse n'a rien à craindre.

— Ces invocations à un être surnaturel peuvent être utiles pour les ignorants qui partagent votre fortune. Mais vous pouvez vous en dispenser quand vous vous adressez à moi. Je me suis assuré de la position du brigantin. J'ai été sous son beaupré, près de son taille-mer. On prend en ce moment des mesures pour mettre à profit mes observations.

Le contrebandier écouta ces détails sans témoigner d'alarme.

— Vous avez trouvé mes gens sur leurs gardes ? demanda-t-il avec une indifférence affectée.

— Pas assez pour m'empêcher d'arriver sous la martingale. Si j'en avais eu les moyens, il n'aurait fallu que quelques instants pour couper la haussière qui vous retenait, et pour envoyer à terre votre magnifique bâtiment.

Les yeux de Seadrift étincelèrent comme ceux d'un aigle. Ils exprimaient à la fois la curiosité et le ressentiment. Ses regards perçants firent rougir et reculer Ludlow.

— Le plan valait la peine d'être médité, d'être mis à exécution !... vous l'avez tenté, dit Seadrift, dont l'assertion fut confirmée par l'attitude de son compagnon ; mais vous n'avez pas réussi, vous ne pouviez pas réussir !

— La fin nous donnera gain de cause.

— La dame Vert-de-Mer n'a pas délaissé ceux qu'elle doit garder ! Vous avez vu ses yeux éclatants, sa face sombre et intelligente ! La lumière a brillé sur cette mystérieuse physionomie... Ce que je dis est vrai, Ludlow ! tu gardes le silence, mais tout se lit sur ton franc visage... Ah ! je savais bien que l'absence d'un humble acteur n'empêcherait pas la représentation !

En ce moment un officier entra et vint annoncer l'approche d'un canot. Ludlow et le prisonnier tressaillirent en même temps, et il n'était pas difficile de supposer que tous deux s'attendaient à recevoir un message de la Sorcière des Eaux. Le forban passa dans la cabine et profita de la croisée de l'arrière pour reconnaître les visiteurs ; tandis que Ludlow se rendait sur le pont.

La sentinelle placée sur le passavant fit entendre le cri habituel :

— Ohé ! du bateau !

— Que demandez-vous ? repartit avec étonnement l'un des gens de l'embarcation, et cette réponse peu nautique excita une hilarité générale parmi l'équipage de la Coquette. On laissa accoster sans demander d'explication, et deux femmes accompagnées de deux hommes parurent sur le pont. Ils avaient l'air de cacher leurs traits avec soin, et, quoique plus d'une lanterne fût dirigée de leur côté, ils entrèrent dans la cabine sans avoir été reconnus.

— Maître Cornélius Ludlow, dit l'alderman van Beverout en ôtant tranquillement son pardessus, je ferai tout aussi bien d'endosser définitivement la livrée de la reine que de me promener ainsi entre la Coquette et la terre, comme un billet protesté d'un endosseur à l'autre. Mais c'est Alida qui a désiré vous rendre cette visite, et elle m'a entraîné à sa suite, quoique je ne sois pas d'âge à crier sur les traces d'une femme, uniquement parce qu'elle est jolie. L'heure est inopportune ; et, quant aux motifs... puisque M. Seadrift n'est pas ici, on peut bien vous les exposer.

Pendant cette allocution, Alida s'était installée sur une chaise, et les deux domestiques s'étaient placés derrière elle dans l'attitude du silence et de la soumission. L'alderman allait continuer, lorsque la porte s'ouvrit, et maître Seadrift parut.

Il avait suffi à Ludlow de connaître ses hôtes pour comprendre le but de leur excursion nocturne. Il dit à Myndert avec une amertume qu'il ne put réprimer :

— Je ne veux vous gêner en rien ; faites ici comme chez vous, et soyez certain que ma cabine sera sacrée pour tous tant qu'elle sera honorée de votre présence. Mon devoir m'appelle sur le pont.

Le jeune homme salua gravement et sortit. En passant auprès d'Alida, il échangea avec elle un coup d'œil, et les regards de la jeune fille lui parurent exprimer un sentiment de reconnaissance.

CHAPITRE XXIV.

« Si c'était achevé quand ce sera fini, il serait bien que ce fût fait vite, » dit l'inimitable Shakspeare dans Macbeth, et nous en ferons notre préface aux incidents qui vont se dérouler dans ce chapitre, car ces paroles sont en parfaite conformité avec l'art de gouverner un navire, dont la sûreté dépend de la moindre manœuvre exécutée avec précision et rapidité. Un vaisseau fortement membré, de même qu'un homme bien armé, aime à développer sa puissance physique pour démontrer tous les secrets de sa bonne organisation. Dans une profession où il s'agit de lutter constamment avec les vents furieux et perfides, et dans laquelle les efforts humains doivent tendre à contrôler un mécanisme délicat et dangereux, dont un élément inconstant, le principe dirigeant devient de la dernière importance. Là où « un retard c'est la mort, » le mot retard est rayé du vocabulaire des marins, et tous les jeunes aspirants qui comptent réussir dans leur carrière doivent apprendre que rien ne doit être entrepris témérairement, mais que rien non plus ne doit être accompli sans le degré d'activité compatible avec la précision.

Le commandant de la Coquette avait été imbu de bonne heure de la vérité de cette maxime, et il n'en avait pas oublié l'application dans la discipline de l'équipage. Donc, lorsque, abandonnant la cabine à ses hôtes, il remonta sur le pont, il trouva les premiers ordres qu'il avait donnés très avancés dans leur exécution. Comme les diverses manœuvres sont liées en quelque sorte aux événements qu'il est de notre devoir de raconter, nous les décrirons avec un peu d'extension.

Ludlow n'eut pas plutôt donné ses ordres à l'officier de bord, que le sifflet du contre-maître amena tout le monde sur le pont. Les barques qui encombraient le pont du navire furent enlevées et descendues au niveau de la mer. Cette première manœuvre exécutée, la seconde fut de hisser les vergues de misaine et de perroquet, et dans l'espace d'une minute les mâts supérieurs du navire furent couverts de toile.

— Vire au cabestan! Amenez l'ancre! Dérapez! tels furent les divers commandements qui se succédèrent pour donner au navire l'impulsion du départ. Amener l'ancre à bord d'un croiseur ou à bord d'un navire marchand sont deux opérations tout à fait différentes. Sur ce dernier, une douzaine d'hommes réunissent leurs efforts autour d'une poulie lente et criarde, et le câble indocile est jeté en sillons irréguliers sur le pont par les soins inattentifs du coque, empêche souvent plus qu'il n'est aidé par la négligence de quelque mousse attaché au service de la soute. Dans l'autre, au contraire, le puissant cabestan tourne et pivote sans effort et sans interruption, et d'habiles aspirants roulent le câble en spirale, afin qu'il n'encombre pas le pont.

Ludlow parut au milieu de son équipage au moment où le navire s'ébranlait. Avant qu'il n'eût fait un tour sur l'avant, le lieutenant affairé l'aborda.

— Nous sommes courts, capitaine, s'écria-t-il.

— Hissez les bonnettes.

L'ordre fut exécuté, et le brick fut couvert de voiles.

— Quelle direction faut-il prendre? demanda l'attentif lieutenant.

— La pleine mer.

Les vergues furent tournées dans la direction indiquée, et bientôt le capitaine fut averti que le brick était prêt pour appareiller.

— Amarrez l'ancre, monsieur, et quand le pont sera libre vous me préviendrez.

Ce dialogue court et sentencieux entre Ludlow et son second suffit aux dispositions du moment. L'un avait l'habitude de donner ses ordres sans aucune explication, l'autre n'hésitait jamais à obéir, et très-rarement s'informait des motifs qui les dictaient.

— Tout est-prêt, le pont est déblayé, dit Luff après quelques minutes, qui suffirent à l'exécution de ces derniers ordres.

De ce moment Ludlow sembla sortir d'une profonde rêverie. Jusque là ses ordres avaient été donnés machinalement plutôt qu'avec la conscience de l'idée qui les dictait. Le commandement qui allait suivre, l'entourage de l'état-major, exigeaient dès lors plus de réflexion et d'attention. Les équipages des différents canots furent rassemblés et armés. Quand la moitié de l'équipage fut distribuée dans les canots, on adjoignit un officier à chacun, avec des instructions particulières et précises.

Le canot du capitaine, dont l'équipage était renforcé d'une demi-douzaine de soldats de marine, et conduit par un enseigne, se dirigea aussitôt vers la crique, nageant lentement et sans bruit, ses avirons étant garnis d'étoupes. Il avait ordre de s'y abriter et d'y attendre un signal du premier lieutenant, à moins qu'il ne rencontrât le brigantin cherchant à s'évader. Dans ce cas ses ordres étaient impératifs : il devait l'aborder et l'amener coûte que coûte. Le hardi jeune homme n'eût pas plutôt reçu ses ordres, qu'il quitta le navire et se dirigea vers la langue de terre si souvent décrite et qui formait le cap.

Luff devait en outre prendre le commandement de la flotille avec le lourd cutter. Sa mission était de procéder par le passage extérieur dans le havre, et là de donner le signal et de se tenir prêt à prêter assistance au canot, aussitôt qu'il se serait assuré que la Sorcière ne pouvait s'échapper par le canal secret.

Les deux sloops étaient confiés au commandement du second lieutenant avec ordre de gagner le large passage entre l'extrémité du cap et cette longue île qui s'étend du port de New-York à plus de quarante lieues vers l'est, abritant toute la côte du Connecticut des tempêtes de l'Océan. Ludlow savait que quoique les vaisseaux de fort tirage fussent obligés de border le cap pour gagner le large, un léger brigantin tel que la Sorcière des Eaux trouverait d'eau vers le nord pour reprendre la route. Les sloops prirent en conséquence cette direction et longèrent les abords du canal dans l'espoir d'y saisir le contrebandier si l'occasion s'en présentait. Enfin la yole devait occuper l'espace entre les deux passages, avec ordre de répéter les signaux et de rester en observation.

Pendant que les officiers recevaient leurs dernières instructions, le navire sous la direction de Trysail continua à se mouvoir vers le cap. La pointe une fois passée, les deux sloops et la yole se séparèrent, et chacun prit la direction qui lui était assignée.

Si le lecteur a conservé le souvenir du paysage décrit dans l'une des premières pages de cet ouvrage, il comprendra les dispositions prises par Ludlow pour assurer les chances de succès en lançant le canot

major dans la crique. Il espérait cerner le brigantin de tous les côtés à la fois, puisque tant qu'il tiendrait lui-même la Coquette dans ces parages, la fuite serait impossible par l'un ou l'autre des chenaux. Les trois canots dirigés vers le nord devaient suivre les traces du contrebandier dans la baie s'il échappait à la chaloupe, et chercher à l'aborder par surprise.

La Coquette s'avança donc lentement au vent, son beaupré jeté en travers, et attendit que l'expédition fût parvenue aux différentes stations qui lui avaient été assignées. Ces expéditions multipliées avaient réduit la force de l'équipage de moitié, de sorte qu'il ne restait plus d'officier de rang intermédiaire entre celui du capitaine et de Trysail. Lorsque le navire se fut arrêté au point qu'il devait atteindre, et que les hommes, attendant le moment opportun, se relâchèrent un peu de la discipline en pêchant des dorades comme compensation à la privation de leur sommeil, le dernier se rapprocha de son supérieur, attentif à surveiller les abords de la crique.

— Nuit noire, surface unie et mains fraîches rendent la tâche douce et agréable, dit-il. Les beaux messieurs sont pleins de cœur et d'espérances de jeunesse; mais celui qui abordera ce brigantin aura, suivant mon pauvre jugement, plus de besogne à faire que de s'en approcher paisiblement. J'étais dans le premier canot qui aborda un Espagnol dans la dernière guerre, et quoique nous l'approchassions avec des pieds légers, quelques-uns de nous s'en retournèrent avec leur tête endommagée... Je crois que le mât de l'avant tient mieux, capitaine Ludlow, depuis que nous en avons cargué les garcettes?

— Il tient bien, répliqua le commandant d'un air distrait. Carguez encore si vous le croyez utile.

— Comme vous voudrez, capitaine... moi ça m'est égal. Peu m'importe que le mât soit tout d'un côté, comme le chapeau sur la tête d'un crâne villageois : mais quand une chose est comme elle devrait être; la raison nous dit de la laisser tranquille. M. Luff était d'avis qu'en serrant les écoutes nous donnerions un meilleur appui aux hautes voiles; mais il restait fort peu à faire, et je suis prêt à payer de ma poche à Sa Majesté la différence entre le port de la voile telle qu'elle est maintenant et telle que la voulait M. Luff, quoique ma poche soit souvent aussi vide que la paroisse d'un prédicateur anglican en chasse de renard. J'étais présent un jour lorsqu'un de ces véritables amateurs de chasse, monté dans sa chaire et occupé à lire les prières, entendit tout à coup l'hallali des chasseurs. Il suspendit sa lecture jusqu'à ce que la chasse se fût éloignée. Mais le pire de tout fut que lorsqu'il voulut reprendre sa lecture, le vent avait soufflé sur les feuilles de son livre, et qu'il tomba juste sur la cérémonie du mariage. Je ne suis pas bon juge dans la matière, mais il y en a qui disent que sans l'intervention du Ciel la moitié des jeunes gens eussent été mariés ce jour-là à leur grand'mère.

— J'espère que les mariages ont fini par s'assortir, dit vaguement Ludlow changeant le bras qui soutenait sa tête et s'appuyant sur l'autre.

— Quant à cela, je ne prendrai pas sur moi de l'affirmer, quoique le clerc corrigeât les erreurs du ministre avant que l'erreur fût entièrement commise. Nous avons eu une petite discussion, capitaine, moi et notre premier lieutenant, concernant l'arrimage du navire. Il prétend que nous portons trop en avant ce qu'il appelle notre centre de gravité, et il affirme que si nous eussions moins donné de la tête, la Sorcière n'eût jamais montré les talons dans la dernière chasse : à ce sujet je défie tout homme de tirer une ligne sur la flottaison.

— Hisse le fanal, interrompit Ludlow, J'aperçois le signal du cutter.

Trysail cessa de parler, et montant tout à coup ses regards dans la direction de la crique. Une lanterne ou quelque chose semblable brilla trois fois à intervalles-égaux et trois fois disparut. Le signal partait de dessous terre et d'un endroit qui ne laissait aucun doute sur son but.

— Jusque-là c'est bien! s'écria le capitaine quittant son poste d'observation et se retournant pour la première fois bien en face de son subordonné. C'est un signe certain qu'ils sont parvenus à leur poste et que la pointe est passée. Je crois, maître Trysail, que nous tenons notre prise. Parcourez l'horizon avec la lunette de nuit, et nous nous rapprocherons ensuite de cet effronté brigantin.

Tous deux restèrent un moment silencieux à observer attentivement l'horizon, et purent se convaincre que les bords de la mer depuis la côte de New-Jersey jusqu'à celle de Long-Island étaient parfaitement libres et que rien n'obstruait leur vue. Le ciel plus dégagé de nuages et de vapeurs du côté de l'est leur permettait de constater ce fait important, qui leur donnait l'assurance que la Sorcière des Eaux n'avait pu s'échapper par le passage secret pendant la perte de temps nécessitée par leurs préparatifs.

— Cela va toujours bien, continua Ludlow. Maintenant il ne peut plus nous échapper. Hisse le triangle.

Trois lumières disposées dans la forme désignée parurent à l'arrière de la Coquette. C'était l'ordre donné aux canots abrités dans la crique de se mettre en chasse. Le signal fut bientôt répété par toutes les embarcations, puis un léger feu sembla voltiger au sommet des arbres de la côte. A bord de la Coquette tous prêtaient l'oreille pour saisir le moindre indice du commencement d'un assaut. Un moment Ludlow et Trysail crurent entendre les cris des matelots traverser le brouillard épais de la nuit; une fois même leur imagination apporta à leurs

oreilles le commandement fait aux renégats de se rendre. Bien des minutes d'une vive anxiété succédèrent. La rangée de hamacs alignés
sur le flanc du navire, qui faisait face à la pointe, était surmontée de
visages curieux, tandis que le respect et la subordination laissaient au
capitaine Ludlow l'espace restreint de l'avant sur lequel il était monté
pour avoir une vue complète de l'horizon.

— Il serait temps d'entendre leur mousqueterie ou de voir le signal
du succès ! dit le jeune homme à haute voix, sans se douter qu'il était
entendu.

— N'avez-vous pas oublié d'indiquer un signal en cas de non succès ?
dit une voix à son oreille.

— Ha ! maître Seadrift ! j'aurais voulu vous épargner ce spectacle.

— J'en ai trop vu dans ma vie pour que celui-ci me paraisse étrange.
Une existence passée sur l'Océan ne m'a pas laissé ignorer les effets
de la nuit, avec la mer d'un côté, et de l'autre une côte sombre et
bordée de montagnes.

— Vous avez donc grande confiance dans celui qui garde votre brigantin ! Je croirai moi-même à votre dame Vert-de-Mer, si elle échappe
cette fois à mes canots réunis.

— Ce n'est point la Sorcière des Eaux, Dieu soit loué dit un homme
dont le visage effrayé sortait de la chambre du conseil ; c'était John Turner,
patron du bâtiment le Noble Pin.

— Eh bien ! voyez... voici une preuve de sa vitalité, répliqua l'interlocuteur montrant du doigt trois lanternes qui brillaient à l'entrée
de la crique, et au-dessus desquelles se succédèrent quantité d'autres
lumières.

— C'est le signal de détresse ! Carguez les voiles, descendez les
vergues ! A terre, à terre ! Descendons vers l'entrée de la baie, monsieur Trysail. Les coquins ont été favorisés par leur étoile.

La voix de Ludlow était émue de dépit, mais toujours prompte et
brève, conservant l'autorité et la promptitude du commandement.
L'être qui était resté à ses côtés observait un profond silence. Nulle
exclamation de surprise ou de joie n'entr'ouvrit ses lèvres, comme si
la confiance dans la supériorité de son brick l'eût rendu supérieur à la
crainte ou au triomphe.

— Vous semblez considérer cet exploit de votre brigantin, maître
Seadrift, comme une chose toute naturelle, observa Ludlow, tandis
que son navire se dirigeait de nouveau vers la pointe du cap. — La
fortune ne vous a pas encore abandonné ; mais avec la terre de trois
côtés et ce navire avec ses canots du quatrième, je ne désespère pas
de l'emporter encore sur votre déesse bronzée.

— Notre maîtresse ne dort jamais, répliqua le corsaire, respirant
avec force comme quelqu'un qui a longtemps comprimé son angoisse.

— Il vous appartient encore de faire des conditions. Je ne vous dissimulerai pas que les commissaires de la douane de Sa Majesté atta-
chent un si haut prix à la possession de la Sorcière des Eaux, que je
puis prendre sur moi d'assumer une responsabilité que je déclinerais

en toute autre occasion. Livrez-nous le brick, et je vous engage ma
parole d'officier que tout l'équipage sera mis à terre sans qu'il lui soit
fait la moindre question. Livrez-nous-le complètement vide et débarrassé de toutes ses richesses, pourvu que nous prenions possession de
ce fin voilier.

— La dame du brigantin pense différemment. Elle s'est revêtue de
son manteau vert-de-mer, et, croyez-moi, malgré tous vos piéges et
toutes vos embûches, elle conduira ses hommes à travers vos écueils,
au delà de toutes vos sondes, et en dépit de toute la marine royale
de la reine Anne.

— Puissent d'autres personnes ne pas avoir à se repentir de cette
obstination ! Mais ce n'est pas le moment de perdre nos paroles ; les
devoirs du navire réclament ma présence.

Seadrift comprit l'avis détourné et se retira, non sans regret,
dans la cabine. Comme il quittait la poupe, la lune se leva au-dessus
de la mer dans la direction de l'est, et répandit sa lumière argentée
sur l'horizon. L'équipage de la Coquette put alors parcourir des yeux
l'espace entre les sables du cap et l'immensité de la mer. Il n'y
avait pas à douter que le brigantin ne fût encore dans la baie. Encouragé par cette certitude, Ludlow s'efforça d'oublier tous motifs d'intérêt personnel dans l'accomplissement de ses devoirs, qui devenaient
d'autant plus impérieux que la perspective du succès était plus rap-
prochée.

La Coquette eut bientôt gagné le chenal qui forme l'embouchure de
la crique. Le navire fut de nouveau amené sous le vent, et les hommes
grimpèrent dans les huniers pour inspecter l'horizon, tandis que Ludlow
lui-même se livrait à la même occupation sur l'avant.

— Rien en vue, murmura le capitaine après un long et minutieux
examen avec sa lunette. — Les ombres des montagnes de Jersey bor-
nent la vue de ce côté, et les mâts d'une frégate pourraient bien se
confondre avec l'autre, parmi les arbres de l'île des Etats à bâbord. ...
Ohé de la hune d'artimon !

La voix aiguë d'un aspirant répondit à l'appel.

— Que découvrez-vous à l'intérieur du cap ?

— Rien de visible. Notre canot-major tire vers la terre, et le cutter
semble avoir dépassé le détroit ; voici la yole qui repose sur ses avirons
en dehors des Ronsa [1]. — Mais je ne vois rien qui ressemble au brick
dans la passe de Coney.

— Braquez votre lunette plus à l'ouest, et observez bien l'embouchure du Rariton... Voyez-vous quelque chose de ce côté ?

— Ah ! oui ! voici un point sur notre travers !

— Que pensez-vous que ce soit ?

— Si mes yeux ne me trompent pas, c'est un léger canot qui est à
trois encablures environ du navire et se dirige de ce côté.

Ludlow braqua sa lunette dans la direction indiquée par l'aspirant,
et son œil, après quelques essais infructueux, parvint à distinguer
l'objet de ses recherches. C'était en effet un léger esquif qui, par sa
marche, cherchait à entrer en communication avec le croiseur.

L'œil du marin est prompt sur son élément, et son esprit saisit rapidement toutes les manœuvres qui ressortent de sa profession. Ludlow
reconnut instantanément que le canot, d'après sa construction, n'appartenait pas à son navire ; qu'il cherchait à s'approcher du croiseur,
mais avec toutes les précautions imaginables pour rester toujours dans
les parages de la baie où l'eau n'était pas assez profonde pour permettre
au croiseur d'y pénétrer. Saisissant un porte-voix, Ludlow le héla dans
les termes ordinaires.

La réponse arriva faible à travers l'espace, mais distincte et mesurée,
dénotant une expérience consommée dans la pratique.

— Ohé ! ohé ! parlementaire du brigantin ! furent les mots qui frappèrent l'oreille du capitaine.

Pendant quelques minutes il arpenta le pont, traduisant une légère
indécision ; puis il ordonna tout à coup de mettre à l'eau le seul canot
resté à bord du croiseur.

— Hissez un drapeau sur notre beaupré, dit-il ensuite, et prépa-
rez-vous armés. Nous resterons fidèles aux promesses tant que les promesses seront tenues ; mais nous avons toutes raisons de nous tenir sur
nos gardes pendant les pourparlers.

Trysail commanda la manœuvre pour arrêter la marche du navire,
et Ludlow, après lui avoir donné les instructions secrètes et importantes qu'exigeait la situation, descendit en personne dans le canot,
que quelques minutes suffirent pour amener côte à côte avec l'étranger. Les hommes cessèrent de ramer, et le commandant du croiseur,
prenant sa lunette, examina plus attentivement les hommes qui étaient
venus à sa rencontre. Le canot étranger dansait sur les vagues, léger
comme une coquille et paraissait effleurer à peine l'élément qui le portait ; quatre marins athlétiques reposaient sur leurs avirons prêts à
fendre la lame au plus léger signal. A l'arrière se tenait debout un être
dont la mine et l'attitude ne pouvaient donner lieu à aucune méprise.
Dans la coupe régulière des traits, dans l'immobilité froide, et dans les
proportions admirables de la taille, Ludlow reconnut le marin au
châle des Indes. Un geste de la main l'invita à s'approcher davantage.

— Que veut-on demander au royal croiseur ? demanda le capitaine

[1] Brisants bien connus entre l'île de Coney et la pointe de Sandy-Hook. (Nota
de l'auteur.)

lorsque les deux canots parurent à une distance convenable l'un de l'autre.

— De la confiance, fut-il répondu : approchez, capitaine Ludlow, je suis sans armes ; notre conférence peut se passer du porte-voix.

Ne voulant pas qu'il soit dit qu'un canot appartenant à un croiseur de guerre pût trahir l'ombre d'une crainte, le canot royal s'approcha à la distance des avirons.

— Eh bien ! monsieur, votre désir est accompli. J'ai quitté mon navire et je suis venu à vous dans l'un de mes plus légers canots pour vous écouter.

— Voyez, dit l'aspirant Hopper au vieux François, ce château, ce village, ce parc et ces onze statues qui n'ont qu'un nez pour elles toutes.

— Inutile de dire ce que vous avez fait des autres embarcations, répliqua Tiller dont la physionomie s'éclaira d'un sourire imperceptiblement railleur. Vous nous faites une rude chasse, monsieur, et vous laissez peu de repos au brigantin ; mais cette fois encore vous en êtes pour vos peines.

— Nous avons un gage de meilleure fortune pour l'avenir, dans un coup heureux qui nous a réussi ce soir.

— Je vous comprends, monsieur ; maître Seadrift est tombé au pouvoir des serviteurs de la reine ; mais retenez ceci : Si la moindre injure, soit en actions, soit en paroles, est faite à ce jeune homme, la vengeance ne tardera pas à suivre le forfait.

— Voilà des paroles bien hardies dans la bouche d'un proscrit ; mais nous passerons outre en faveur de la circonstance. Votre brigantin, maître Tiller, a perdu son meilleur esprit dans l'Écumeur de mer, et il serait sage, je crois, d'écouter les conseils de la modération. Si vous êtes disposé à entrer en conciliation, je suis venu moi-même avec l'intention de vous écouter.

— Nous pourrons alors peut-être nous entendre, car j'apporte des offres de rançon que la reine Anne ne saurait refuser si elle tient à ses revenus ; mais pour rendre hommage à Sa Majesté, j'écouterai d'abord ses royales volontés.

— D'abord, parlant à un marin qui n'ignore pas ce que peut un vaisseau, permettez-moi d'appeler votre attention sur la situation respective des parties. Je suis certain que la Sorcière des Eaux, quoique cachée pour le moment par l'ombre des montagnes, ou favorisée peut-être par la distance et la faiblesse de cette lumière, est dans les eaux de cette baie. Une force contre laquelle elle ne saurait opposer aucune résistance sérieuse en garde l'entrée ; vous voyez que le croiseur, dans tous les cas, l'attend au passage. Mes canots sont échelonnés de manière à lui ôter toute chance de fuite par le canal du nord ; enfin toutes les voies vous sont fermées. L'aube du matin nous indiquera votre position, et nous agirons en conséquence.

— Il n'existe pas de carte qui trace les dangers des rochers et des brisants avec plus de précision ! et pour les éviter ?...

— Livrez-nous le brigantin et partez. Quoique vous fussiez banni, nous nous contenterons de la possession de ce brick remarquable avec lequel vous avez commis vos méfaits, et nous espérons que, privé désormais des moyens de nuire, vous reviendrez à de meilleurs sentiments.

— Avec les prières de l'Église en guise d'amendement. Écoutez, maintenant, capitaine Ludlow, ce que je vais vous offrir : vous avez capturé une personne aimée de tout l'équipage de la dame au manteau vert, et nous possédons un brigantin qui cause de grands dommages à la suprématie de la reine Anne dans les eaux de cet hémisphère. Rendez-nous le captif, et nous promettons de quitter ces côtes pour n'y plus revenir.

— Accepter cette offre serait en vérité l'œuvre d'un fou. Quoi ! j'abandonnerais mes droits sur le principal instigateur du mal pour recevoir sans garantie une parole subordonnée à une autre puissance. Votre bonne chance, maître Tiller, a troublé votre raison. Si je vous fais une offre, c'est pour ne pas pousser un homme remarquable et malheureux à la dernière extrémité, et... je puis avoir d'autres motifs encore ; mais ne vous trompez pas sur mon indulgence. S'il devenait nécessaire d'employer la force pour nous emparer de votre navire, la justice alors envisagerait vos offres d'un œil plus sévère. Certains actes que l'indulgence de notre système ne considère qu'à l'état véniel deviendraient des crimes alors.

— Je ne dois qu'excuser votre méfiance, répondit le corsaire, comprimant un sentiment d'orgueil offensé : la parole d'un corsaire a peu de poids dans l'esprit d'un officier de la reine. Nous avons été élevés à des écoles différentes, et les mêmes objets ne se présentent pas à nos yeux sous les mêmes couleurs. J'ai écouté votre proposition, et tout en vous remerciant de vos bonnes intentions, je la repousse comme tout à fait inacceptable. Notre brigantin, comme vous l'avez judicieusement observé, un navire remarquable et un fin voilier. Je puis dire qu'il n'a pas son égal sur toute l'étendue de l'Océan pour la beauté et

Lorsque l'alderman et Ludlow se présentèrent, la belle Alida était assise devant une petite table, profondément absorbée par la lecture d'un volume.

la vitesse. Par le ciel ! je dédaignerais les sourires de la plus belle femme qui règne sur la terre, plutôt que d'entretenir une pensée qui pût trahir l'attachement que je porte à ce joyau de la science navale. Vous l'avez vu à différentes périodes, capitaine Ludlow ; dans le calme comme dans la tempête, les ailes déployées ou repliées sur ses flancs, la nuit comme le jour, de loin, de près, coquet ou terrible : répondez-moi, avec toute la franchise d'un marin : n'est-ce pas le plus joli jouet qui puisse captiver le cœur d'un marin ?

— Je suis loin de nier la beauté et les mérites du navire... c'est dommage qu'une bonne réputation n'y réponde pas.

— Je savais bien que vous ne pourriez pas lui refuser vos louanges ;

mais je deviens enfant quand je parle du brigantin. Parlons raison : chacun de nous a dit ce qu'il pensait, concluons. Je perdrais plutôt la prunelle de mes yeux que de livrer une planche de ce navire. Cherchez une autre rançon pour cet adolescent : que dites-vous d'un dédit en bel et bon or pour celui qui manquera à sa parole ?

— Vous proposez des choses impossibles. Entrer dans de telles considérations serait abandonner le sentier du devoir, comme je l'ai dit déjà : L'Écumeur des mers a violé les lois et doit être détruit. Le navire ou rien !

— Ma vie alors, plutôt que de le livrer ! Vous oubliez, monsieur, que nous sommes sous une protection qui se rit des efforts de votre flotte. Vous nous croyez cernés, et vous pensez qu'au point du jour il ne vous restera qu'à jeter les grappins de votre lourde machine de fer sur nos palans et vous conduire à merci. Il y a ici d'honnêtes matelots qui pourront vous prédire l'inutilité de vos efforts. La Sorcière des Eaux a jeté le gant à tous vos vaisseaux, et le trou d'une balle n'a pas encore fait tache à sa beauté.

— Et cependant, jadis elle s'inclinait devant les messages de mon vaisseau.

— Les planches ne portaient pas encore l'empreinte des pieds de notre maîtresse, interrompit le corsaire lançant un regard sur l'équipage attentif et crédule du sloop : il fut pris un jour en guerre par nous, et disposé pour notre but ; aujourd'hui tout ce qui touche son bord avec notre permission est à l'abri de tout danger. Vous paraissez incrédule et je le comprends, c'est votre rôle ; mais si vous refusez de souscrire à nos lois, observez au moins les vôtres. De quel crime accusez-vous maître Seadrift pour le retenir captif ?

— Le seul nom redoutable qu'il porte d'Écumeur des mers suffirait à le faire poursuivre jusque dans un sanctuaire, répliqua Ludlow souriant. Quoique l'évidence d'un crime immédiat manque, l'impunité est assurée à quiconque l'arrête, car la loi refuse de le protéger.

— Et c'est là votre justice tant vantée ! Coupables dans votre puissance, vous condamnez un homme sans l'entendre ; mais si vous croyez que votre violence restera impunie, détrompez-vous, et apprenez que l'on s'intéresse très-vivement à la sûreté de ce jeune homme.

— Ce sont de sottes et inutiles menaces, répliqua chaleureusement le capitaine. Si vous acceptez mes offres, parlez ; si vous les rejetez, eh bien ! vous en subirez les conséquences !

— Je risque les conséquences ; mais puisque nous ne pouvons nous accorder ni nous soumettre l'un et l'autre, séparons-nous amis. Je vous offre ma main, capitaine Ludlow ; quittons-nous comme deux braves marins qui, dans quelques instants peut-être, chercheront à se couper la gorge.

Ludlow hésita : l'offre était faite avec tant de franchise, et l'attitude du corsaire était si noble et si supérieure au caractère que lui donnait sa réputation, ni se laissant dépasser en courtoisie, il prit, après une légère hésitation, la main qui lui était tendue. Le corsaire profita de cette impulsion pour rapprocher les deux canots, et au grand étonnement des témoins de cette scène, il entra hardiment dans le canot du capitaine et s'assit en face de lui.

— Il y a des choses qui ne sont pas à dire pour toutes les oreilles, dit le confiant marin à voix basse. Parlez-moi franchement, capitaine Ludlow : votre prisonnier est-il abandonné seul à ses pensées mélancoliques, ou a-t-il trouvé des consolations dans l'intérêt que d'autres prennent à sa sûreté ?

— La sympathie ne lui manque pas, maître Tiller, puisqu'elle lui vient de la plus belle femme de toute l'Amérique.

— Ah ! la belle Barbérie, reprit le jeune homme en compassion ; n'est-il pas vrai ?...

— Ce n'est malheureusement que trop vrai. Cette fille en est tellement éprise qu'elle ne peut plus vivre qu'en sa présence, elle a bravé l'opinion publique au point de le suivre jusque sur mon navire.

Tiller écoutait attentivement ces dernières paroles du capitaine ; et dès qu'elles furent achevées toute inquiétude disparut de sa physionomie.

— Celui qui est favorisé de la beauté à ce point peut bien un moment oublier le brigantin ! s'écria-t-il avec l'air indifférent qu'il affectait d'ordinaire. Et l'alderman ?...

— A en plus de discrétion que sa nièce, puisqu'il ne lui a pas permis de venir seule.

Ainsi, capitaine Ludlow ; quoi qu'il arrive , quittons-nous amis. Ne craignez pas, monsieur, de toucher la main d'un proscrit ; elle est honnête à sa façon, et il y a bien des pairs, des princes même, qui n'en ont pas la main aussi pure. Traitez doucement ce joyeux et aventureux jeune marin ; il manque de l'expérience d'une tête mûre, mais le cœur est la bonté même. Je risquerais ma vie pour sauver la sienne ; mais à tout prix le brigantin doit être sauvé. Adieu !...

Il y eut dans la voix du marin au cachemire un léger tremblement qui sembla démentir un moment la fermeté de ses paroles. Pressant une dernière fois la main de Ludlow, il retourna dans son canot avec l'aplomb et l'aisance d'un homme qui depuis longtemps a établi son domicile sur le grand Océan.

— Adieu ! répéta-t-il en donnant en même temps à ses hommes l'ordre de se diriger vers les écueils, où il devenait impossible au na-

vire de le suivre ; nous nous rencontrerons sans doute encore jusque là adieu !...

— Pour sûr nous nous retrouverons au retour du jour.

— N'y comptez pas , mon brave ami. Notre dame sait cacher son gouvernail sous sa ceinture et traverser ainsi inaperçue une flotte tout entière. Que les souhaits d'un marin vous accompagnent : bons vents et bonne chère ! une heureuse rentrée au port, et bon accueil dans votre maison ! Ne maltraitez pas notre enfant, et que le succès accompagne toutes vos entreprises qui n'auront pas pour but une attaque contre mon brigantin.

Au même instant les matelots se penchèrent sur leurs avirons, qui fendirent sans bruit la vague , et les deux canots furent bientôt hors de vue.

CHAPITRE XXV.

L'entrevue racontée au précédent chapitre avait lieu aux premiers quarts de la nuit. Il est actuellement nécessaire que nous transportions nos lecteurs à un autre dialogue qui eut lieu quelques heures plus tard, et comme l'aube venait éclairer les bourgeois laborieux de Manhattan. Près d'un de ces entrepôts construits sur pilotis qui bordent le bras de mer au-dessus duquel la ville est si heureusement située , s'élevait une maison dont l'emplacement et tous les signes extérieurs qui l'encadraient dénotaient que son propriétaire se livrait à un commerce de détail actif et fructueux pour l'époque et le pays. Quoiqu'il fît à peine jour, les fenêtres étaient ouvertes, et l'une d'elles laissait voir un individu dont l'air affairé et les regards interrogatifs semblaient attendre au dehors l'arrivée d'un second personnage qui avait provoqué l'abandon matinal de sa couche. Un violent coup frappé à la porte parut dissiper tout à coup son inquiétude : il s'empressa d'ouvrir, et accueillit son visiteur avec les démonstrations les plus obséquieuses de cérémonie et de respect.

— Voici un honneur, mylord, qui n'arrive que rarement aux hommes de mon humble condition, dit le maître de la maison avec toute l'affectation anglaise d'un courtaud de boutique ; mais j'ai pensé qu'il serait plus agréable à Votre Seigneurie de recevoir ici les... que dans une demeure passagère qu'occupe en ce moment Votre Honneur. Votre Seigneurie voudrait-elle se reposer un moment après sa promenade ?

— Je vous remercie, Carnaby, répondit le visiteur acceptant avec l'aisance hautaine d'un supérieur le siège qui lui était offert. Je reconnais là votre discrétion habituelle , quoique je doute qu'il soit prudent de me faire connaître. Est-il venu ?

— Sans doute, mylord ; il n'aurait pas osé vous faire attendre, et je n'aurais pas permis qu'il vous manquât ainsi de respect. Il est aux ordres de Votre Seigneurie quand il vous plaira de le faire appeler.

— Qu'il attende ! Il n'est pas nécessaire de se hâter. Il vous a sans doute dit, Carnaby, dans quel but il avait demandé cette entrevue, et vous allez m'en instruire.

— Je regrette de dire, mylord, que cet homme est entêté comme une mule. Je sentais bien l'inconvenance de le mettre en présence de Votre Seigneurie ; mais, comme il prétendait avoir à vous communiquer des affaires du plus haut intérêt pour vous, qu'il ne dirait qu'à vous seul, je me suis cru obligé de vous en écrire.

— Et vous vous en êtes bien acquitté , maître Carnaby ; je n'ai pas encore reçu de lettre mieux tournée depuis mon arrivée dans cette colonie.

— L'approbation de Votre Seigneurie doit rendre tout homme fier de l'avoir obtenue. J'ai eu toute ma vie l'ambition d'accomplir convenablement les devoirs de mon état, de traiter ceux qui sont au-dessus de moi avec tout le respect qui leur est dû , et les gens au-dessous de moi dans les bornes de la simple raison. Si j'osais présumer d'émettre un jugement sur un tel sujet , je dirais , mylord , que les colons pratiquent peu les convenances et le bon style dans leur correspondance ou dans toutes autres relations.

Le noble visiteur haussa les épaules, encourageant du regard le détaillant à continuer.

— Telle est mon opinion, mylord, poursuivit-il en minaudant. Mais aussi , ajouta-t-il d'un air suffisant, comment les saurait-ils davantage ? L'Angleterre, après tout, n'est qu'une île , et le monde entier ne peut pas avoir pris naissance ni avoir reçu son éducation sur le même morceau de terre.

— Ce ne serait pas commode , sans parler des autres conséquences.

— C'est mot pour mot ce que je disais à madame Carnaby, pas plus tard qu'hier, qui voulait prendre encore un locataire, tout le monde ne peut pas vivre dans la même maison. Et nous ajoutons en faveur de la pauvre femme qu'en cette occasion elle a manifesté de vifs regrets en apprenant que Votre Seigneurie allait bientôt nous quitter pour retourner en Angleterre.

— C'est en vérité un sujet qui devrait vous causer plus de joie que de regrets ; car enfin c'est une atteinte au rang et à la liberté d'un homme qui touche à la couronne par la parenté que de l'emprisonner ou du moins de l'exiler ainsi.

— C'est très-grave , mylord, si ce n'est pas même un sacrilège de la loi. Honte à l'opposition dans le parlement, qui détruit tant de bons règlements qui n'ont d'autre but que le bien du contribuable !

— Par ma foi ! je pourrais bien me ranger de leur côté, Carnaby ; car en vérité cet abandon dans lequel me laissent les ministres pousserait un homme à des idées plus haineuses encore.

— Et personne ne saurait blâmer Votre Seigneurie de faire alliance avec qui que ce soit, les Français exceptés. Je l'ai souvent dit à madame Carnaby dans nos fréquents entretiens sur la situation malheureuse dans laquelle Votre Honneur se trouve placé.

— Je ne pensais pas que cette situation eût attiré à ce point l'attention publique, observa le lord troublé.

— Oh ! d'une manière toute convenable et respectueuse pour mylord ; madame Carnaby ni moi ne ferons jamais de remarques qui ne soient convenables et véritablement anglaises.

— Je ne vous croyais pas si intelligent, si adroit, monsieur Carnaby. En affaires je vous appréciais, mais j'ignorais qu'à ces qualités vous joignissiez un jugement aussi sain sur les affaires publiques. Vous ne soupçonnez pas ce que cet homme peut me vouloir ?

— Pas le moins du monde, mylord. J'ai insisté sur l'inconvenance d'un entretien personnel ; car quoiqu'il fît allusion à certaines affaires dans lesquelles il impliquait Votre Seigneurie, je n'y ai rien compris, et nous avons failli nous séparer sans autre explication.

— Je ne le verrai pas !

— Comme il plaira à Votre Seigneurie. Tant de petites affaires m'ont passé par les mains, qu'il pouvait bien me confier celle-ci, lui ai-je dit ; mais il a positivement refusé mon intervention, persistant à affirmer qu'il y allait de la sûreté de Votre Honneur, et alors j'ai pensé, mylord, que peut-être... à présent...

— Faites-le entrer !

Carnaby s'inclina jusqu'à terre, fit quelques tours dans la chambre, rangea les chaises, approcha la table près de son hôte, puis sortit.

— Où est l'homme que je vous ai ordonné de retenir dans la boutique ? demanda-t-il d'un air brutal au jeune garçon doux et humble qui lui servait de commis. — Vous l'avez laissé dans la cuisine, je parie, pour aller flâner sur la promenade ! Il n'y a pas dans toute l'Amérique de garçon plus paresseux, plus désobéissant que vous ! Je me repens tous les jours d'avoir signé votre engagement. Vous me payerez ça, entendez-vous !...

L'apparition du personnage qu'il venait chercher coupa court aux invectives de l'épicier obséquieux, et en même temps tyran domestique. Il ouvrit la porte, introduisit l'étranger, et la referma sur les deux visiteurs.

Le descendant dégénéré du grand Clarendon avait bien voulu couvrir de son manteau les actes de piraterie qui se commettaient si fréquemment sur les côtes de l'Amérique ; mais il avait conservé assez de déférence pour la vertu et pour le rang qu'il occupait, en éludant toutes les occasions de traiter personnellement avec ses agents. Abrité derrière sa haute position, il avait apaisé les remords de sa conscience en se persuadant à lui-même que la cupidité est moins vénale, quand ses sentiers restent cachés, et que maintenant la distance qui le séparait de ses complices, il accomplissait un devoir impérieux et indispensable. Incapable de pratiquer la vertu, il crut qu'il suffirait d'en sauver toutes les apparences. Carnaby était de beaucoup le plus vil et le plus dégradé du petit nombre qu'il ne pouvait se dispenser d'admettre auprès de sa personne ; mais la nécessité lui infligeait déjà cette punition d'accepter l'assistance pécuniaire d'un homme qu'il haïssait et méprisait.

Or, dès que la porte s'ouvrit, lord Cornbury, déterminé à abréger l'entretien, se leva, imprimant à sa physionomie toute la hauteur et l'arrogance qu'il crut propre à intimider l'homme qui osait venir à lui. Mais il reconnut bientôt que le marin au cachemire ne ressemblait en rien au bas et obséquieux marchand qui venait de le quitter. Ses yeux rencontrèrent un regard aussi fixe et hautain que le sien. Il y avait évidemment autant de fierté aristocratique dans l'attitude du marin que dans celle du lord issu du sang royal. L'étonnement fit oublier au noble lord le rôle qu'il avait commencé de jouer, et il s'écria d'une voix empreinte d'admiration :

— Voilà donc celui qu'on nomme l'Écumeur de mer !

— C'est le nom que les hommes me donnent ; et toute une vie passée sur cet élément me permet de croire que je l'ai bien mérité.

— Votre réputation et même une partie de votre histoire nous sont connues. Le pauvre Carnaby, brave et digne homme qui soutient une nombreuse famille, m'a vivement sollicité pour vous recevoir ; autrement on ne saurait trouver d'apologie pour une semblable démarche. Les hommes de mon rang, maître Écumeur, ont tant de ménagements à garder, que j'ose compter sur votre discrétion.

— Je me suis trouvé en de plus nobles présences, mylord, et j'ai trouvé si peu de différence dans l'honneur qu'elles me procuraient, que je ne vois pas sujet de me vanter de ce qui m'arrive aujourd'hui. Des princes du sang ont recueilli quelques avantages à faire ma connaissance.

— Je ne nie pas votre utilité, monsieur ; j'invoque seulement la prudence comme nécessité. Il y a ici, je crois, contrat de contrat entre nous, du moins à ce que m'assure Carnaby ; car il m'arrive rarement d'entrer moi-même dans ces détails. Ce contrat vous donne quelque droit, m'a-t-on dit, à me comprendre dans la liste de vos clients. Nous autres hommes, haut placés, devons respect à la loi ;

cependant, il n'est pas utile ni convenable qu'ils se privent de petites licences que la politique prohibe à la généralité des hommes. Pour un homme qui comme vous connaît la vie, ces explications sont même inutiles, et je ne doute pas que notre entrevue ne se termine à notre satisfaction respective.

L'Écumeur n'essaya même pas de dissimuler l'expression de dédain qui plissa ses lèvres pendant que le lord s'efforçait de donner le change à sa cupidité ; et lorsqu'il eut terminé son exorde, Tiller se contenta de faire un léger signe d'assentiment. L'ex-gouverneur reconnut l'inutilité de sa feinte, et jetant tout à coup son masque de duplicité, il laissa déborder ses véritables dispositions et réussit davantage.

— Carnaby a été fidèle, continua-t-il ; ses rapports prouvent que nous avons bien placé notre confiance. Si la renommée dit vrai, il n'y a pas de plus adroit navigateur que vous, maître Écumeur, à travers les écueils des mers, et l'on dit que vos relations sur cette côte sont aussi nombreuses que lucratives.

— Celui qui vend à bas prix ne manque jamais d'acheteurs. Je crois que Votre Seigneurie n'a jamais eu à se plaindre des prix.

— Aussi piquant que son compas. — Enfin, monsieur, comme ici je ne suis plus le maître, puis-je savoir le but de cette entrevue ?

— Je viens réclamer votre protection en faveur d'un des miens qui est tombé au pouvoir des officiers de la reine.

— Hem ! ce qui veut dire que le croiseur de la baie a pris au piège quelque négligent pirate. Nous ne sommes pas immortels, et un arrêt de mort est chose légale entre les hommes de votre profession. La protection a beaucoup de significations. Il y a toutes sortes d'intérêts, celui d'un homme qui emprunte comme celui d'un autre qui prête ; du créancier qui reçoit, comme du débiteur qui élude le paiement. Enfin expliquez-vous plus clairement, si vous voulez que je comprenne le véritable but de votre visite.

— Je sais que la reine vient de nommer un nouveau gouverneur de cette colonie, et que vos créanciers, mylord, jont jugé prudent de prendre un gage sur leur créance en retenant ici votre personne. Mais je ne puis croire qu'un homme qui tient de si près à la reine par les liens du sang, et qui tôt ou tard reprendra son rang et sa fortune dans la mère-patrie, puisse solliciter sans succès une si légère faveur que celle que je lui demande ; c'est ce qui m'a déterminé à traiter de préférence avec vous.

— Voici une explication aussi claire que pourrait la désirer le plus habile casuiste ! J'admire votre brièveté, maître Écumeur, et je vous cède la palme de l'étiquette. Quand votre fortune sera faite, je vous engage à choisir les cercles de la cour pour retraite constante. Gouverneurs, créanciers, reine et prison, tout cela réformé dans une même sentence, comme le Credo transcrit sur l'ongle du pouce ! Eh bien ! monsieur, supposons ma protection telle que vous la désirez ! — Quel est le délinquant ?...

— Un nommé Seadrift, jeune homme aimable et très-utile, qui me sert d'intermédiaire avec mes clients, d'humeur joyeuse et sans souci, mais cher à tout l'équipage pour sa fidélité à toute épreuve et la finesse de son esprit. Il m'est particulièrement utile pour choisir les riches tissus et autres objets de luxe qui composent mon trafic ; car, pour mon compte, je suis plus propre à conduire la navire au port et veiller à sa sûreté au milieu des écueils et des tempêtes, qu'à m'occuper de l'échange de ces jouets de la vanité féminine.

— Un si habile entremetteur n'aurait pas dû prendre un croiseur pour un client. — Comment l'accident est-il arrivé ?

— Il a rencontré le canot-major de la Coquette dans un mauvais moment ; et comme le croiseur venait justement de nous donner la chasse, on n'a pas hésité à l'arrêter.

— Le dilemme est assez embarrassant. Quand M. Ludlow a mis quelque chose dans sa tête, il n'est pas facile de l'en faire sortir. Je ne connais pas un homme plus littéral dans ses ordres que lui ; un homme, monsieur, qui pense que les mots n'ont qu'une interprétation, et qui ne connaît pas d'intermédiaire entre une idée et son exécution immédiate.

— C'est un marin, mylord ; il reçoit et exécute ses instructions avec la simplicité d'un marin. Je n'en ai pas plus mauvaise opinion de lui pour cela ; au contraire, interprétons la volonté comme nous voudrons, une fois qu'elle est définie, notre devoir est d'y rester fidèle.

Une légère rougeur vint colorer la joue de Cornbury. Honteux de ce moment de faiblesse, il affecta de rire de ce qu'il venait d'entendre et reprit la conversation.

— Votre indulgence et votre charité feraient honneur à un ministre du culte, maître Écumeur, répondit-il ; rien n'est plus vrai, car nous sommes dans le siècle des vérités morales, témoin la succession protestante. Les hommes doivent agir et non professer. Le garçon vous est-il donc si nécessaire qu'il ne puisse être abandonné à son sort ?

— Aussi nécessaire que mon brigantin. Peu d'hommes portent à la femme une affection aussi sincère que la mienne pour ce jeune homme. Je verrais, je crois, notre admirable brick transformé en un misérable sloop pour le service de la reine, plutôt que de penser à perdre ce garçon. Mais je n'anticiperai pas sur un semblable malheur, puisque des personnes qui ne sont pas dépourvues de puissance s'intéressent déjà à son sort.

— Vous avez déjà séduit mon successeur ! s'écria le lord, abandonnant la réserve qu'il avait cru nécessaire d'observer jusque-là. Ce représentant immaculé et réformateur de ma royale cousine a donc, lui aussi, mordu à l'hameçon doré, et prouvé, après tout, qu'il est digne d'être le gouverneur d'une colonie ?

— Lord vicomte, non ! Ce que nous avons à espérer ou à craindre de votre successeur est encore un secret pour moi.

— Assouplissez-le par vos promesses, maître Ecumeur ; offrez à son imagination des espérances dorées, mettez de l'or sous ses yeux, et vous réussirez. Je gagerais mon comté en perspective qu'il ne résistera pas ! Ces emplois éloignés sont comme autant de batteurs à demi autorisés où l'on peut battre monnaie ; la seule contrefaçon n'existe que de la majesté à son représentant. Dorez ses espérances, s'il est mortel, il cédera !

— Pourtant, mylord, j'ai rencontré des hommes qui préféraient la pauvreté et l'indépendance de leur opinion à l'or, et aux désirs des autres.

— Ce n'étaient que des buses ! s'écria le lord dépravé, perdant toute réserve et se livrant aux expressions qui convenaient mieux à sa règle de conduite. — Vous eussiez dû les mettre en cage, Ecumeur, pour les montrer publiquement ! Ne vous méprenez pas, monsieur, si je m'exprime avec tant de confiance. Je connais la différence entre un gentleman et un va-nu-pieds aussi bien qu'un autre. Mais, croyez-moi, ce M. Hunter est humain ; il cédera si vous vous y prenez bien. Et vous attendez de moi...

— L'emploi de cette influence qui rend le succès infaillible ; puisqu'il existe entre les hommes de rang une certaine courtoisie qui les porte à chercher dans l'esprit de leur caste l'oubli de toute rivalité ; le cousin de la reine Anne peut encore obtenir la liberté d'un homme dont le seul crime est de faire un commerce libre.

— Jusque-là, ma pauvre influence pourra s'étendre en effet, pourvu que le garçon ne soit pas incriminé dans quelque action de piraterie. Je terminerais volontiers ma carrière dans cet hémisphère par quelque acte de pardon et de miséricorde, si cela m'était possible.

— Les occasions ne vous manqueront pas. La loi est comme tous les articles d'un grand prix ; il y en a qui pensent que la justice ne tient les balances que pour en peser la valeur matérielle. Quoique les bénéfices de mon métier de hasards et d'insomnies soient souvent nuls, je verserais volontiers deux cents larges pièces dans le plateau pour retrouver le jeune homme à bord du brigantin.

Joignant le geste à la parole, l'Ecumeur de mer, avec le calme de l'homme qui va droit au but, tira de sa ceinture un lourd sac d'or qu'il déposa sur la table sans y jeter un second regard. Il se détourna plutôt par un geste insoucieux du corps, qu'avec une intention marquée, et lorsqu'il fixa de nouveau les yeux sur son compagnon, le sac avait disparu.

— Votre affection pour ce garçon est touchante, maître Ecumeur, répliqua le lord corrompu. Il serait dommage de perdre une aussi sincère amitié. Y a-t-il des preuves suffisantes pour une condamnation ?

— Elles sont douteuses. Les relations ne se sont étendues qu'avec la classe la plus élevée de mes clients, et de quelques-uns seulement. La peine que je prends en ce moment est plutôt par tendresse pour lui que par la crainte d'un fâcheux résultat. Si l'affaire réussit, je vous compterai, mylord, au nombre de ses protecteurs.

— Je dois à votre franchise de le tenter. Mais croyez-vous que M. Ludlow se soit contenté de la capture d'un inférieur, lorsque l'objet principal était à sa portée, et n'aurons-nous pas sur les bras la confiscation du brigantin ?

— Je me charge du reste. Nous l'avons échappé belle cette nuit, il faut en convenir, pendant que nous attendions le retour de celui qu'on a arrêté. Profitant de la prise de notre esquif, le commandant de la Coquette s'était aventuré dans nos eaux. Il allait même couper nos amarres, lorsque nous découvrîmes son dangereux projet. C'eût été une fin indigne de la Sorcière des Eaux que de venir échouer comme un misérable bateau, et de terminer sa carrière entre les mains des pilleurs de naufrages.

— Vous avez évité ce danger ?

— Mes yeux ne sont jamais fermés quand le danger est proche. L'esquif avait été découvert, et nous le surveillions, car je savais que celui dans lequel j'y était pas. Quand ses mouvements éveillèrent nos soupçons, nous trouvâmes les moyens d'effrayer M. Ludlow, et de lui faire renoncer à son entreprise sans avoir besoin de recourir à la violence.

— Je ne croyais pas qu'il fût possible de le détourner d'une affaire aussi importante que celle-là.

— Vous l'avez bien jugé et nous aussi. Mais quand ses canots vinrent pour nous aborder, l'oiseau s'était envolé.

— Vous avez gagné le large à temps ? demanda Cornbury, qui n'eût pas été fâché de savoir le brick loin de la côte.

— J'avais d'autres occupations. Mon agent ne pouvait pas être ainsi abandonné, et je n'avais pas terminé dans la ville. Notre course est dans la baie.

— C'est une témérité bien condamnable ! Un coup de vent, un changement de marée, ou l'une de ces éventualités si communes en

mer, peuvent vous amener sous le coup de la loi, et compromettre ceux qui s'intéressent à votre sûreté.

— Pour ce qui me concerne personnellement, je vous remercie, mylord ; mais fiez-vous à moi, tant de hasards ne m'ont pas laissé grand'chose à apprendre. Nous longerons la Porte d'Enfer et nous gagnerons la pleine mer par le détroit de Connecticut.

— En vérité, maître Ecumeur, il faut avoir des nerfs solides pour être votre confident. La foi compacte constitue la beauté de l'ordre social ; sans elle pas de solidarité d'intérêts, pas de confiance dans la réputation. Mais la foi doit être expliquée aussi bien qu'exprimée, et quand des hommes, dans une certaine situation, placent leur dépendance sur d'autres qui ont des raisons pour être prudents, les premiers sont dans l'obligation de respecter, jusque dans les détails les plus minimes, les conditions du marché. Je me lave les mains de toute cette affaire, s'il faut y comprendre que la responsabilité retomberait sur nous, dans l'hypothèse que la Sorcière des Eaux serait en danger d'un procès devant l'amirauté.

— Je suis fâché que telle soit votre décision, répliqua l'Ecumeur. Ce qui est conclu ne peut être défait, quoiqu'il y ait remède à tout ceci, je pense. Mon brigantin est à une lieue d'ici, il y aurait trahison à le nier. Puisque dans votre opinion le marché ne vaut rien, mylord, il n'est pas besoin de le sceller. Les grosses pièces pourront servir par un autre moyen à tirer le jeune homme d'embarras.

— Vous êtes aussi serré en logique, maître Ecumeur, qu'un écolier dans une version de Virgile. La diplomatie a son idiome comme tout autre langage ; un homme qui s'exprime si bien ne devrait pas l'ignorer. Une hypothèse n'est pas une conclusion. Ce que l'on avance par supposition n'est que l'ornement du raisonnement, tandis que votre or possède le caractère plus solide de la démonstration. Notre marché est conclu.

Le loyal marin regarda un moment le noble casuiste, doutant s'il devait s'en rapporter à sa conclusion ; mais avant que ce point fût fixé dans son esprit, les fenêtres de la chambre furent violemment ébranlées par le rugissement d'une pièce de canon de calibre.

— L'appel du matin ! s'écria Cornbury que l'explosion fit sauter sur sa chaise, avant la conscience d'un temps mal employé.

— Non ! car il y a une heure que le soleil est levé.

L'Ecumeur ne trahit aucun mouvement de muscles, mais son attitude pensive et la fixité de son regard semblaient prévoir l'approche d'un danger. S'approchant de la fenêtre, il lui suffit d'un coup d'œil pour comprendre la situation.

— Donc notre marché est conclu, dit-il, se rapprochant vivement du vicomte dont il saisit la main qu'il serra fortement en dépit des efforts que faisait ce dernier pour se soustraire à cet acte de familiarité. Notre marché tient. Sauvez le jeune homme, et nous nous en souviendrons ; si vous le trahissez, craignez la vengeance, nous le vengerons.

L'Ecumeur tint quelques secondes encore la main efféminée de Cornbury emprisonnée dans la sienne ; puis soulevant sa casquette avec une courtoisie qui semblait s'adresser plus à lui-même qu'à son compagnon, il tourna les talons et quitta la maison d'un pas ferme mais rapide.

Carnaby, qui entrait en même temps, trouva son hôte dans un état qui tenait à la fois de la colère, de la surprise et de l'inquiétude. Mais sa vanité habituelle eut bientôt pris le dessus, et se trouvant enfin débarrassé de la présence d'un homme qui l'avait traité avec si peu de cérémonie, l'ex-gouverneur secoua la tête comme un homme habitué à se soumettre aux maux qu'il ne pouvait prévoir, et laissa reparaître sur son visage l'aisance et l'insolente supériorité qu'il avait l'habitude de garder en présence de l'obséquieux détaillant en denrées coloniales.

— C'est peut-être un coral, une perle, ou tout autre joyau de l'Océan, maître Carnaby, dit-il en essuyant avec son mouchoir la main que venait de presser si vigoureusement le hardi corsaire. Mais si c'en est un, il a conservé la croûte formée par l'eau salée. Il faut espérer que je ne serai plus jamais bloqué, harponné par ce monstre. Quelle heure peut-il être ?

— Pas encore six heures, mylord ; vous avez pleinement le temps de rentrer chez vous, Madame Carnaby a osé se flatter que Votre Seigneurie condescendrait à nous faire l'honneur de prendre une tasse de thé sous notre humble toit.

— Que signifiait ce coup de canon, maître Carnaby ? Il a donné l'alarme au contrebandier comme le signal de sa pendaison.

— Je n'ai jamais osé penser ce que ce pourrait être, mylord. C'est sans doute l'amusement de quelques-uns des officiers de Sa Majesté dans le fort ; et s'il en est ainsi, c'est que tout va bien ici comme en Angleterre, mylord.

— Par saint George, monsieur, Anglais ou Hollandais, il a eu l'avantage d'effaroucher cet oiseau de mer, cette mouette, cet albatros, dans l'endroit où il perchait.

— Sur mon devoir envers Votre Seigneurie, Votre Seigneurie a l'esprit le plus fort de tous les gentilshommes du royaume de Sa Majesté. Si c'est le plaisir de Votre Seigneurie, je vais regarder par la fenêtre, mylord, pour voir s'il y a quelque chose.

— Faites, maître Carnaby. Je suis assez curieux de savoir ce qui a donné l'alarme à mon lion de mer. Ah ! que vois-je là-bas, c'est, je crois, la mâture d'un navire que j'aperçois par-dessus les toits de cette ligne de magasins.

— Ah bien. Votre Seigneurie a l'œil le plus perçant, et la manière la plus heureuse de voir les choses de toute la noblesse d'Angleterre. J'aurais bien cherché une heure entière avant de songer à regarder au-dessus de ces magasins, et cependant Votre Seigneurie les a aperçus à première vue.

— Est-ce un vaisseau ou un brick, maître Carnaby? Vous avez l'avantage de la position, car je ne voudrais pas être vu. Parlez vite, imbécile, est-ce un vaisseau ou un brick?

— Mylord, c'est un brick, ou un vaisseau. En vérité, il faut que je le demande à Votre Seigneurie, car je me connais si peu à ces choses!

— Voyons, complaisant maître Carnaby, pour une fois ayez une opinion à vous, s'il vous plaît; il y a de la fumée au delà de ces mâts.

Un autre ébranlement des vitres, suivi d'un second coup, dissipa toute espèce de doute sur la cause du feu. Au même instant le beaupré d'un vaisseau de guerre se montra à l'ouverture de la baie, puis les sabords parurent, jusqu'à ce que le flanc tout entier et la batterie de la *Coquette* fussent visibles.

Le vicomte ne chercha pas plus loin pourquoi l'Écumeur l'avait quitté si précipitamment. Plongeant un moment la main dans sa poche, il en tira une poignée de larges pièces d'or; il parut un moment vouloir les jeter sur la table, mais comme par inadvertance il ferma sa main, et disant adieu à l'épicier, il quitta la maison d'un air aussi ferme et résolu que le pouvait assumer un homme ayant la conscience d'avoir commis une action faible et lâche. Il se promettait de ne jamais se remettre en contact familier avec un aussi fourbe mécréant que le propriétaire de la maison.

CHAPITRE XXVI.

Quelques explications locales sont nécessaires pour faire comprendre, surtout aux étrangers, la position respective des deux bâtiments.

Quoique le vaste golfe qui reçoit l'Hudson et tant d'autres tributaires soit formé principalement par une dentelure du continent, la partie qui constitue le port de New-York est séparée de l'Océan par l'heureuse disposition de ses îles. Il y en a deux principales qui, en longeant la ligne des côtes, donnent au bassin son caractère général, tandis que d'autres plus petites servent d'accessoires utiles ou agréables au paysage de la rade.

Entre la baie de Rariton et celle de New-York il y a deux communications : l'une, appelée les Narrows, est le chemin ordinaire du port de New-York; l'autre, connue sous le nom du Kilns, est située entre le continent et l'île des États, et facilite aux navires l'accès des cours d'eau adjacents de New-Jersey.

Une grande partie de la rade est garantie des flots de la mer par l'île de Nassau, qui se rapproche assez du continent pour réduire l'espace qui l'en sépare à la largeur des encablures : elle s'étend ensuite à l'est à la distance d'une centaine de milles, et forme un large et beau détroit.

On comprend aisément que les marées doivent affluer de différents côtés dans le vaste réservoir du golfe. Le courant qui entre par Sandy-Hook coule à l'ouest dans les rivières de Jersey, au nord dans l'Hudson, et à l'est le long du bras de mer qui sépare Nassau du continent. Le courant qui entre à la pointe de Montauk ou à l'extrémité orientale de l'île de Nassau élève le niveau du détroit et va rejoindre la marée occidentale dans un endroit appelé Trogmorton, à vingt milles au delà de la cité.

Les lits dans lesquels roulent ces nappes d'eau étant de dimension considérable, la pression d'un pareil volume rend le courant excessivement rapide dans les passes étroites; puisque l'égale diffusion de l'élément qui résulte d'une loi naturelle doit être obtenue par la vitesse, partout où il y a défaut d'espace; aussi dans la partie la plus resserrée du chenal qu'on appelle la Porte d'Enfer, les courants, remous et contre-courants offrent-ils de grands dangers, augmentés par l'existence d'écueils cachés ou à fleur d'eau. Ce lieu mémorable a fait palpiter de terreur plus d'un cœur sensible, et l'effroi qu'il inspire est peut-être exagéré par son nom de mauvais augure, quoiqu'il soit souvent le théâtre de désastres, et qu'une frégate anglaise s'y soit perdue, durant la guerre de la révolution, en donnant contre un rocher appelé le Pot.

Quand l'individu que nous connaissons depuis si longtemps sous le nom de guerre de Tiller eut gagné la grande rue, il comprit mieux le péril imminent qui menaçait le brigantin. D'un seul coup d'œil il reconnut la *Coquette* dans le vaisseau dont les mâts symétriques et les larges vergues filaient le long de la ville. Le petit pavillon placé au mât de perroquet de misaine expliquait suffisamment le sens des coups de canon. Tout indiquait dans une langue qu'un marin devait comprendre que la *Coquette* demandait un pilote pour passer la Porte d'Enfer.

L'Écumeur de mer arrivait à l'extrémité d'un quai solitaire où l'attendait une yole légère et rapide, lorsque la seconde détonation lui révéla toute l'impatience de ses persécuteurs.

Quoique la navigation entière de la république des États-Unis emploie un tonnage égal à celui du commerce des autres nations chrétiennes, elle avait peu d'importance au commencement du dix-huitième siècle. Deux ou trois bricks à l'ancre dans les rivières et quelques schooners occupaient seuls le port, où se montrait rarement un trois-mâts. On pouvait y ajouter une vingtaine de petits chasse-marées, masses lourdes et informes qui faisaient des traversées d'un mois entre les deux principales villes de la colonie. Il n'était donc pas probable, à cette époque et à cette heure, qu'on répondît promptement à l'appel de la *Coquette*. Elle venait d'entrer dans le bras de mer qui sépare l'île de Manhattan de celle de Nassau, et, quoiqu'il ne fût pas alors rétréci comme aujourd'hui par des moyens artificiels, le courant, favorisé par la brise, y était assez fort pour faire avancer un vaisseau. Un troisième coup de canon ébranla les vitres de la cité et décida plus d'un digne bourgeois à mettre le nez à la fenêtre. Cependant on ne vit aucune embarcation se détacher de la terre.

— Il s'agit de notre salut et de celui du brigantin, dit l'Écumeur en sautant dans son canot : mes amis, ramez vite sans vous amuser aux fioritures! de l'ensemble et de l'ardeur!

De semblables paroles avaient souvent frappé l'oreille des hardis contrebandiers. Les rames tombèrent toutes à la fois dans l'eau, et le frêle esquif glissa comme une flèche le long des quais, afin de regagner le brigantin. On entendit bientôt un autre coup de canon. Un boulet ricocha sur les vagues, qu'il fit jaillir en parcelles d'écume, et alla tomber à cent pas au delà de la yole qui portait l'Écumeur.

— Ce M. Ludlow semble disposé à faire d'une pierre deux coups, dit froidement l'Écumeur; il éveille par son fracas les bourgeois de la ville et menace notre bateau de ses boulets. Nous sommes vus, mes amis, et notre salut dépend de notre courage! encore un coup de rame, et nous serons abrités par la terre.

Un dernier boulet tomba presque à côté des avirons, au moment où la courbure de la côte sauvait l'embarcation. Dès que l'Écumeur eut doublé la pointe, il aperçut la *Sorcière des Eaux*, qu'il rejoignit rapidement. Quand il fut sur le pont, il montra le petit pavillon qui flottait à la tête du mât de misaine et demanda :

— Pourquoi ce signal est-il encore déployé?

— Nous le tenons élevé pour hâter l'arrivée du pilote, répondirent les officiers.

— Le traître n'a-t-il pas tenu sa parole? s'écria l'Écumeur en reculant de surprise. Il a mon or, et j'ai reçu en échange cinquante de ses promesses vaines. Ah! le voilà dans une barque. Virez de bord et allez à sa rencontre : les moments sont aussi précieux que l'eau dans un désert.

La barre était sous le vent, et le brigantin s'apprêtait à changer de bordée, lorsqu'une détonation annonça l'approche de la *Coquette*, dont on vit se dessiner les hunes à travers la fumée au-dessus du coude que formait la côte. Au même instant, plusieurs voix annoncèrent que le pilote avait abandonné la partie et ramait de toute sa force vers la terre. Les imprécations qui s'amoncelèrent sur la tête du coupable furent énergiques et réitérées; mais ce n'était pas le moment de l'indécision. Le brigantin changea sa barre, s'inclina devant la brise en étalant ses voiles avec bruit et prit sa course rapide, canonné de loin par la *Coquette*. Quelques boulets atteignirent les agrès, mais par bonheur le navire poursuivi entra bientôt dans l'étroit chenal formé par l'îlot de Blackwell, et l'augmentation du courant accéléra la marche des contrebandiers.

L'îlot de Blackwell a pour prolongation à l'occident un long récif, dont quelques parties seulement s'élèvent à la surface des eaux.

L'Écumeur remarqua qu'entre la terre et l'un des rochers se trouvait une ouverture d'environ vingt brasses et que le mouvement régulier des vagues annonçait plus de profondeur en cet endroit que sur tout autre point de la ligne des écueils. L'Écumeur fit mettre la barre au vent et s'aventura tranquillement dans l'ouverture. Pendant cette expérience, on s'inquiéta peu des projectiles que le croiseur royal pouvait faire siffler entre les mâts de la *Sorcière des Eaux*. Un seul coup sur le roc aurait suffi pour la perdre, et le plus grand danger faisait oublier le moindre. Mais lorsqu'on eut franchi la passe et gagné l'autre canal, une acclamation universelle retentit dans les airs. On avait désormais une langue de terre considérable pour se garantir des boulets de la *Coquette*, qui tirait trop d'eau pour pouvoir se risquer entre l'île et le rocher.

— Rattachez les canons, dit précipitamment Ludlow à Trysail, et dégagez les grappins, nous les jetterons à bord du contrebandier. Une fois qu'il sera bien amarré, nous sommes assez forts pour le faire couler sous nos dalots, et le capturer avec les pompes.

— Tient-on toujours à la hune le signal par lequel nous demandons un pilote?

— Oui, monsieur, mais personne ne se montre, et nous approchons de la Porte d'Enfer, répondit Trysail d'une voix inquiète.

— Notre adversaire continue sa route.

— C'est que le coquin voyage sans la permission de la reine, capitaine Ludlow. On dit pourtant que ce passage est bien nommé.

— J'en réponds, car je l'ai traversé et j'espère le traverser encore. Qu'on montre du sang-froid et de la vigilance. Avec ou sans pilote, nous coulerons bas ou nous passerons!

Trysail comprit le danger, alla parler aux officiers, mit des hommes à tous les bras de vergues, et laissa le vaisseau s'engager dans la porte terrible, d'où aucune force humaine n'aurait pu d'ailleurs le tirer. Malgré l'accroissement de sa vitesse, Ludlow donna un coup d'œil à l'Écumeur de mer. L'îlot de Blackwell était déjà derrière eux; les deux courants s'étant réunis de nouveau, *la Sorcière* avait lofé à l'entrée du dangereux passage, et marchait dans les eaux de *la Coquette*, environ deux cents pieds à l'arrière. L'intrépide marin qui commandait le navire interlope se tenait entre les bittons, juste au-dessus de l'image de sa prétendue maîtresse, et les bras croisés il examinait d'un œil sévère les récifs écumants, les tourbillons et les courants contraires. Un coup d'œil fut échangé entre les deux officiers, et le contrebandier leva sa casquette. Ludlow était trop poli pour ne pas rendre le salut; puis toutes ses facultés furent absorbées par les soins qu'exigeait le vaisseau.

— Brassez les vergues au plus près du vent, dit Ludlow avec une tranquillité forcée.

— Lofez, s'écria presque aussitôt l'Ecumeur de mer, comme pour montrer qu'il prenait le croiseur pour guide.

La Coquette orienta au vent, mais la courbe soudaine du chenal ne lui permit pas de gouverner en droite ligne. Elle était menacée d'aller donner contre un rocher qui lui barrait le passage et autour duquel l'eau bouillonnait avec fureur.

L'imminence du danger pouvait faire excuser quelques infractions à l'étiquette nautique, et Trysail s'écria qu'il fallait brasser tout à culer, ou que le vaisseau était perdu.

— Lofe tout, la barre tout sous le vent! s'écria Ludlow d'une voix retentissante. Change derrière!

Le vaisseau, de même que son équipage, semblait avoir la conscience du péril. Les bossoirs se détournèrent du récif écumant, et les voiles, recevant la brise sur leurs surfaces opposées, aidèrent à porter l'avant dans une direction contraire. Au bout d'une minute tous les mâts étaient coiffés; une autre minute après les voiles s'éventaient de nouveau. Le court exercice avait occupé complétement Trysail; mais dès qu'il eut un peu de loisir il regarda l'avant.

— Encore un brisant sous nos bossoirs! s'écria-t-il; lofe, lofe, ou nous sommes dessus!

— La barre dessous! cria Ludlow à son tour. Lâchez les écoutes! masquez tout à l'avant et à l'arrière!

Aucune de ces précautions n'était inutile: quoique le vaisseau eût heureusement franchi un premier écueil, il avait devant lui cette chaudière en ébullition qu'on appelle le Pot. Mais la puissance de la voilure ne fut pas perdue dans cette périlleuse épreuve. La marche du vaisseau se ralentit, et comme le courant l'emportait toujours au vent, ses bossoirs ne plongèrent dans la houle qu'après avoir dépassé les rochers coulés qui causaient l'agitation de la mer. Le bâtiment se leva et tomba au milieu des lames, comme pour rendre hommage au tourbillon. Mais la profonde quille dériva loin du récif.

— Si le vaisseau court encore l'espace de deux fois sa longueur, ses bossoirs toucheront le remous, s'écria le vigilant chef de timonerie.

Ludlow regarda autour de lui d'un air irrésolu. Les eaux bouillonnaient et rugissaient de toutes parts; et les voiles perdaient leur empire à mesure que le vaisseau s'approchait de la pointe escarpée qui forme le second angle dans cette passe si critique. Pour éviter de donner contre la plage, il fallait se déterminer promptement, et le capitaine de *la Coquette* eut recours aux derniers expédients du marin.

— Mouillez les deux ancres, dit-il.

La chute de la masse de fer dans l'eau fut suivie du frôlement du câble. Les premiers efforts tentés pour arrêter la marche du vaisseau parurent menacer de dissolution toute la machine, qui trembla sous le choc depuis la tête du mât jusqu'à la quille. Mais les énormes cordes firent leur effet, et l'on vit s'élever de la fumée autour du bois qui les retenait. *La Coquette* tournoya sur elle-même, roula presque jusqu'à la gueule de ses canons, et rallia la terre par un mouvement terrible. Maintenue par la barre et par les efforts de l'équipage, on eût dit qu'elle allait braver toute contrainte. Cependant les voiles supérieures s'éventèrent; et comme le vent fut amené sur le couronnement, la force de la marée fut contrariée par celle de la brise. Le vaisseau répondit à la barre et demeura stationnaire, quoique les lames écumassent sous son taille-mer, comme s'il eût été poussé par une forte rafale.

Il y avait près d'un mille depuis l'entrée de la Porte d'Enfer jusqu'au-dessous du Pot; néanmoins les matelots de *la Coquette* s'imaginèrent qu'ils n'avaient pas mis une minute à parcourir cet espace. Certain d'avoir assuré le salut de son vaisseau, Ludlow, avec la rapidité de l'éclair, tourna ses pensées vers d'autres objets.

— Dégagez les grappins, s'écria-t-il avec ardeur.

Pour que nos lecteurs puissent comprendre les motifs de cet ordre subit, il faut qu'ils suivent *la Sorcière des Eaux* dans la tentative hasardeuse qu'elle faisait aussi pour passer la Porte d'Enfer sans pilote. L'Ecumeur de mer n'en connaissait les dangers que de réputation; aussi régla-t-il tous ses mouvements sur ceux du croiseur, qui lui servit de guide et de balise. Il coiffa son mât de misaine et s'abandonna au courant, en ayant soin de se tenir toujours à distance de *la Coquette*. Lorsque celle-ci jeta l'ancre et se prépara à lancer ses grappins, le brigantin dérivait par le travers de sa bordée; mais les voiles du con-

trebandier étaient surveillées avec le plus grand soin, et le gréement avait été si artistement combiné, qu'il était au pouvoir de l'équipage de diminuer d'un moment à l'autre la dérive en se lançant dans le courant.

Pendant que le croiseur royal préparait ses grappins, le contrebandier se tenait, sur la poupe basse de son petit navire, à cinquante pieds de l'homme qui avait donné l'ordre. Sur ses lèvres, dont les contours annonçaient la fermeté, errait un sourire d'indifférence, et il fit silencieusement à son équipage un geste de la main. On répondit à ce signal en brassant carré et en faisant servir toutes les voiles. Le brigantin partit comme un coursier aiguillonné par l'éperon, et les fers inutiles tombèrent lourdement dans l'eau.

— Merci de votre pilotage, capitaine Ludlow, s'écria l'audacieux marin, au châle pendant que son vaisseau, emporté par le vent et le courant, s'éloignait rapidement du croiseur. Vous me trouverez à la hauteur de la pointe de Montauk; des affaires me retiendront encore sur la côte, quoique la dame Vert-de-Mer ait mis son manteau bleu. Prenez bien soin de votre vaisseau, je vous en prie, car Sa Majesté n'en a point de plus beau.

Une foule d'idées tumultueuses assiégèrent l'esprit de Ludlow. Son premier mouvement fut d'employer ses canons; mais il comprit qu'avant qu'il eût le temps de les dégager, la distance les rendrait inutiles. La brise, qui fraîchissait, le décida. Il ordonna à l'équipage de filer les câbles par les écubiers, et abandonna les ancres jusqu'à ce qu'il eût occasion de les réclamer. Après cette opération, qui employa plusieurs minutes, il se mit à la poursuite de *la Sorcière des Eaux*.

Tel fut le fameux passage de l'Ecumeur de mer à travers les dangers cachés et multipliés du chenal oriental. L'habileté qu'il y déploya et son merveilleux succès augmentèrent encore la réputation dont il jouissait parmi les matelots.

CHAPITRE XXVII.

Le commandant du vaisseau de Sa Majesté Britannique *la Coquette* dormit cette nuit sur le pont. Avant que le soleil ne fût descendu sous l'horizon, le vif et léger brigantin, suivant la pente graduée de la terre, avait disparu à l'est, et il n'était plus question de lutter de vitesse avec lui. Cependant le royal-croiseur faisait force voiles, et longtemps avant que Ludlow ne se jetât tout habillé entre les deux ponts, le vaisseau était arrivé dans la partie la plus large du détroit et touchait aux îles qui forment ce qu'on appelle le Race.

Tout le long de cette journée d'anxiété le jeune marin n'avait communiqué avec aucune des personnes de la cabine. Les domestiques avaient circulé çà et là; mais, quoique la porte s'ouvrît rarement sans qu'il ne dirigeât ses yeux perçants du même côté, ni l'alderman, ni sa nièce, ni même le Français ou la négresse ne parurent. Si quelqu'un d'eux avait pris intérêt au résultat de la chasse, cet intérêt était resté enveloppé dans le plus profond et mystérieux silence.

Déterminé à ne pas être dépassé en indifférence, dominé cependant par des sensations dont il n'était pas maître, notre jeune marin était resté à la place qui lui avait été assignée.

Quand le premier quart de la nuit fut venu et jusqu'au point du jour, les voiles furent diminuées. Le capitaine parut enseveli dans un profond sommeil. Il se leva avec le soleil, donna l'ordre de déployer de nouveau les voiles, et tous les efforts tendirent à faire avancer le vaisseau vers son but.

La Coquette atteignit le Race à la pointe du jour; et, chassant à travers le passage avec la marée, elle avait passé Montauk à midi. Elle n'eut pas plutôt doublé le cap et atteint une pointe où elle sentit la brise et les vagues de l'Atlantique, que des hommes furent envoyés dans les hauteurs en observation, et vingt paires d'yeux furent occupés à parcourir l'horizon. Ludlow se rappela la promesse de l'Ecumeur de le rejoindre en ce lieu; et quels que fussent les motifs de qui lui supposer pour éviter l'entrevue, telle était l'influence que produisait sur tous le caractère et les habitudes du corsaire, que le jeune capitaine conservait une secrète croyance qu'il tiendrait sa promesse.

— L'horizon est libre! dit le jeune capitaine d'un air désappointé, abaissant sa lunette, et cependant le corsaire ne paraît pas homme à cacher sa tête de peur.

— Il peut avoir peur d'un navire français; mais il n'en est pas ainsi d'un croiseur de Sa Majesté, répondit le chef de timonerie. Si cet Ecumeur des mers avait pour dessein de tenir une autre chasse dans les grandes eaux, il n'est pas aussi bon juge que je croyais de la différence entre un grand et un petit navire; et j'avoue, monsieur, que j'aurais plus d'espoir de le prendre si la femme qui est à sa proue était bel et bien brûlée.

— Le chenal est libre!

— C'est cela, avec un vent qui souffle ici sud-sud. Cette partie d'eau que nous avons passée entre l'île la-bas et la Côte est doublée de baies; et pendant que nous les cherchons ici en pleine mer, les rusés brigands sont peut-être à déposer leur contrebande dans l'une des cinquante bassins qui sont entre le cap et le lieu où nous les avons perdus de vue. Il est peut-être retourné d'où nous sommes partis, riant dans sa barbe du tour qu'il a joué au croiseur.

— Il y a trop de vérité dans ce que vous dites, Trysail; car si l'Écumeur est disposé à nous éviter, il en a certainement les moyens.

— Voile, oh! cria la voix dans les hauts-bas de perroquet.

— Dans quelle direction?

— A tribord, monsieur, là, dans la ligne de ce léger nuage qui sort de l'eau.

— Pouvez-vous définir son port?

— Par saint George! ce garçon a raison, interrompit le maître. Le nuage empêchait de le voir; mais le voilà, la tête à l'ouest, à toutes voiles.

Ludlow braqua la lunette dans la direction indiquée, et resta long-temps attentif et silencieux.

— Nous sommes mal montés pour soutenir l'assaut d'un étranger, dit-il enfin remettant la lunette à Trysail. Voyez, il n'a que ses voiles de misaine au vent, un déploiement de toile qui ne satisferait pas un marchand par une brise comme celle-ci.

Le chef de timonerie se taisait; mais son regard fut plus inquisitorial encore que celui du capitaine. Quand il eut fini, il jeta un coup d'œil sur l'équipage affaibli qui contemplait le navire, devenu suffisamment distinct par le changement de position du nuage; puis il dit à voix basse:

— C'est un Français, ou je suis une baleine. On le devine à ses vergues courtes et au développement de ses voiles; oui, et c'est un croiseur encore, car nul homme qui voudrait tirer profit de son fret ne resterait si court de toiles, par un bon vent.

— Je partage votre opinion; plût au ciel que tout notre monde fût ici! Ceci n'est qu'un court complément pour entrer en action avec un vaisseau dont la force paraît égale à la nôtre. Combien comptons-nous?

— Nous sommes au-dessous de soixante-dix, un petit nombre pour le service de vingt-quatre pièces avec des vergues comme celles-ci à gouverner.

— Et cependant le port ne doit pas être insulté! on sait que nous sommes sur cette côte.

— On nous a vus, interrompit le contre-maître; il gagne sur nous et déploie ses bonnettes.

Il n'y avait plus qu'à choisir entre la fuite et les préparatifs de combat. Le premier choix eût été facile, car une heure eût suffi pour abriter le navire derrière le cap; mais le second était plus dans l'esprit du service auquel la Coquette appartenait. L'ordre fut donné, en conséquence, du branle-bas du combat. Cet ordre devait nécessairement exalter la nature turbulente des matelots, car le succès et l'audace marchent de pair; et l'habitude du succès avait donné aux marins de la Grande-Bretagne une confiance qui approchait souvent de la témérité. L'ordre de se préparer au combat fut donc accueilli par le faible équipage de la Coquette comme il l'avait été jadis lorsque son pont était garni du nombre suffisant pour développer toute la puissance de son armement; quelques-uns seulement des plus vieux et des plus expérimentés secouèrent la tête, comme s'ils doutaient de la prudence du conflit projeté.

Quelle qu'eût été la secrète hésitation de Ludlow lorsqu'il constata le caractère et la force de son ennemi, une fois sa résolution fut prise, il ne laissa plus la moindre émotion. Les ordres nécessaires furent donnés avec calme et avec toute la clarté et la précision qui constituent le plus grand mérite d'un capitaine de vaisseau. Les vergues furent enchaînées; les canons dégagés, les voiles légères carguées, enfin tous les préparatifs en usage dans l'occasion furent faits avec la promptitude et l'habileté ordinaires. Le tambour battit aux champs, et quand tous les hommes furent à leur poste, leur jeune commandant fut plus à même de juger de la véritable force de son navire. Appelant le chef de timonerie, il monta avec lui sur l'avant-afin de pouvoir conférer avec lui sans être entendu et d'observer en même temps les manœuvres de l'ennemi.

L'étranger avait, observa Trysail, viré de bord et se présentait l'avant au nord. Ce changement dans sa course l'amena sous le vent, et comme il déploya en même temps toutes ses voiles, il approchait avec rapidité.

Pendant que l'on était occupé à bord de la Coquette à faire les préparatifs, sa course était sortie de l'eau, et Ludlow et son compagnon aperçurent la longue ligne blanche garnie de sabords qui distingue les vaisseaux de guerre. Comme le croiseur de la reine Anne continuait sa course dans la même direction, une demi-heure de plus les amena suffisamment près l'un de l'autre pour ne laisser aucun doute sur leur force et sur leur caractère respectif. L'étranger fit à son tour ses préparatifs de combat.

— Il nous montre un cœur solide et une chaude batterie, observa le chef de timonerie quand le flanc du navire devint tout à fait visible par le changement de position. Je compte vingt-six dents, quoique la dent œillère doive manquer, car il ne serait jamais assez fou autrement pour braver la Coquette de la reine Anne de cette façon. C'est un assez joli navire, capitaine Ludlow, et souple dans ses mouvements. Mais voyez ses voiles hautes. Juste comme le caractère, peu ou pas de tête. Je ne m'y fais pas au cœur ne soit assez bien, car ce n'est pas autre chose que l'œuvre du charpentier. Mais du moment qu'il s'agit de la coupe d'une voile, comment un navire de l'Orient ou de Brest y comprendrait-il quelque chose? Rien n'égale, après tout, les bonnes et solides voiles anglaises, qui ne sont ni trop étroites en tête ni trop profondes d'envergure, avec des cordages et des câbles et des boulines de la longueur voulue. Voyez ces Américains qui introduisent des innovations dans l'art de construire des navires, comme s'il y avait à gagner à abandonner les habitudes de nos ancêtres. Tout homme peut voir que tout ce qu'ils ont de passable autour d'eux est anglais, tandis que toutes les innovations et changements qui ne signifient rien sortent de leur propre vanité.

— Néanmoins ils marchent, maître Trysail, répliqua le capitaine, qui tout sujet loyal qu'il était n'oubliait pas le lieu de sa naissance, et bien des fois ce navire, l'un des plus beaux modèles de Plymouth, a eu de la peine à poursuivre les côtiers de ces mers. Voyez le brigantin! comme il nous a joués avec tous nos avantages et le vent pour nous.

— On ne saurait dire où ce brigantin a été construit, capitaine. Ici ou là, je le considère comme un navire sans définition, comme le vieil amiral Top avait coutume d'appeler les galions des mers du Nord; mais quant à ces nouvelles modes américaines, à quel usage peuvent-elles servir, je vous demanderai cela, capitaine Ludlow? D'abord elles ne sont ni anglaises ni françaises, ce qui vaut autant dire d'aucun pays. Ensuite elles dérangent les usages établis parmi les fabricants de carcasses et de voiles, et quoique leurs navires marchent passablement bien aujourd'hui, tôt ou tard, croyez-moi, il leur arrivera malheur. Il est tout à fait déraisonnable de supposer qu'un nouveau peuple puisse découvrir dans la construction d'un navire quelque chose qui ait échappé à la sagacité de vieux marins comme... Mais le Français cargue ses bonnettes, et vont vouloir les laisser tomber, ce qui porte leur condamnation du coup. — Mon opinion est donc que ces nouvelles modes ne produiront rien de bon.

— Vos raisons sont concluantes, maître Trysail, répondit le capitaine dont les pensées erraient sur un tout autre sujet. Je conviens avec vous que le plus fort devrait descendre ses vergues.

— C'est quelque chose de mâle et de convenable que de voir un navire se dépouiller au moment de l'action. C'est comme un boxeur qui ôte sa jaquette dans l'intention de soutenir un vigoureux combat. Le voilà qui s'enfle de nouveau pour manœuvrer avant de commencer la besogne.

L'œil de Ludlow ne quittait pas d'un instant l'étranger. Il reconnut que le moment sérieux approchait pour commencer l'action; et donnant ordre à Trysail de maintenir la vitesse du navire, il descendit dans l'entre-pont. Le jeune commandant s'arrêta un moment, la main posée sur la serrure de la cabine, puis surmontant sa répugnance, il entra.

La Coquette était construite sur les modèles en vogue il y a un siècle, et par un retour qui agit sur l'architecture marine, aussi bien que sur des choses de moindre importance, on retrouve aujourd'hui en usage dans les vaisseaux de sa force. La cabine du commandant était au niveau des batteries du navire, et renfermait souvent deux et quatre canons. En entrant dans sa cabine, Ludlow trouva un groupe de matelots autour d'une caronade qu'ils dirigeaient du côté de l'ennemi, et complétant les préparatifs qui précèdent d'ordinaire le combat. La salle du conseil et le petit appartement qui la séparait restaient seuls fermés. Les charpentiers attendaient ses ordres, il donna le signal d'abattre les cloisons, et de mettre à découvert toute la partie intérieure du bâtiment propre au combat. Pendant que cette partie de ses ordres s'accomplissait il entra dans l'arrière-cabine.

L'alderman van Beverout et ses compagnons y étaient réunis, et dans l'attente de la visite du jeune commandant. Passant froidement devant le premier, Ludlow s'approcha de sa nièce, et lui prenant la main, il la conduisit dehors, faisant signe à ses femmes de suivre. Ils descendirent jusque dans les profondeurs du navire, où le capitaine conduisit son précieux dépôt dans une partie de la cale qui, se trouvant au-dessous de la flottaison, était autant à l'abri du combat qu'il était possible, dans respirer tout à fait l'air humide et malsain de la cale, et où la vue du sang et des blessés lui serait épargnée.

— Vous êtes en sûreté ici, mademoiselle, autant que le permet l'aménagement d'un vaisseau de guerre. Ne quittez sous aucune considération cet abri, avant que moi, ou quelqu'un suivant mes ordres, ne vienne vous en tirer.

Alida s'était laissé conduire sans la moindre observation; ses joues pâlirent plusieurs fois lorsqu'elle comprit le but des dispositions prises pour sa sûreté. Mais lorsque tout fut terminé et au moment où son conducteur allait se retirer en silence, son nom s'échappa des lèvres de la jeune fille, comme par une exclamation précipitée et involontaire.

— Puis-je faire encore quelque chose pour calmer vos appréhensions? demanda le jeune homme, évitant de regarder en face son interlocutrice. — Je connais l'énergie de votre caractère et je sais combien elle excède ce que l'on doit attendre d'une personne de votre sexe, autrement je ne vous eusse pas informée des dangers que nous allons courir.

— Quelle que soit votre généreuse interprétation de mon caractère, Ludlow, je ne suis après tout qu'une faible femme.

— Je ne vous ai pas prise non plus pour une amazone, répondit le jeune homme souriant. Tout ce que j'attends de vous est le triomphe de la raison sur la terreur féminine. Je ne vous cacherai pas que les chances sont contre nous, et malgré cela l'ennemi payera cher la prise de mon navire avant d'en être possesseur. Il n'en sera pas plus mal défendu, Alida, par l'adjonction de cette idée que votre liberté et votre bonheur reposent en quelque sorte sur nos efforts. Auriez-vous autre chose à me dire?

La belle Barbérie trahit une profonde émotion qu'elle réprima aussitôt.

— Il y a eu entre nous un étrange malentendu, mais le moment n'est pas opportun pour les explications, Ludlow! Je ne voudrais pas que dans un moment aussi solennel vous me quittassiez avec ce regard froid et accusateur!

La Sorcière des Eaux.

Elle s'arrêta. Le jeune homme osant seulement alors lever les yeux, aperçut la main de la jeune fille étendue vers lui comme gage d'amitié, pendant que le carmin de ses joues et son regard sollicitant accompagnaient le geste avec toute l'éloquence de la modestie virginale. Saisissant la main qui lui était si gracieusement offerte, il répondit précipitamment :

— Il fut un temps, Alida, où cette démonstration m'eût rendu bien heureux.

Le jeune homme s'interrompit; car ses regards étaient fascinés par les bagues qui brillaient aux doigts qu'il pressait. Alida comprit cette muette convoitise, et retirant un des anneaux de son doigt, elle le lui présenta avec un sourire aussi séduisant que sa beauté.

— L'une de ces bagues peut vous être offerte, dit-elle. Prenez-la, Ludlow, et quand votre tâche sera accomplie, rendez-la moi comme gage de ma promesse, et je ne vous refuserai pas toute explication à laquelle vous avez droit.

Le jeune homme prit la bague et la mit à son petit doigt, machinalement et d'un regard distrait, qui semblait chercher parmi les anneaux qui restaient s'il n'y en avait pas un qui fût déjà un gage d'amour. Il allait peut-être continuer ses investigations, lorsqu'un coup de canon parti du navire ennemi vint le rappeler à son devoir. Plus d'à moitié disposé à croire tout ce qu'il souhaitait, il imprima un baiser sur la jolie main, et s'élança sur le pont.

— Le monsieur commence à gronder, s'écria Trysail qui avait vu d'un œil mécontent la disparition de son commandant. Quoique son coup ait porté trop court, c'est déjà trop de laisser un Français avoir le premier mot.

— Il n'a tiré que le canon de défi. Laissez-le arriver, et il ne nous trouvera pas pressés de le quitter.

— Non, non ; quant à cela nous sommes bien disposés, répondit le contre-maître jetant un regard de satisfaction autour de lui. Si la course est notre jeu, nous avons fait une fausse manœuvre en commençant le jeu. Enfin, que cette affaire tourne comme elle voudra, elle me laissera toujours chef de timonerie, et quant à ma part d'honneur, le plus grand pair d'Angleterre ne saurait me la retirer.

Avec cette consolation sur le peu d'espoir qu'il avait de monter en grade, le vieux loup de mer parcourut le navire pour s'assurer que tout était en bon état, tandis que son jeune commandant, après avoir jeté un regard autour de lui, fit signe à son prisonnier et à l'alderman de le suivre à l'avant du navire.

— Je n'ai pas la prétention de chercher à connaître le genre de liens qui semblent vous attacher à certaine personne sur ce navire, dit Ludlow en s'adressant à Seadrift, et laissant ses yeux reposer sur le récent don d'Alida. Mais ils sont solides si j'en juge par l'intérêt que l'on vous porte. Ceci doit vous engager à veiller sur vous-même. Je ne veux pas approfondir jusqu'à quel point vous vous êtes mis en contravention avec nos lois; mais une occasion se présente de regagner l'estime publique. Vous êtes marin, et vous n'ignorez pas que mon vaisseau ne possède pas le nombre suffisant de bras nécessaires au service, et que le secours de tout bon serviteur sera le bienvenu. Chargez-vous de ces six caronades, et comptez sur mon honneur pour vous faire obtenir la récompense de votre dévouement à notre pavillon.

— Vous vous méprenez sur ma vocation, noble capitaine, répondit le contrebandier souriant légèrement; je suis homme de mer, c'est vrai, mais plus habitué aux paisibles latitudes qu'au fracas de la guerre. Vous avez visité le brigantin de notre maîtresse, et vous avez dû voir que son temple ressemble plus à celui de Janus qu'à celui de Mars. Le pont de la Sorcière des Eaux n'a pas cette sombre garniture de babords.

Ludlow écoutait stupéfié de surprise, d'incrédulité et de mépris; toutes ces sensations se trahirent l'une après l'autre sur sa physionomie assombrie.

— Voici un langage indigne d'un marin, dit-il, dissimulant à peine le mépris qu'il éprouvait... Rendez-vous hommage à ce pavillon?... Êtes-vous Anglais?

— Je suis ce qu'il a plu au ciel de me faire; plus fidèle au zéphyr qu'à l'ouragan... à plaisanter qu'à combattre... à passer gaiement mon temps qu'à le perdre dans les combats.

Lorsqu'il passa devant Ludlow, ce dernier reconnut la tournure agile du contrebandier.

— Est-ce bien là l'homme dont l'audace est devenue proverbiale, l'intrépide, l'indomptable, l'habile Écumeur de mer?

— Le nord n'est pas plus différent du sud que je ne le suis de celui dont vous vantez les qualités! Il ne m'appartient pas de vous détromper sur la valeur de votre captif, tant que celui dont les services envers notre maîtresse n'ont pas de prix était encore sur la côte. Je suis si loin d'être celui que vous croyez, brave capitaine, que je n'ai d'autre titre auprès de lui que d'être son agent, de posséder quelque expérience dans les caprices des femmes, et de faire choix des articles qui peuvent convenir à ses belles clientes. Peu à craindre pour injurier, je puis néanmoins me vanter d'être un bon consolateur. Permettez-moi d'apaiser les craintes de la belle Barbérie pendant le conflit qui va s'élever, et vous convaincrez ensuite que personne n'est plus habile que moi à remplir ce rôle tout pacifique.

— Console qui et ce que tu voudras, misérable effigie d'un homme! mais tiens, il y a moins de terreur que de ruse dans ce malicieux sourire et dans ce traître regard !

— Moquez-vous de l'un et de l'autre, généreux capitaine. Sur la foi de celui qui sait au besoin être sincère, une bonne terreur est ce qui prédomine, quelles que soient du reste les sensations que trahissent les traits. Je suis peut-être plus disposé à pleurer en ce moment qu'à passer pour brave.

Ludlow ne revenait pas de sa surprise. Son bras s'était levé pour empêcher la retraite du jeune marin, et par une impulsion naturelle sa main saisit celle de Seadrift. La douceur et la finesse de cette main lui firent éprouver une émotion telle, qu'une idée nouvelle et subite traversa son cerveau. Se rejetant de deux ou trois pas en arrière, il examina les formes sveltes et agiles de la tête aux pieds. L'expression sombre de sa physionomie se transforma en une surprise non déguisée, et pour la première fois les sons de cette voix lui parurent trop mélodieux et doux pour appartenir à un être masculin.

— En vérité, tu n'es pas l'Écumeur de mer, s'écrit-il après ce court examen.

— Il n'y a pas de vérité plus certaine. Je suis de peu de valeur dans cette rencontre, tandis que le bras et les conseils de ce vaillant marin vous seraient au contraire d'une grande utilité. Oh! je l'ai vu dans des scènes plus émouvantes que celles-ci, lorsque les éléments conspiraient avec d'autres dangers. L'exemple de son sang-froid et de son courage a inspiré les cœurs les plus faibles à bord du brigantin. Maintenant permettez-moi d'aller offrir mes consolations à la timide Alida.

— Ce serait démériter de la reconnaissance que de refuser votre requête, répliqua Ludlow. Allez, gai et galant maître Seadrift! Si l'ennemi craint aussi peu ta présence sur le pont que la redoute auprès de la belle Barbérie, tes services seront inutiles ici !

Seadrift rougit jusqu'aux oreilles, croisa ses bras sur sa poitrine avec un geste assez équivoque pour amener un sourire sur les lèvres du jeune capitaine, passa légèrement devant lui, et disparut par une écoutille.

Ludlow suivit de l'œil la forme gracieuse tant qu'elle lui fut visible, puis son regard inquisiteur sembla chercher sur la physionomie de l'alderman jusqu'à quel point il était initié dans le secret du véritable caractère de l'individu qui lui avait causé tant d'inquiétudes.

— Ai-je bien fait, monsieur, de permettre à un sujet de la reine Anne de nous quitter dans ce moment critique? demanda-t-il en ayant soin de voir si le flegme de Myndert se trahirait assez pour confirmer ses conjectures.

— Le gars est ce qu'on peut appeler de la contrebande de guerre, répliqua l'alderman sans trahir la plus légère émotion ; un article évalué à plus haut prix sur un marché paisible que sur une place turbulente. Quel point il était initié dans le secret du véritable caractère de l'individu qui lui avait causé tant d'inquiétudes... Ludlow, ce maître Seadrift ne serait pas du tout votre affaire dans un combat.

— Un tel exemple d'héroïsme doit-il s'étendre plus loin, ou puis-je compter sur l'assistance de monsieur l'alderman van Beverout? Il a la réputation d'un loyal citoyen.

— Quant à la loyauté, répondit l'alderman, il ne s'agit que de crier dans une fête, Vive la reine! personne n'est plus loyal que moi. Un souhait n'est pas une coûteuse gratitude pour la protection de sa flotte et de son armée, et je lui souhaite de tout mon cœur et à vous aussi un plein succès sur vos ennemis; mais je n'ai jamais admiré la manière dont les États Généraux ont été dépossédés de leur territoire

sur ce continent, maître Ludlow; c'est pourquoi je ne rends aux Stuarts que les devoirs que la loi seule m'impose.

— Ce qui se résume à dire que vous allez aider le jeune contrebandier à consoler une jeune personne que son esprit et son courage mettent au-dessus d'un tel secours?

— N'allez pas si vite dans vos conjectures, mon jeune gentilhomme : nous autres marchands nous aimons voir clair dans nos livres avant de les balancer. Quelles que soient mes opinions sur la famille régnante, que je vous ai livrées en confidence, et non comme une pièce de monnaie qui doit passer de main en main, mon affection pour le grand monarque est encore moindre. Louis est en brouille avec les Provinces-unies aussi bien qu'avec notre gracieuse reine, et je ne vois pas de mal à combattre l'un de ses croiseurs, puisqu'ils entravent le commerce et contrarient notre retour. J'ai vu le feu dans mon jeune temps, lorsque je conduisais à l'exercice un peloton de bourgeois volontaire autour du préau. Et pour conserver l'honneur du second magistrat de la bonne ville de Manhattan; je suis prêt à prouver que mes connaissances en stratégie ne sont pas encore complètement oubliées.

— C'est répondre en homme, et pourvu que l'action réponde à la parole, nous nous inquiéterons peu du plus ou moins de science. C'est le commandant qui donne la victoire au navire, car s'il se donne l'exemple il comprend ses devoirs, ses hommes l'imiteront. Choisissez votre poste parmi ces diverses pièces, et nous tâcherons de désappointer ces serviteurs de Louis, que nous le fassions, peu importe, en véritables Anglais, ou seulement comme alliés des sept provinces unies.

Myndert descendit dans l'entre-pont, et après avoir plié et déposé son habit sur le cabestan, maintenu sa perruque sur sa tête au moyen d'un mouchoir, resserré la boucle de ses chausses, il circula au milieu des caronades avec un air assez martial pour convaincre les spectateurs que du moins il savait affronter le danger.

L'alderman van Beverout était un personnage trop important pour ne pas être connu de tous ceux qui fréquentaient la ville dont il était l'un des magistrats. Sa présence parmi les hommes dont la plupart étaient natifs de la colonie produisit un effet salutaire, quelques-uns cédant à l'effet sympathique que donne l'exemple du courage, d'autres redoutant moins un danger qu'un homme comme l'alderman, riche et considéré, semblait affronter avec tant d'indifférence. Le bourgeois fut donc accueilli par de joyeuses exclamations de la part de l'équipage, auquel il crut nécessaire d'adresser une sorte d'allocution, les exhortant à faire leur devoir et d'enseigner aux Français la sagesse de laisser à ces parages leur libre circulation, s'abstenant de faire mention de rois et de pays, pour ne pas compromettre sa manière de voir sur ce point.

— Que chaque homme évoque la cause qui lui sera la plus susceptible de développer son courage, dit-en terminant cet imitateur des Annibal et des Scipion, car c'est le plus sûr moyen de les maintenir en bon état jusqu'au bout. Quant à moi, je ne manque ni de causes ni de motifs, et je suis sûr que chacun de vous en trouvera de suffisants pour soutenir ce combat du cœur et de la main. Que deviendraient les affaires des meilleures maisons des colonies si leurs chefs se laissaient conduire à Brest ou à Lorient? Le commerce entier de la cité serait anéanti. Je n'offenserai pas votre patriotisme par des soupçons injurieux; je croirai au contraire que vous êtes bien résolus comme moi à résister jusqu'à la fin; car l'intérêt est général, puisque le bonheur et la prospérité de la société dépendent entièrement des questions commerciales.

Ayant ainsi terminé son allocution d'une voix ferme et brève, le digne bourgeois toussa fortement et rentra dans son maintien habituel,

Entrevue de l'Écumeur de mer et de lord Cornbury.

parfaitement certain d'avoir au moins sa propre approbation. Si la base du discours de Myndert paraît au premier abord se résumer dans une question personnelle d'intérêt, le lecteur devra se rappeler que c'est par la concentration des individualités que prospère le commerce du monde entier. Les marins écoutèrent avec d'autant plus d'admiration qu'ils ne comprirent absolument rien au discours de l'alderman,

— Vous voyez l'ennemi et vous savez ce qu'il vous reste à faire, articula la voix claire, pénétrante et mâle de Ludlow, comme il passait au milieu de l'équipage de la *Coquette*, rassemblé sur le pont. Je ne prétends pas affirmer que nous sommes en force, comme je l'eusse désiré; mais plus il y a de difficultés à vaincre, plus la victoire est glorieuse. Ce pavillon n'est pas cloué. Quand je serai mort, libre à vous de le descendre; mais tant que je vivrai, mes amis, il restera au poste d'honneur. Maintenant un hourra pour montrer votre ardeur, et qu'ensuite le seul bruit que l'on entende soit celui du canon !

L'équipage obéit et remplit l'air d'un hourra formidable. Trysail assura à un jeune et insoucieux aspirant qui venait de crier de toutes ses forces, que jamais il n'avait entendu un aussi joli morceau d'éloquence que celui du capitaine. C'était à la fois bref, intelligible et empreint de l'élégance d'un homme bien élevé.

CHAPITRE XXVIII.

Le moment n'était pas opportun pour le croiseur anglais, il avait déjà perdu la moitié de son équipage lorsque parut le vaisseau; c'était un bâtiment qui courait la mer des Antilles en cherchant des aventures comme celles qui venaient de se présenter. Son commandant, connu depuis longtemps dans le quartier du Marais comme un homme des plus aimables et des plus pimpants, était aussi réputé comme un des plus braves et des plus adroits parmi les duellistes fiers de leur savoir-faire le soir dans la rue Basse-du-Rempart. Son vaisseau se nommait *la Belle Fontange*. Le jeune chevalier Dumont de la Rocheforte avait obtenu par son rang et ses influences à Versailles un commandement que ne justifiaient ni ses droits, ni son expérience, ni même ses services. Sa mère avait le bonheur d'être proche parente d'une des beautés de la cour; son médecin lui avait commandé les bains de mer contre une morsure de bichon. Pour mieux instruire ceux qui, en fait de curiosités nautiques, n'avaient jamais vu que des fossés ou des pièces d'eau remplies de carpes, où bien un bras bourbeux de la Seine, et qui cependant étaient obligés de lire sa volumineuse correspondance, elle avait eu la fantaisie de vouer son dernier né à Neptune. Le jeune chevalier entra au service dans un moment opportun, c'est-à-dire pendant que cette poétique imagination était encore dans toute son effervescence. Aussi fut-il nommé presque immédiatement au commandement de ladite corvette, et envoyé dans les Indes à la conquête de la gloire, pour lui et pour son pays, bien avant que l'enthousiasme maternel eût eu le temps de se refroidir.

Quoique le chevalier Dumont de la Rocheforte fût brave, il manquait de ce calme et de ce calme réel qui fait le mérite du marin. Il était bouillant, impétueux, irréfléchi; son courage dépendait de son caractère. Il avait la fierté d'un gentilhomme, et malheureusement il n'avait pas eu le temps de se former au commandement qu'il exerçait pour la première fois. Il semblait mépriser par orgueil toute espèce de connaissance mécanique, qu'il eût été cependant si important au capitaine de *la Fontange* de posséder. Il dansait admirablement, il faisait les honneurs de sa cabine avec une excessive élégance. Ne sachant pas nager, il avait été cause de la mort d'un excellent marin, parce qu'étant tombé à la mer par accident, celui-ci s'était précipité à son secours, et on négligea naturellement le subordonné pour sauver le supérieur. Il tournait gentiment le sonnet, et il avait une légère teinte de la philosophie nouvelle qui commençait à se répandre sur le monde; mais les cordages de son vaisseau et les lignes d'un problème de mathématiques étaient également des labyrinthes où il ne s'était jamais hasardé.

Peut-être fut-il heureux pour la sûreté de tous que *la Belle Fontange* possédât un officier subalterne né à Boulogne-sur-Mer, qui était assez compétent pour savoir si le navire suivait sa véritable course, et si on ne déployait pas trop de voiles en temps inopportun. Le vaisseau lui-même était scientifiquement et finement construit. Il avait la réputation d'un bon marcheur; ses agrès étaient légers et aériens. Son seul défaut, et il semblait avoir cela de commun avec son commandant, était peut-être de manquer de cette solidité qu'il faut pour résister aux fureurs et aux dangers de l'élément turbulent sur lequel il était destiné à errer.

Les vaisseaux étaient à peu près alors à un mille de distance l'un de l'autre. La brise, quoique calme, était cependant assez fraîche pour faciliter les évolutions ordinaires d'un combat naval, la mer était justement assez tranquille pour permettre aux vaisseaux de manœuvrer avec confiance et célérité. *La Fontange* avait l'avantage du vent, elle courait vers l'est, ses espars s'inclinaient gracieusement du côté de son adversaire. *La Coquette*, courant l'autre bordée, penchait nécessairement du côté opposé à l'ennemi. Les deux navires avaient amené leurs bonnettes, leurs brigantines et leurs grands focs, quoique les voiles hautes du Français flottassent à la brise comme les plis gracieux de quel-

que drapeau féérique. On ne distinguait personne sur les ponts des deux vaisseaux; cependant des masses noires, en s'arrondissant autour du faîte de chaque mât, prouvaient que les gabiers étaient prêts à faire leur devoir, malgré la confusion et les dangers du combat. L'avant de *la Fontange* s'inclina plusieurs fois dans la direction de son adversaire, puis se cabrant sous l'influence du vent, elle s'arrêta superbe de majesté. Le moment où les vaisseaux se mettant de travers pour s'envoyer, à travers l'eau qui les séparait, leurs messagers de mort, approchait rapidement. Ludlow, qui surveillait attentivement tous les changements de position et tous les caprices de la brise, monta sur la poupe et parcourut l'horizon avec sa longue-vue, avant que son navire ne fût enveloppé par la fumée. Quelle fut sa surprise quand il découvrit à la surface de l'onde une pyramide de voiles rasant la mer dans la direction du vent. Ces voiles étaient visibles à l'œil nu; elles n'avaient échappé à l'observation qu'à cause des préoccupations de ce moment pressant. Il appela le chef de timonerie et lui demanda son opinion sur le caractère de ce second étranger. Mais malgré sa grande expérience, Trysail avoua qu'il lui était impossible de rien dire, si ce n'est que c'était un navire courant vent arrière avec toutes ses voiles dehors. Mais après avoir longuement examiné une seconde fois, il hasarda, en maître expérimenté, que l'étranger avait toute la désinvolture et la symétrie d'un croiseur, mais qu'il ne pouvait rien décider sur sa dimension.

— C'est peut-être un bâtiment léger, ayant toutes ses voiles de perroquet et ses bonnettes dehors; ou peut-être, capitaine Ludlow, ne voyons-nous que quelques voiles hautes d'un gros bâtiment. — Ah ! ah ! le Français l'a aperçu, car la corvette fait des signaux au loin. Prenez votre longue-vue, si l'étranger répond, nous n'avons qu'à fuir.

La Fontange examinait avec anxiété les espars les plus hauts du navire éloigné, mais la direction du vent empêchait de saisir aucun signe de communication avec elle. Elle semblait également ne pas savoir à quoi s'en tenir sur le caractère de l'étranger; car pendant un moment il fut évident qu'elle voulait changer sa course. Mais ce moment d'indécision fut court. Les voiles, sous la pression constante de la brise, poussaient déjà les vaisseaux par le travers l'un de l'autre.

— Soyez prêts, mes hommes ! dit Ludlow d'une voix sourde mais ferme, en restant à son poste élevé sur la poupe, tandis qu'il indiquait à son compagnon le gaillard d'avant; répondez à leur feu.

À ces mots succéda un moment d'attente. Les deux gracieux bâtiments s'approchèrent à portée de la voix. Le silence était si profond à bord de *la Coquette*, que ceux qui la montaient pouvaient entendre distinctement le mugissement de la mer sous ses bossoirs, ce qu'on aurait pu comparer à la respiration d'un énorme animal rassemblant toute son énergie physique pour un effort inaccoutumé. Au contraire, des bruits et des clameurs partaient des cordages de la *Fontange*. La voix du jeune Dumont ordonnant le feu à ses gens se distinguait à travers son porte-voix. Ludlow sourit d'un air de mépris, et levant son porte-voix avec calme, il le montra à son équipage attentif. Et le navire vomit de ses flancs une décharge d'artillerie, comme si elle eût été par sa propre volonté. Les canons de l'ennemi ne firent point attendre leur réponse, et les deux vaisseaux passèrent lestement hors de portée des boulets.

Le vent avait envoyé la fumée sur l'Anglais, et pendant quelque temps elle flotta sur le pont, se balança parmi les voiles, et passa sous le vent avec les contre-courants des explosions. Le sifflement d'un boulet et le craquement du bois s'étaient fait entendre pendant le combat. Ludlow jetant un regard sur l'ennemi qui gardait sa position, quitta la poupe et essaya d'examiner les drisses avec toute la sollicitude d'un marin.

— Qu'avons-nous perdu, monsieur? demanda-t-il à Trysail, dont il aperçut le visage à travers la fumée. Quelle est la voile qui bat si lourdement?

— Le mal n'est pas grand, monsieur. — Peu de mal... Un coup de main au palan pour la vergue d'avant. — Vous, marins d'eau douce, vous ne bougez pas plus que des limaçons. — Monsieur, l'ennemi rallie le vaisseau qui est sous le vent. — Mais nous pourrons bientôt représenter nos voiles à la brise. — Brisez-là, mes garçons, comme si c'était une branche morte. — Assez. Pesez sur votre bouline... Soyez calmes... Bordez-là, bordez-là, vous le pouvez, bordez-la.

La fumée avait disparu, et l'œil du capitaine avait rapidement examiné l'étendue du vaisseau. Trois ou quatre gabiers avaient déjà saisi la voile déchirée; et assis au bout de la vergue, ils étaient occupés à la raccommoder. Quelques trous dans les voiles, et çà et là des cordages sans importance qui pendaient, prouvaient que le boulet avait porté. Le capitaine n'apercevait que des dommages insignifiants en haut du navire, et ils n'étaient pas de nature à attirer son attention.

C'était une scène différente sur le pont. Le faible équipage était énergiquement occupé à charger les canons. Les refouloirs et les écouvillons passaient rapidement de main en main; l'alderman n'avait jamais été plus absorbé dans le calcul qu'il le paraissait dans son devoir de canonnier, et les jeunes gens auxquels le commandement des batteries avait été confié par nécessité l'aidaient de leur autorité et de leur expérience. Debout près du cabestan, Trysail donnait froidement les ordres dont nous avons parlé, il était assez absorbé par la voilure du navire, pour rester insensible à tout ce qui se passait autour de lui.

Ludlow vit avec peine qu'à ses pieds le sang souillait le pont, et qu'un matelot était tombé à côté de lui. Une planche brisée et des éclats du revêtement intérieur du vaisseau indiquaient l'endroit par lequel était passé le projectile destructeur.

Le commandant de *la Coquette* s'avança en comprimant ses lèvres, et regarda en homme résolu la roue de la corderie. Le chef de timonerie, qui tenait les rayons, avait l'œil fixé sur la principale voile, invariable de même que l'aiguille qui présente sa pointe au pôle.

Ces observations furent faites en une minute. Les différentes circonstances relatées furent reconnues avec tant de rapidité, qu'elles étaient notées sans avoir perdu un seul moment la connaissance exacte de la situation de *la Fontange*. Cette dernière avait déjà pris le vent. Il devint nécessaire de répondre à cette manœuvre par une autre aussi prompte.

Les ordres étaient à peine donnés, que *la Coquette*, comme si elle avait eu conscience du danger qu'elle allait courir d'être enfilée d'avant en arrière, vira vent devant, et en même temps que son adversaire s'apprêtait à décharger ses canons, elle était en position de recevoir et de lui rendre sa bordée. Les navires s'approchèrent de nouveau, et échangèrent une seconde fois leurs torrents de feu.

Ludlow s'aperçut alors, malgré la fumée, que la grande vergue de *la Fontange* se balançait pesamment contre la brise, la grande voile battait contre le grand mât. S'élançant alors de la poupe sur un mât d'étai qui avait été renversé un moment auparavant, il sauta sur le gaillard d'arrière, près du chef de timonerie.

— Brassez carré, dit-il rapidement en parlant d'une voix claire mais basse; serrez les boulines. Lofez, monsieur, lofez, assujettissez le vaisseau contre le vent.

La réponse claire et nette du chef de timonerie, et la façon dont *la Coquette* vomissait ses torrents de flammes, attestaient la promptitude de l'équipage. Une minute après, les immenses tourbillons de fumée qui enveloppaient les deux bâtiments se confondirent et formèrent un nuage qui, chassé par les explosions, roula sur la surface des eaux, mais qui, en montant dans l'air, se dirigea gracieusement sous le vent.

Notre jeune commandant passa rapidement dans les batteries; il dit à l'équipage quelques paroles encourageantes, et regagna son poste sur la poupe. La position stationnaire de *la Fontange* et les efforts pour gagner le vent étaient déjà un avantage pour le croiseur de la reine Anne. Il se manifesta une indécision telle sur l'autre navire qu'elle attira bientôt l'attention d'un homme dont les talents dans sa profession ressemblaient beaucoup à de l'instinct.

Le chevalier Dumont avait occupé ses loisirs en commentant l'histoire navale de son pays, il avait trouvé que tel ou tel commandant avait été applaudi pour avoir mis ses voiles de hune sur le mât, par le travers de son ennemi. Ignorant la différence qui existait entre un vaisseau en ligne et un autre engagé tout seul, il s'était déterminé à donner, lui aussi, une pareille preuve de son courage. Au moment où Ludlow attentif surveillait sur la poupe les progrès de son vaisseau et la position de son ennemi, indiquant d'un simple geste à l'attentif Trysail ce qu'il désirait faire, il y avait grande discussion sur le gaillard d'arrière du vaisseau français entre le marin de Boulogne-sur-Mer et le joyeux favori des salons. Ils discutaient l'expédient auquel celui-ci s'était arrêté pour prouver l'existence d'une qualité dont personne ne doutait. Le temps perdu dans cette discussion fut d'une importance suprême pour le croiseur anglais. Avançant rapidement, il fut bientôt hors de portée des canons de son adversaire, et, avant que le Boulonnais n'eût convaincu son supérieur de son erreur, son antagoniste avait viré de bord, et, en lofant, il se trouvait dans le sillage de *la Fontange*. Les voiles de hune de celle-ci furent quelque temps à s'emplir; mais avant qu'elle eût repris sa marche, les voiles de son ennemi ombrageaient son pont. Il était alors probable que *la Coquette* passerait au vent. Dans ce moment critique, les voiles de perroquet du croiseur anglais furent presque déchirées par deux boulets. Le navire tomba sur le côté, les voiles s'emmêlèrent et les vaisseaux furent engagés.

La Coquette avait tout l'avantage de la position. En voyant l'importance de ce fait, Ludlow voulut rendre la position encore plus sûre en lançant les grappins. Les deux navires furent ainsi accrochés l'un à l'autre; le jeune Dumont se trouva relevé d'un immense embarras. Il avait été suffisamment prouvé que pas un de ses canons n'avait porté, tandis qu'une décharge meurtrière de mitraille venait de balayer son pont dans toute sa longueur; il donna l'ordre d'aborder. Mais Ludlow, avec son équipage décimé, ne s'était pas décidé à une évolution si hasardeuse sans en avoir prévu toutes les conséquences. Les vaisseaux se touchaient par un seul point, et ce côté était protégé par un rang de mousquets. Au moment où le jeune et impétueux Français apparut sur le pont de son navire, soutenu par une troupe de matelots, un feu nourri renversa toute le détachement, excepté un seul homme. Le jeune Dumont resta debout. Pendant un instant son œil resta fixe, glacé; mais son corps obéit à l'impétuosité de son esprit : il s'élança en avant, et il tomba mort sur le pont de son ennemi.

Ludlow surveillait chaque mouvement avec un calme que ni sa responsabilité personnelle ni les incidents rapides et bruyants de cette terrible scène ne pouvaient détruire.

— Il est temps d'en venir aux mains, s'écria-t-il en faisant descendre par un geste Trysail de l'échelle afin de lui livrer passage.

Son bras fut arrêté, et le grave et vieux marin lui montra l'endroit d'où soufflait le vent.

— On ne peut s'y tromper, dit-il, à la coupe de ces voiles, à la hauteur de ces mâts, cet étranger est un autre Français.

Un coup d'œil apprit à Ludlow que son subordonné avait raison; un autre lui suffit pour savoir ce qu'il lui était nécessaire de faire.

— Qu'on laisse tomber le dernier grappin! Coupez-le! Dégagez!

Ces paroles furent dites à travers le porte-voix d'un ton qui domina le tumulte du combat.

L'arrière de *la Coquette* céda à la pression de son ennemi, et elle se trouva bientôt en position de brasser vigoureusement ses vergues en reculant; ses flancs touchèrent l'arrière de *la Fontange*, le dernier grappin céda, et cinq minutes après cette séparation *la Coquette* avait repris le train ordinaire de ses manœuvres.

L'esprit qui avait présidé aux évolutions de *la Coquette* gouvernait toujours ses mouvements. Les voiles brassées, le vaisseau obéissait au gouvernail; les gabiers agiles étaient sur les vergues, et de larges plis de toiles neuves flottaient à la brise, car on avait mis de nouvelles voiles; les câbles furent remplacés par de nouveaux cordages, les espars examinés avec soin; enfin on n'oublia ni les soins ni les précautions nécessaires à la sûreté du navire. Chaque mâtereau fut consolidé, on sonda les pompes, et le vaisseau continua son chemin absolument comme si jamais il n'eût tiré un coup de canon.

D'un autre côté, *la Fontange* avait la démarche indécise d'un navire vaincu. Le désordre était à son bord, tout était confusion : ses voiles déchirées flottaient au gré des vents; ses cordages importants tombaient le long de ses mâts, et le navire lui-même courait devant la brise comme un bâtiment naufragé. Pendant plusieurs minutes il n'y eut aucun commandement à bord du navire, et lorsqu'on eut laissé perdre un temps précieux qui donna au croiseur ennemi tout l'avantage du vent et une grande avance, les matelots firent un tardif effort pour relever le vaisseau. Les hauts mâts les plus importants chancelèrent un instant, et enfin ils tombèrent dans la mer avec un grand bruit.

Nonobstant l'absence de la plus grande partie de son équipage, le succès de *la Coquette* était certain, si la présence de l'étranger n'avait forcé Ludlow d'abandonner son avantage; mais les conséquences en étaient trop certaines pour qu'il pût permettre autre chose qu'un regret d'ailleurs bien naturel de ne pas profiter d'une si favorable occasion de prendre un navire. Le caractère de l'étranger ne pouvait être longtemps caché : tous les marins de *la Coquette* reconnurent les voiles étroites et hautes, les mâts élevés et amincis de la frégate, dont la carène se reconnaissait alors distinctement, comme un habitant de la terre reconnaît un individu à sa tournure et à la façon de ses habits. Si on avait encore eu quelques doutes à cet égard, ils auraient été promptement dissipés en voyant l'étranger échanger des signaux avec la corvette désemparée.

Il était temps pour Ludlow de prendre une résolution sur sa future course. La brise tenait toujours au sud; mais elle commençait à tomber, et, suivant toute apparence, le calme devait arriver avec la nuit. La terre était à quelques lieues au nord, et à l'exception des deux croiseurs français, on n'apercevait rien à l'horizon. Descendant au poste d'arrière, il s'approcha du chef de timonerie, qui était assis sur une chaise pendant que le chirurgien lui pansait la jambe blessée assez grave pendant le combat. Serrant cordialement la main de ce vétéran, il lui exprima toute sa reconnaissance pour les services que celui-ci lui avait prodigués pendant le combat.

— Dieu vous bénisse! Dieu vous bénisse! capitaine Ludlow, répondit le vieux serviteur; rien n'est moins équivoque qu'un combat pour éprouver certainement les vaisseaux et les hommes. La reine Anne peut nous féliciter les uns et les autres pour cette journée. Aucun homme n'a oublié son devoir, autant que mes yeux ont pu les observer; et ce n'est pas peu dire avec un équipage réduit de moitié et un ennemi une fois plus fort. Pour ce qui est du navire, il s'est conduit on ne peut mieux. J'avais de sinistres pressentiments lorsque j'ai vu notre grande voile se déchirer comme un coupon de mousseline entre les mains d'une lingère. Monsieur Hopper, courez à l'avant, et dites aux hommes de peser un peu sur le hauban, en ayant soin de faire de même pour tous les autres. C'est un jeune homme actif, capitaine Ludlow; il ne lui manque qu'un peu de réflexion, quelque expérience, et pas mal de modestie. Avec les talents qu'il ne manquera pas d'acquérir à la longue dans la marine, on en pourra faire un officier très-passable.

— Cet enfant promet; mais je suis venu vous demander votre avis, mon vieil ami, sur les mouvements qui nous restent à faire. Il ne nous faut plus douter que le bâtiment qui vient sur nous soit une frégate française.

— On n'en peut pas plus douter de la nature d'un hameçon destiné à prendre le fretin et à laisser passer le gros poisson. Peut-être pourrions-nous lui faire voir nos voiles et essayer la haute mer; mais notre mât de misaine est percé de trois trous, et je crains qu'il ne puisse supporter les voiles dont nous aurions besoin.

— Que pensez-vous du vent? dit Ludlow en affectant, par respect pour son compagnon blessé, une indécision qu'il était loin d'avoir : s'il tenait, nous pourrions doubler Montauk et retourner prendre le reste de

4.

notre monde; mais s'il tombe, ne courrons-nous pas le danger que la frégate ne s'arrête à portée de canon? Nous n'avons pas de bateaux pour lui échapper.

— Le sondage sur cette côte est aussi régulier que la toiture d'une maison, répondit le maître après un instant de réflexion. Mon avis est, puisque vous me faites l'honneur de le demander, capitaine Ludlow, de gagner la côte le plus près possible, tandis que le vent est encore bon, alors nous n'aurons plus à craindre la frégate. Mon opinion est que la corvette est comme un homme qui a fait un bon dîner, et qui n'a plus d'estomac pour en loger un second.

Ludlow applaudit à l'avis de son subordonné, car c'était précisément ce qu'il voulait faire, et après avoir complimenté le maître sur son sang-froid et son habileté, il donna les ordres nécessaires. On mit le gouvernail de la Coquette tout au vent, les vergues furent brassées carré, et le navire fut mis dans la brise. Après avoir couru dans cette direction pendant quelques heures, le vent tomba peu à peu, le plomb de la sonde annonça que la quille était très-près du fond et que la prudence ne permettait pas d'aller plus loin. Quelques instants après, le vent cessa entièrement, et notre jeune commandant ordonna de jeter une ancre à la mer.

Les croiseurs ennemis imitèrent cette manœuvre; ils se rallièrent bientôt, et l'on vit des embarcations aller d'un vaisseau à l'autre tant que dura le jour. Lorsque le disque rougeâtre du soleil couchant eut complétement disparu dans l'immensité de l'Océan, les silhouettes des deux vaisseaux, éloignés d'environ une lieue, devinrent de moins en moins distinctes, jusqu'à ce que l'obscurité, qui augmentait graduellement, eût enveloppé dans son noir linceul et la mer et les rivages.

CHAPITRE XXIX.

Trois heures après, aucun bruit ne se faisait entendre à bord du vaisseau royal; on ne s'occupait plus de réparer les avaries dont avait souffert le bâtiment, et la plupart de ceux qui avaient vaincu gardaient le même silence que leurs compagnons morts. On n'avait cependant pas négligé la surveillance nécessaire à la situation des marins fatigués, et, quoique beaucoup d'entre eux goûtassent les bienfaits d'un sommeil profond, quelques yeux étaient encore ouverts et veillaient à la sécurité commune. De distance en distance, quelques matelots, luttant contre un sommeil accablant, marchaient sur le pont d'un pas chancelant, tandis qu'un autre officier essayait de se tenir éveillé en aspirant l'air épais que renfermait son étroite prison. La plus grande partie des matelots étaient couchés sous les canons, et chacun d'eux portait une paire de pistolets à sa ceinture et des coutelas à son côté. Un seul homme était étendu sur le gaillard d'arrière avec la tête appuyée sur une boîte à boulets; sa respiration lourde dénotait le sommeil inquiet d'un homme fortement constitué qui luttait en même temps contre la fatigue et contre les souffrances; c'était le chef de timonerie qui, dévoré par la fièvre et souffrant d'une blessure, avait choisi cette place pour jouir pendant une heure d'un repos si nécessaire à sa situation. Sur une boîte vide était étendue dans une complète immobilité une forme humaine, le visage noblement tourné vers le ciel couvert de pâles étoiles; c'était le corps du jeune Dumont était ainsi étendu, en attendant qu'il pût être confié par le capitaine Ludlow à une terre consacrée, aussitôt que le navire aurait mouillé dans un port. Ludlow, avec cette délicatesse naturelle à un ennemi généreux et chevaleresque, avait de ses propres mains étendu sur le cadavre du Français jeune et inexpérimenté le glorieux drapeau de sa patrie.

Un petit groupe s'était formé sur la dunette de la poupe du vaisseau, et les intérêts ordinaires de la vie semblaient encore y exercer leur influence; ce fut là que Ludlow conduisit Alida et ses compagnons, lorsque les travaux de la journée furent accomplis, pour qu'ils pussent respirer un air plus frais que dans l'intérieur du bâtiment. La négresse dormait près de sa jeune maîtresse; l'alderman, accablé de fatigue, se reposait, le dos appuyé contre le mât de misaine, dans une position qui dénotait parfaitement son état de prostration, et Ludlow était debout, laissant de temps à autre tomber ses regards sur la mer calme et tranquille et prêtant son attention aux discours de ses compagnons. Alida et Seadrift étaient assis l'un à côté de l'autre sur des chaises. Ils causaient ensemble tout bas, et la mélancolie ainsi que le tremblement de la voix de la belle Alida prouvaient combien les événements de la journée avaient ébranlé son esprit d'ordinaire si énergique.

— Il y a dans votre profession si agitée un mélange de terrible et de beau, de grand et de séduisant, dit Alida, en répondant à une remarque que venait de faire le jeune marin. Cette mer tranquille, le bruit des vagues qui roulent sur la côte et le ciel qui nous couvre, tout cela offre un spectacle qui peut exciter l'admiration même d'une jeune fille, si le bruit du combat ne résonnait pas encore à ses oreilles. Ne m'avez-vous pas dit que celui qui commandait le vaisseau français était un tout jeune homme?

— Il avait toute l'apparence d'un enfant, et sans aucun doute il ne devait son rang élevé qu'aux avantages de la naissance et de la famille. Nous avons pensé qu'il devait être le commandant de la corvette, tant à

son costume qu'aux efforts désespérés qu'il faisait pour réparer la fausse démarche qu'il avait faite dès le commencement de l'action.

— Il a peut-être une mère, Ludlow, une femme, une sœur, ou....

Alida s'arrêta; avec la modestie d'une jeune fille, elle hésitait à nommer le lien qui occupait toutes ses idées.

— Il peut posséder un de ces objets d'affection ou peut-être tous à la fois. Telle est la destinée des marins, et...

— Telle est la destinée de ceux qui s'intéressent à eux, murmura Seadrift d'une voix calme mais expressive.

Un long et éloquent silence se fit et ne fut interrompu que par la voix de Myndert, qui s'écriait en rêvant, d'une manière indistincte :

— Vingt peaux de castor et trois de martre...

Malgré les tristes objets qui occupaient les pensées de Ludlow, un sourire léger erra sur ses lèvres, quand tout à coup la voix rude de Trysail, rendue plus rude encore par le sommeil, se mit à crier :

— Portez la main aux garcettes. Le vaisseau français a mis le cap sur nous!

— C'est une prophétie! articula à haute voix un homme qui s'était placé derrière le groupe.

Ludlow tourna brusquement la tête, et, quoique l'obscurité fût profonde, il reconnut dans l'homme aux formes athlétiques qui venait de parler ainsi, et qui était debout derrière lui sur la poupe; le fameux Écumeur de mer.

— Appelez!

— N'appelez pas, s'écria Tiller, qui contremanda ainsi l'ordre précipité qui échappait involontairement des lèvres de Ludlow. Que le vaisseau soit tranquille comme si personne ne le montait, et cependant surveillez tout, jusqu'aux soutes aux provisions. Vous avez bien fait, capitaine Ludlow, d'être toujours sur le qui-vive, quoique j'aie des yeux cent fois meilleurs que ceux de vos vigies.

— D'où venez-vous, hardi personnage, et quelle nouvelle folie vous amène encore sur le pont de mon vaisseau?

— Je viens de mon habitation sur la mer. Il faut que je vous donne un conseil.

— La mer, répéta Ludlow, jetant les regards sur l'étroit horizon qui l'entourait. Ce n'est pas ici le lieu de railler, et vous devriez bien ne pas plaisanter davantage ceux qui ont des devoirs sérieux à remplir.

— C'est en effet l'heure des devoirs sérieux, plus sérieux encore que vous ne pouvez le supposer. Mais avant que je ne m'explique, il faut que nous fassions nos conventions. Vous avez ici un des serviteurs de la dame Vert-de-Mer; donnez-moi sa liberté, et je vous donne mon secret.

— L'erreur que j'avais commise n'existe plus, dit Ludlow, regardant pendant un moment la taille élégante de Seadrift. Ma conquête est nulle, à moins que vous ne vouliez prendre sa place.

— Un autre dessein m'amène. Je connais ici quelqu'un qui peut vous apprendre que je ne plaisante pas lorsque les affaires pressent. Faites retirer vos compagnons, et je vous parlerai ouvertement.

Ludlow hésita, car il n'était pas encore revenu de la surprise que lui avait causée l'arrivée si inattendue sur son vaisseau du redoutable contrebandier. Mais Alida et son compagnon se levèrent comme des gens qui avaient la plus grande confiance dans le nouveau venu, et arrachant la négresse de son sommeil, ils descendirent l'escalier et entrèrent dans la cabine. Ludlow se trouvant ainsi seul avec Tiller, lui enjoignit de s'expliquer.

— Je n'ai pas l'intention d'éluder une explication, repartit le contrebandier, car le temps presse, et ce qui reste à faire doit être fait avec le sang-froid et la vigilance d'un marin. Vous n'avez pas craint d'entamer un engagement avec un des corsaires de Louis, capitaine Ludlow, et peu d'hommes montaient le vaisseau de la reine Anne. Votre équipage a-t-il souffert, et êtes-vous encore assez fort pour soutenir une vigoureuse défense, digne de votre brillante conduite de ce matin?

— Vous me faites des questions auxquelles je ne puis répondre. Qui peut me garantir la loyauté de vos intentions? Ne seriez-vous pas un espion?...

— Capitaine Ludlow!... Mais les circonstances excusent vos doutes.

— Un homme dont j'ai menacé la vie et le vaisseau, un proscrit!

— Ce n'est que trop vrai, reprit l'Écumeur de mer reprenant un mouvement de fierté et de ressentiment. Je suis menacé et poursuivi; je suis un contrebandier, un paria, et pourtant je suis un être humain. Vous voyez cet objet sombre qui borde la mer du côté du nord !

— Il n'y a pas à s'y tromper, c'est la terre.

— Oui, c'est la terre, la terre sur laquelle je suis né. — Les premiers, et je pourrais même dire les plus heureux jours de ma vie se sont écoulés dans cette île longue et étroite.

— Si je l'avais su plus tôt, j'aurais pris plus de soin à en examiner les baies et les passages.

— Vous auriez pu être récompensé de cette recherche; car ce canon jetterait facilement un boulet de ce pont au lieu où mon brigantin est tranquillement mouillé.

— A moins que vous ne vous soyez approché des côtes depuis qu'il fait nuit, cela est impossible. Lorsque le soleil se coucha, il n'y avait en vue que la frégate et la corvette ennemies.

— Nous n'avons pas avancé d'une brasse, et aussi vrai que l'est la parole d'un homme qui n'a pas peur, le vaisseau de la dame Vert-de-

Mer est mouillé là. Vous voyez où la côte décline, là au point le plus voisin de la terre ; l'île est presque coupée par la mer dans ce lieu, et *la Sorcière* est en sûreté dans les profondeurs de la baie qui entre du côté du nord. Il n'y a pas un mille entre nous. De la montagne qui s'élève à l'est, j'ai été témoin de votre brillant combat, capitaine Ludlow ; et quoique je fusse condamné, j'ai senti que le cœur ne pouvait jamais être proscrit. Il y a ici une fidélité qui survit même aux persécutions des douanes.

— Vous êtes heureux dans le choix de vos expressions, monsieur. Cependant je dois avouer que je pense qu'un marin d'une habileté aussi grande que la vôtre conviendra que *la Coquette* s'est dignement montrée.

— Aucun bateau de pilote n'eût été plus sûr ni plus prompt. Je sais que votre équipage est peu nombreux, car l'absence de vos chaloupes n'est pas un secret pour moi ; et je confesse que j'aurais volontiers consenti à perdre quelques-uns des profits du voyage pour me trouver sur votre pont avec quelques-uns de mes hommes.

— Un homme qui aime tant le drapeau de son pays devrait trouver une occupation plus digne que celle à laquelle vous vous livrez habituellement.

— Une patrie qui peut inspirer l'affection de ses enfants devrait craindre de la détruire par les monopoles et les injustices. Mais ce sont des discours qui sont entièrement hors de saison pour le moment. Je suis doublement votre compatriote dans ce lieu, et nous ne devons envisager tout ce qui s'est passé que comme des libertés un peu rudes que des amis se permettent quelquefois entre eux. Capitaine Ludlow, il y a du danger pour vous dans ce vide sombre, là-bas vers la pleine mer.

— Qu'est-ce qui vous porte à le croire ?

— J'ai vu. Je me suis faufilé parmi vos ennemis, et j'ai vu leurs redoutables préparatifs... Je sais que je donne ce conseil à un homme brave, et je n'exagère rien. Vous avez besoin de toute votre résolution et des bras de tous vos matelots, car ils vont fondre sur vous avec des forces considérables.

— Vrai ou faux, cet avis ne sera pas négligé.

— Un instant, dit l'Écumeur en arrêtant de la main un mouvement que Ludlow se disposait à faire pour prévenir ses gens. Laissez-les dormir jusqu'au dernier moment, vous avez encore une heure, et ce sommeil leur sera profitable. Fiez-vous à l'expérience d'un matelot qui a passé la moitié de la vie d'un homme sur l'Océan, et qui a été témoin de toutes les scènes les plus tumultueuses, depuis le combat des éléments jusqu'à ceux que les hommes ont inventés pour se détruire. Cette heure passée, que Dieu protège ceux qui ne seront pas préparés, et qu'il fasse miséricorde à leur cœur dont les minutes sont comptées !

— Vos paroles et vos manières révèlent un homme d'une conduite honorable, répondit Ludlow frappé de l'apparente sincérité de l'avertissement que lui donnait l'Écumeur de mer. Nous serons prêts à tout événement, quoique la manière dont vous avez acquis ce secret soit aussi mystérieuse que votre arrivée sur le pont de mon vaisseau.

— Toutes les deux peuvent s'expliquer, repartit l'Écumeur ; et il fit signe à un compagnon de le suivre sur la proue.

Là, il montra du doigt un esquif presque imperceptible, qui flottait au bas d'une échelle de poupe, et continua :

— Celui qui rend si souvent de secrètes visites aux côtes, ne doit jamais manquer de cœur, monsieur. Cette coquille de noix se transporte facilement à travers l'étroite portion de terrain qui sépare la baie de l'Océan ; et tandis que les vagues mugissent si lourdement, on fend l'onde facilement à l'aide d'un habile rameur. J'ai été sous la martingale du vaisseau français et vous voyez que je suis ici. Si vos vigies sont moins alertes qu'à l'ordinaire, vous vous rappellerez qu'un plat-bord bas, un horizon obscur et des avirons à paillets, ne sont pas des choses propres à cœur découvrir un esquif, lorsque l'œil est lourd et le corps fatigué. Il faut maintenant que je vous quitte, à moins que vous ne pensiez qu'il soit plus prudent d'envoyer hors du vaisseau ceux qui ne peuvent être d'aucun service pendant le combat.

Ludlow hésita ; un désir violent de mettre Alida en sûreté combattait dans son cœur la répugnance qu'il avait de la confier au contrebandier. Il réfléchit un moment avant de répondre.

— Votre coque ne peut contenir que son propriétaire, dit-il enfin. Allez, et prospérez si vous êtes loyal.

— Soutenez le choc ! dit l'Écumeur saisissant la main de Ludlow. Puis se confiant négligemment à une corde pendante, il descendit dans son esquif. Ludlow surveilla ses mouvements avec une vive défiance. Lorsqu'il fut assis dans le canot, l'Écumeur de mer devint presque invisible, et quand il glissa sans bruit sur les vagues, le jeune commandant ne fut plus disposé à réprimander ceux qui l'avaient laissé approcher sans prévenir de son arrivée. En moins d'une minute, l'objet indistinct se trouva confondu avec la surface de la mer.

Livré à lui-même, le jeune commandant de *la Coquette* réfléchit sérieusement à ce qui s'était passé. Les manières de l'Écumeur, le caractère de sa communication, sa probabilité, les moyens par lesquels il avait obtenu ces connaissances, tout était d'accord pour confirmer sa véracité. Les exemples d'une fidélité semblable à leurs drapeaux dans les marins dont la conduite était opposée aux intérêts de ces mêmes drapeaux, n'étaient pas extraordinaires. Leurs erreurs tenaient à celles des passions et des sensations, tandis que le retour momentané à de meilleures pensées était dû aux impulsions irrésistibles de la nature. Le conseil que le contrebandier avait donné au capitaine de laisser dormir son équipage, avait été suivi. En quelques minutes, le jeune marin tira vingt fois sa montre, afin de surveiller la marche du temps ; puis, déterminé à prendre patience, il le remit dans son gousset. Enfin, il descendit sur le gaillard d'arrière et s'approcha du seul homme qui fût debout. Le quart était commandé par un jeune enfant de seize ans dont le noviciat n'était pas fini ; mais, en l'absence de ses supérieurs, on lui avait confié ce poste important. Il était appuyé sur le cabestan, son corps était sans mouvement, le coude appuyé sur le tambour, et la main supportant sa tête. Ludlow le regarda un moment ; puis, soulevant la lanterne, il passa la lumière deux ou trois fois devant ses yeux et il s'aperçut qu'il dormait. Le capitaine replaça la lanterne, et, sans réveiller le coupable, il avança sur le passavant ; il y vit un soldat de marine la carabine à l'épaule, dans l'attitude de l'attention. En passant devant lui, Ludlow s'aperçut que ses yeux se fermaient involontairement et qu'il ne savait pas ce qui se passait devant lui. Sur le parapet du gaillard d'avant, on voyait une figure qui se balançait sans aucun soutien, dont les bras étaient enveloppés d'une jaquette, et dont la tête tournait doucement de l'ouest au sud, comme si elle eût examiné la mer. En montant un peu sur l'échelle, Ludlow s'aperçut que c'était un vétéran qui avait le titre de capitaine du gaillard d'avant.

— Je suis content de trouver enfin deux yeux ouverts sur mon vaisseau, dit le capitaine. Vous êtes le seul homme éveillé de tout le quart.

— J'ai doublé le cap cinquante fois, Votre Honneur, répondit le vétéran, et le marin qui a fait ce voyage-là a rarement besoin d'un second appel du maître d'équipage. Les jeunes têtes ont de jeunes yeux, et le sommeil est aussi nécessaire que la nourriture, après avoir manœuvré les palans à canon, et après avoir pris des ris.

— Qu'est-ce qui attire ton attention vers ce côté de la mer ? Il n'y a rien de visible que les vagues.

— C'est la direction qu'a prise le vaisseau français, monsieur ; Votre Honneur n'entend-il rien ?

— Rien, répondit Ludlow après avoir écouté attentivement pendant quelques secondes.

— Cela peut être une idée ; mais j'ai entendu sortir de là un bruit qui ressemblait à la chute d'un aviron sur le banc d'un canot, et il est assez naturel, Votre Honneur, de s'attendre à ce que les Français chercheront sur ces eaux tranquilles ce que nous sommes devenus. Je viens de voir la clarté d'une lumière, ou mon nom n'est pas Rab-Cleet.

Ludlow garda le silence. Une lueur était certainement visible au point où l'on savait que l'ennemi avait jeté l'ancre, et elle parut et disparut comme une lanterne mouvante. Enfin on la vit descendre lentement, et il sembla qu'elle s'était éteinte dans la mer.

— Cette lanterne est descendue dans un canot, capitaine Ludlow, quoique ce soit un marin d'eau douce qui l'ait portée, dit le marin du gaillard d'avant en secouant la tête, et il se mit à marcher sur le pont, de l'air d'un homme dont on n'a pas besoin de voir confirmer ses soupçons.

Ludlow retourna sur le gaillard d'arrière, pensif mais calme. Il passa au milieu de son équipage endormi sans éveiller un homme et même sans toucher le jeune aspirant, toujours immobile. Enfin il entra dans sa cabine sans avoir prononcé une parole.

Le commandant de *la Coquette* ne fut absent que quelques instants ; lorsqu'il reparut de nouveau sur le pont, il y avait plus de précision dans ses manières.

— Il est temps d'appeler le quart, monsieur Reef, murmura-t-il à l'oreille de l'officier endormi sur le pont sans laisser paraître qu'il s'était aperçu que le jeune homme avait oublié son devoir ; le sable est écoulé.

— Oui, oui, monsieur, portez-y la main, et vous retournerez le sablier, murmura le jeune homme. Une belle nuit, monsieur, et un océan bien tranquille. Je pensais tout à l'heure à...

— À ton épouse, à ta mère ! C'est notre habitude lorsque nous sommes jeunes. Maintenant nous avons autre chose pour occuper nos pensées. Qu'on fasse l'appel sur le gaillard d'arrière, monsieur.

Lorsque l'aspirant à moitié endormi eut quitté son capitaine pour obéir à ses ordres, celui-ci s'approcha de l'endroit où Trysail dormait d'un sommeil toujours inquiet. Il le toucha légèrement, et le chef de timonerie fut aussitôt debout. Le premier regard du vétéran fut pour la mâture du navire, le second se dirigea vers le ciel, et le troisième s'arrêta sur le capitaine.

— J'ai peur que les blessures ne te fassent souffrir, et l'air de la nuit n'ajoute à la douleur, observa l'officier d'un ton affectueux.

— On ne peut pas autant se fier à un mât troué qu'à un morceau de bois neuf, capitaine Ludlow ; mais, comme je ne suis pas un soldat d'infanterie en route, je n'ai pas besoin qu'on me mette à cheval pour continuer mon service.

— Je suis enchanté de voir ton esprit joyeux, mon vieil ami, car nous aurons bientôt de graves occupations ; les Français sont dans leurs embarcations, ou je me trompe fort, ou nous les verrons bientôt disparaître.

— Des chaloupes ! répéta le maître. Je préférerais le vaisseau lui-même sous voile avec une bonne brise. Notre navire a le pied léger, mais lorsqu'il faut repousser des chaloupes, un soldat de marine vaut un chef de timonerie.

— Nous devons prendre la fortune comme elle vient. Voilà notre conseil : Il est composé de jeunes têtes, mais de cœurs qui feraient honneur à des cheveux blancs.

Ludlow rejoignit le petit groupe d'officiers qui s'était formé près du cabestan. Alors il leur expliqua en peu de mots la raison pour laquelle ils avaient été réveillés. Lorsque chaque officier eut connu ses ordres, et le nouveau danger que courait le navire, ils se séparèrent et commencèrent activement, mais en silence, les préparatifs nécessaires. Le bruit des pas sur le pont éveilla une douzaine des plus vieux marins qui se joignirent aussitôt à leurs officiers.

Il s'écoula une demi-heure qui parut une minute dans cette occupation. Lorsque ce temps eut été employé, Ludlow vit que son navire était en état ; les deux premiers canons avaient été rentrés, et leurs boulets avaient été remplacés par une double charge de grélins et de mitraille. Plusieurs mousquetons, sorte d'arme en usage à cette époque, furent chargés et placés de façon à enfiler le pont ; tandis que la hune de misaine était amplement pourvue d'armes et de munitions. Les mèches allumées, l'équipage fut de nouveau passé en revue et l'appel nominal fut fait. Cinq minutes suffirent pour donner tous les ordres nécessaires et voir si chacun était à son poste. Lorsque ces dispositions furent prises, tout bruit cessa à bord du navire, et le silence était si profond, qu'on pouvait entendre distinctement le clapotement des vagues sur le sable de la côte.

Ludlow, accompagné de Trysail, se tenait debout sur le gaillard d'avant. Là il examina attentivement le ciel et la mer. Il ne faisait pas de vent, quoique par moment une bouffée d'air chaud vînt de la terre, comme le premier souffle de la brise de nuit. Le ciel était couvert de nuages ; cependant quelques rares étoiles brillaient entre des masses de vapeur.

— Nous n'avons jamais eu de nuit aussi calme dans les Amériques, dit le vieux Trysail en secouant la tête d'un air de doute, et en parlant à voix basse. Capitaine Ludlow, je suis de ceux qui pensent que la moitié de la vertu d'un vaisseau est perdue lorsque son ancre est jetée.

— Avec un faible équipage, il est plus avantageux pour nous que nos gens n'aient point de vergues à manœuvrer ni de boulines à redresser.

— C'est comme si on disait qu'un épervier peut mieux combattre avec une aile rognée, parce qu'il n'a pas l'embarras de voler ! La nature d'un vaisseau est le mouvement, et le mérite d'un marin est une manœuvre prompte et judicieuse. Mais à quoi sert de se plaindre, puisque cela ne lèvera pas une ancre et ne gonflera pas une voile ! Quelle est votre opinion, capitaine Ludlow, sur l'autre vie, et sur toutes ces choses qu'on entend lorsque par hasard on va à l'église ?

— Cette question est vaste comme l'Océan, mon bon ami, et une réponse catégorique pourrait nous conduire à des matières plus abstraites que toute notre trigonométrie.

— N'est-ce pas un bruit d'avirons ?

— C'est un bruit de la terre. Ma foi, je ne suis pas un très-grand navigateur dans le chenal de la religion. Chaque nouvel argument est un banc de sable ou un récif qui m'oblige à virer de bord avant de continuer ma route ; sans cela j'aurais pu être évêque ; qui pourra me dire le contraire ? C'est une triste nuit, capitaine Ludlow, elle n'est pas prodigue d'étoiles. Je n'ai jamais vu d'expédition heureuse quand elle n'était pas éclairée d'une lumière naturelle.

— Les ténèbres favorisent ceux qui nous veulent attaquer. Certainement j'ai entendu un bruit d'avirons sur un bord de canot.

— Il venait de la terre et avait un son qui annonçait la côte, reprit vivement le vétéran, qui tenait toujours ses yeux fixés vers le ciel. Nous vivons dans un monde bien extraordinaire, capitaine Ludlow ; mais celui dans lequel nous devons aller en quittant celui-ci est bien plus extraordinaire encore. Certaines gens prétendent qu'il y a au-dessus de nos têtes des mondes entiers qui naviguent aussi tranquillement qu'un vaisseau sur l'Océan ; et même d'autres gens croient que lorsque nous quittons ce monde d'ici-bas, nous nous embarquons simplement dans une autre planète où nous sommes reçus et récompensés suivant le mérite des actions que nous avons faites sur la terre ; cela revient à dire, ce me semble, qu'on s'embarque sur un nouveau vaisseau avec un certificat de service dans sa poche.

— L'analogie est parfaite, reprit Ludlow s'appuyant sur sa tête d'allonge, qui servait à l'amarrage des manœuvres, afin d'entendre le moindre bruit qui pourrait venir de l'Océan. C'était simplement la respiration d'un marsouin.

— Elle était assez forte pour qu'on supposât que c'était celle d'une baleine. Les gros poissons ne sont pas rares sur les côtes des îles, et les meilleurs harponneurs sont répandus çà et là dans ces sables en allant vers le nord. J'ai navigué une fois avec un officier qui savait le nom de toutes les étoiles du ciel, et il m'est arrivé souvent, pendant le quart de minuit, d'écouter pendant des heures entières l'histoire qu'il me faisait de leur magnificence et de leurs révolutions. Il était

d'avis qu'il n'y avait qu'un navigateur capable de connaître tous les corsaires de l'air, météores, comètes ou planètes.

— Il avait à coup sûr raison.

— Non, c'est plus que je n'oserai affirmer sur son compte, quoique peu de marins aient pénétré plus avant que lui dans les hautes latitudes des deux côtés de l'équateur. Quelqu'un vient de parler ici ; n'y a-t-il pas une ligne sous cette étoile qui est là-bas ?

— N'est-ce pas une poule d'eau ?

— Non. Ah ! voilà le même objet qui reparaît juste sous le bâton de foc du tribord. C'est le Français que son orgueil porte à nous attaquer ; tant pis, car bienheureux sera celui qui survivra pour compter les blessés ou pour tirer vanité de ses prouesses.

Le chef de timonerie descendit du gaillard d'avant et passa au milieu de l'équipage, ayant complètement oublié toute sa théorie sur le ciel et les étoiles, et ne se rappelant plus que le devoir du moment. Ludlow resta seul sur le gaillard d'avant. Il y eut tout à coup sur le vaisseau un bruit en tous points semblable à celui que fait la brise quand elle se lève, et peu après tout rentra dans le plus profond silence.

La Coquette était à l'ancre, l'avant tourné vers la pleine mer ; la poupe par conséquent faisait face à la terre. Celle-ci était distante de moins d'un mille ; et la direction de la carène du vaisseau provenait de ce que la mer s'étant gonflée soulevait constamment d'énormes masses d'eau qui allaient se briser sur les larges boissoirs. Les drisses étaient dirigées vers la partie la plus sombre de la mer, et Ludlow se promenait près du beaupré, afin que rien ne pût être fait sans qu'il s'en aperçût entre lui et le point de l'Océan qu'il venait de découvrir. Il y avait à peine une minute qu'il rôdait ainsi lorsqu'il vit, d'abord confusément et peu à peu plus distinctement, une ligne d'objets sombres qui s'avançaient avec précaution vers le navire. Convaincu de la position qu'avaient son ennemi, il revint sur le pont et descendit parmi ses gens. Peu d'instants après, il alla reprendre sa place sur le gaillard d'avant, où il se mit à marcher lentement, avec le calme apparent d'un homme qui respire l'air frais de la nuit.

A la distance de cent brasses, la ligne sombre d'embarcations s'arrêta et se mit à changer l'ordre de sa marche. Dans ce moment, le premier souffle de la brise de terre vint frapper le vaisseau, qui s'inclina avec grâce vers la pleine mer.

— Aidez l'artimon ! laissez tomber la voile de hune ! dit le jeune capitaine à voix basse à ceux qui étaient au-dessous de lui ; et en un instant on entendit le battement de la voile qu'on venait de larguer. Le vaisseau s'ébranla, et Ludlow continua sa promenade solitaire.

Une lumière se montra au delà de la barre verticale placée sous le chouquet de beaupré ; la fumée s'étendit sur l'Océan devancée par une masse destructive qui grondait au-dessus de la mer. Un vacarme dans lequel se mêlaient les commandements et les cris succéda à cette décharge. Puis on entendit distinctement le bruit régulier des avirons qui fendaient l'onde, n'ayant plus besoin de se cacher. L'Océan s'illumina, et trois ou quatre bateaux ripostèrent à la décharge que leur avait envoyée le vaisseau. Ludlow se taisait. Toujours seul à son poste aussi élevé que dangereux, il surveillait les effets des décharges réciproques avec le sang-froid d'un commandant. Le sourire qui parcourut ses lèvres quand il vit la confusion momentanée qu'avait jeté parmi les bateaux son premier feu, trahissait le succès de son attaque ; ce sourire avait quelque chose de sauvage et d'exalté ; mais lorsqu'il eut entendu au-dessous de lui le craquement des planches et le sourd gémissement qui l'accompagnait, une colère subite décomposa ses traits.

— Parlez-leur, s'écria-t-il d'une voix vibrante et animée qui prouvait à son équipage que son capitaine veillait. Faites-leur voir ce que c'est que le sommeil d'un Anglais, mes garçons. Parlez-leur de la hune et des ponts.

Cet ordre fut aussitôt exécuté. Tous les mousquets disponibles furent déchargés. Au même moment on vit les bateaux arriver jusqu'au beaupré du vaisseau, puis on entendit les cris des matelots qui s'élançaient à l'abordage.

Les minutes qui suivirent furent remplies de confusion ; les assaillants firent des efforts inouïs. Deux fois l'avant du beaupré fut couvert de masses compactes composées d'hommes dont on voyait les sinistres visages qu'à la lueur des coups de pistolet, et qui furent deux fois repoussés par la pique et la baïonnette. Une troisième tentative d'envahissement fut couronnée de succès, et les assaillants arrivèrent jusqu'au pont du gaillard d'avant. Le combat ne dura que peu d'instants, quoique beaucoup d'hommes tombassent couverts de sang dans cette courte arène. Le matelot de Boulogne était un des premiers parmi ses compatriotes, et dans cet engagement désespéré, Ludlow et Trysail combattaient comme de simples matelots. Le nombre prévalut, et il fut bien heureux pour le commandant de la Coquette que la chute d'un corps humain qui tomba soudain sur lui le fit rouler involontairement jusqu'au pont qui était au-dessous.

Se relevant avec promptitude de sa chute, le jeune capitaine appela son équipage de la voix, et on lui répondit par un de ces cris de guerre que l'enthousiasme fait proférer aux marins, même dans les bras de la mort.

— Ralliez-vous sur le passavant et défiez-les ! cria Ludlow d'une voix animée.

— Ralliez-vous sur le passavant, hommes de fer! répéta Trysail d'une voix prompte mais presque éteinte.

L'équipage obéit, et Ludlow s'aperçut qu'il pouvait encore réunir une force capable de résistance.

Les deux partis se reposèrent un moment. Le feu qui partait de la hune nuisait aux assaillants, et les Anglais hésitaient à avancer; mais ils s'élancèrent enfin tous ensemble, et un rude combat s'engagea au pied du mât d'avant. La foule augmentait sur les derrières des Français, et lorsqu'un d'entre eux tombait, il était immédiatement remplacé par un autre. Les Anglais durent céder, et Ludlow, se retirant péniblement de la mêlée, réussit à gagner le gaillard d'arrière.

— Lâchez pied, mes amis, s'écria-t-il d'une voix tranquille, mais assez forte pour dominer les cris et le feu du combat. Dans l'entre-pont, en bas! mettez-vous à l'abri entre les canons!

Les Anglais disparurent comme par magie. Les uns sautèrent sur les cordages, d'autres allèrent se mettre sous la protection des canons, et plusieurs se glissèrent sous les capots d'écoutilles. Dans ce moment, Ludlow fit un effort désespéré. Avec l'aide d'un canonnier, il mit des mèches aux deux pierriers qui avaient été disposés pour qu'on pût s'en servir en dernier lieu. Le pont fut enveloppé de fumée, et lorsque la vapeur eut disparu l'avant du vaisseau fut aussi vide que si jamais un être humain n'eût marché dessus. Tous ceux qui n'étaient pas tombés avaient disparu.

Un cri et un long hourra ramenèrent les Anglais, et Ludlow conduisit en personne une charge sur le gaillard d'avant. Quelques-uns des assaillants sortirent des endroits où ils s'étaient réfugiés, et l'affaire s'engagea de nouveau. Les balles volaient au-dessus de la tête des combattants et tombaient dans la foule en pluie enflammée. Ludlow comprit l'imminence du danger, et il essaya de déterminer ses matelots à reprendre les mousquets qu'ils avaient abandonnés pour l'arme blanche. Mais l'explosion d'une grenade sur les derrières fut suivie d'un choc qui faillit défoncer le vaisseau. L'équipage, alarmé et affaibli, commençait à hésiter; et comme une seconde explosion de grenades fut suivie d'une attaque vigoureuse dans laquelle les assaillants présentèrent un corps de cinquante hommes qui s'élançaient de leurs bateaux, Ludlow se trouva obligé de suivre son équipage qui battait en retraite.

La défense dès lors devint une résistance inutile mais désespérée. Les clameurs de l'ennemi étaient de plus en plus bruyantes. Elles continuèrent jusqu'à ce que les assaillants réussissent à faire cesser le feu de la hune par une décharge continuelle de mousqueterie qui partait du beaupré et de la vergue de la voile de civadière.

Ces événements se passaient en moins de temps qu'il n'en a été mis à les décrire. L'ennemi avait pris possession de tout l'avant du vaisseau jusqu'aux premières écoutilles; mais le jeune Hopper s'était jeté dans ces derniers avec une demi-douzaine de matelots; aidés d'un homme placé dans la chaloupe et qui était protégé par quelques aspirants, ils tinrent les assaillants à bonne distance. Ludlow jeta les yeux derrière lui et résolut de se précipiter dans les cabines, où il vendrait chèrement sa vie. Son regard s'arrêta sur le sourire malin de la dame Vert-de-Mer, dont le visage brilla au-dessus de la lisse de couronnement. Une douzaine de figures sombres sautèrent sur la poupe, et Ludlow sentit des voix qui l'émurent jusqu'au fond du cœur.

— Soutenez le choc! s'écriaient ceux qui venaient au secours de l'équipage, et on leur répondit par les mêmes paroles. Le mystérieux visage glissa le long du pont, et Ludlow reconnut les formes athlétiques de celui qui traversait les rangs pressés autour de lui.

Il y eut peu de bruit durant cette attaque, et l'on n'excepte les cris de ceux qui avaient été blessés. L'action dura fort peu d'instants, et ce peu d'instants ressembla au passage d'un tourbillon. Les Anglais reconnurent qu'un secours leur arrivait, et les assaillants reculèrent devant un ennemi inattendu. Ceux qui se trouvaient sur le gaillard d'avant furent massacrés sans pitié, et ceux qui étaient au-dessus furent chassés de leur retraite comme la paille est chassée par le vent. Les vivants et les morts tombèrent en même temps dans la mer, et en quelques instants les ponts de la Coquette furent balayés. Un ennemi solitaire restait autour de le beaupré. Un homme ferme et vigoureux s'élança le long du mât, et quoique le coup fût inaperçu, les effets devinrent visibles, car le corps roula dans l'Océan.

On n'entendit plus que les coups pressés des avirons, et avant que les matelots de la Coquette eussent pu s'assurer par eux-mêmes qu'ils étaient victorieux, l'immensité de l'Océan avait enveloppé les embarcations de son obscurité.

CHAPITRE XXX.

Du moment où la Coquette tira son premier coup de canon jusqu'à celui où les vaisseaux disparurent, il s'écoula juste vingt minutes. Les incidents que nous avons racontés avaient occupé la moitié de ce temps. Cette scène, quoique rapide, parut encore moins longue aux acteurs. L'alarme était passée, le bruit des avirons avait cessé, et cependant les matelots étaient à leur poste attendant une nouvelle attaque. Chacun s'était oublié pendant le combat; mais, le danger passé, l'idée de la conservation personnelle reparut. Les blessés se souvin-

rent de leurs souffrances et comprirent le danger de leur position, tandis que les quelques marins qui étaient restés sains prodiguaient des soins à leurs amis. Ludlow, qui avait été des plus braves et qui s'était le plus exposé, n'avait reçu une seule égratignure : particularité dont les exemples sont assez fréquents; mais en voyant les figures égarées qui l'entouraient et que l'excitation du combat ne soutenait plus, il comprit que son triomphe lui avait beaucoup coûté.

— Envoyez-moi M. Trysail, dit-il d'un ton qui n'annonçait pas l'exaltation d'un vainqueur. La brise se lève, et nous allons tâcher d'en profiter et de doubler le cap avant que le matin ne nous envoie une nouvelle bande de ces Français.

— Des ordres pour M. Trysail! le capitaine demande le chef de timonerie! Ces paroles circulèrent de bouche en bouche, mais personne ne répondit. Un matelot annonça au jeune commandant que le chirurgien désirait le voir. Une lumière parut au milieu d'un petit groupe formé autour du mât d'avant : c'était un signal auquel on ne pouvait se méprendre. Le vieux maître était à l'agonie, et le médecin venait d'examiner ses blessures lorsque Ludlow approcha.

— J'espère que ses blessures ne sont pas graves, murmura vivement le jeune commandant au chirurgien, qui mettait ses instruments en ordre pour aller donner ses soins à un autre qui les seraient plus utiles. Ne négligez rien de ce que votre art vous suggérera.

— Le cas est désespéré, capitaine Ludlow, reprit le flegmatique chirurgien; mais si vous avez du goût pour les opérations, le plus magnifique cas d'amputation m'est promis sur un gabier de hune que j'ai envoyé en bas; il ne s'en offre peut-être pas un pareil dans la vie d'un praticien.

— Allez, allez, interrompit Ludlow en poussant l'homme impassible devant le sang; allez où votre service vous appelle.

Le chirurgien jeta un regard autour de lui; et Ludlow, avec un air d'exposer inutilement aux injures de l'air un instrument d'un aspect sinistre, et il descendit.

— J'aurais voulu que le sort eût destiné ses blessures à de plus jeunes et de plus forts! murmura le capitaine en se courbant vers le pauvre Trysail. Puis-je quelque chose pour relever ton moral, mon vieux et digne marin?

— Depuis que nous avons eu affaire à ces visions, j'ai eu des visions, reprit Trysail, dont la voix était étouffée par les râlements de la mort. J'ai eu des visions; mais tant pis. Prenez bien soin du navire. J'ai bien réfléchi sur l'équipage. Vous aurez à couper. Ils ne pourront jamais lever l'ancre. Le vent est au nord.

— Tout cela est ordonné. Ne t'occupe pas plus longtemps du vaisseau; on en prendra soin, je te le promets. Parle-moi de ta femme et de ce que tu désires en Angleterre.

— Que Dieu bénisse madame Trysail! Elle aura une pension, et j'espère qu'elle sera contente! En entrant dans Montauk, évitez bien les récifs. Et vous ne jetterez nécessairement l'ancre que lorsque la côte sera visible. Si votre conscience le permet, parlez donc du vieux Ben Trysail dans votre rapport.

La voix du chef de timonerie s'affaissa peu à peu et devint inintelligible. Ludlow crut qu'il voulait encore parler, et il se baissa pour l'écouter.

— Si le grand foc et les quelques autres voiles sont enlevés; prenez garde aux espars, pour... pour... les coups de vent si forts pendant la nuit dans les Amériques!

Le dernier soupir succéda à ces mots, et puis après le long silence de la mort. Le corps fut transporté sur la poupe, et Ludlow, le cœur triste, se rendit à ses devoirs, que cet accident rendait encore plus impérieux.

Malgré l'immense perte qu'on venait de faire et la faiblesse primitive de son équipage, la Coquette déploya promptement ses voiles et fit route en silence, comme pour mieux regretter ceux qu'elle avait perdus à son bord. Lorsque le vaisseau eut tout à fait repris sa marche, le capitaine monta sur la poupe, afin de réfléchir aux ordres qu'il avait à donner, d'avoir une vue plus étendue autour de lui, et d'arranger ses plans pour l'avenir. Il vit qu'il avait été prévenu par le contrebandier.

— Je dois mon navire, et je puis ajouter ma vie, puisque dans un tel conflit l'existence de l'un dépendait de l'autre, à ton secours, dit le jeune commandant en abordant l'Écumeur de mer. Sans toi, la reine Anne perdait un croiseur, et le drapeau d'Angleterre une partie de sa gloire si chère acquise.

— Puisse ta royale maîtresse être aussi prompte à se ressouvenir de ses amis dans les circonstances comme celles où je me trouve. Par ma foi il y a peu de temps à perdre, et, croyez-moi, je me connais en danger. Si nous avons un peu tardé, c'est qu'il nous a fallu transporter nos canots pendant une certaine distance, car la terre sépare mon brigantin de ce mouillage.

— Celui qui est venu si à propos, et qui a agi avec tant d'activité, n'a pas besoin d'excuses.

— Capitaine Ludlow, sommes-nous amis?

— Il n'en peut être autrement. Toutes les petites considérations disparaissent devant un tel service. Si vous êtes dans l'intention de continuer votre commerce illégal le long de cette côte, je dois chercher une autre station.

— Non pas. Restez pour l'honneur de votre pavillon et du pays de votre naissance. J'ai arrêté il y a longtemps que ce serait la dernière fois que la quille de *la Sorcière des Eaux* plongerait dans les mers américaines. Avant de vous quitter, je voudrais avoir une entrevue avec le marchand.

— Il a montré l'impassibilité de son origine hollandaise, aujourd'hui pendant l'abordage ; il nous a été aussi utile qu'il était calme.

— C'est bien ; dites à l'alderman de monter sur le pont, mon temps est limité et j'ai beaucoup à dire.

Maître Carnaby.

L'Écumeur fit une pause, car dans ce moment une lumière soudaine illumina l'Océan, le navire et tous ceux qui étaient dessus. Les deux marins se regardèrent en silence et reculèrent en même temps, comme si c'eût été une attaque soudaine et terrible. Mais un jet de lumière qui s'élança d'une des écoutilles d'avant du vaisseau, expliqua tout. Dans ce moment, le silence profond qui avait été gardé depuis que le navire était sous voile, fut interrompu par ce cri effroyable : Au feu !

Le cri d'alarme qui venait de jeter la consternation dans le cœur des matelots se fit entendre jusqu'au fond du vaisseau. Les bruits sourds de la cale, le craquement du pont et les ordres précipités se succédèrent avec la rapidité de l'éclair. Une douzaine de voix répétèrent ce mot : La grenade ! proclamant en même temps le danger et sa cause. Mais un instant avant, les voiles gonflées, les noirs mâtereaux et les faibles lignes des cordages ne pouvaient être vus qu'à la lueur des étoiles ; et maintenant toutes les parties du navire, avec leurs moindres détails, étaient visibles dans l'arrière-plan obscur sur lequel ils se détachaient. La vue était terrible, mais magnifique, car elle montrait la symétrie et les fines allures du navire. Les groupes ressemblaient à des statues éclairées par la lumière des torches ; l'abîme sombre qui entourait ces malheureux leur révélait toute l'horreur de leur situation.

Alors il y eut un moment d'éloquent silence, durant lequel ils contemplèrent tous ce grand spectacle avec un muet effroi. Dans ce moment une voix claire, distincte et impérieuse s'éleva au-dessus du murmure de ce torrent de feu, qui s'ouvrait un passage par toutes les issues du vaisseau.

— Appelez tout le monde pour éteindre le feu. Messieurs, à vos postes ; soyez calmes, mes enfants, et silencieux.

Il y avait dans la voix du jeune commandant une autorité et un sang-froid, sous lesquels se courbèrent les sentiments impétueux de l'équipage. Accoutumé à se soumettre et à suivre passivement les ordres, chaque homme oublia sa peur et commença à remplir le devoir respectif qui lui était assigné. Dans ce moment se dressa une grande figure qui, levant la main près d'une écoutille, parla d'une voix habituée à dominer la tempête.

— Où sont les matelots de mon brigantin ? dit-il ; venez avec moi, mes chiens de mer ! mouillez les voiles légères et suivez-moi.

Un groupe de marins graves et soumis se réunit autour de l'Écumeur de mer au son de sa voix. Jetant un regard sur eux comme pour s'assurer de leur nombre et de leur qualité, il sourit, et son regard annonça l'habitude de commander ; la hardiesse et une naturelle gaieté de cœur.

— Un pont ou deux, ajouta-t-il ; à quoi sert une planche de plus ou de moins dans une explosion ?... Suivez-moi.

Le contrebandier et ses hommes disparurent dans l'intérieur du navire, pour s'y consacrer à d'héroïques efforts. Des couvertures, des voiles, des étoffes diverses, furent mouillées et jetées sur les flammes. On apporta la pompe, et le navire fut inondé d'eau. Mais l'espace limité et la chaleur jointe à la fumée rendaient impossible de pénétrer dans la partie du vaisseau où était le foyer de l'incendie. L'ardeur des hommes s'abattait en même temps que leur espoir, et après de demi-heure d'inutiles efforts, Ludlow vit avec peine que les assistants allaient céder à l'instinct de la nature. L'apparition de l'Écumeur sur le pont, suivi de tout son monde, détruisit toute espérance, et tous les efforts cessèrent aussi subitement qu'ils avaient commencé.

— Pensez à vos blessés, dit le contrebandier avec un sang-froid que nul danger ne pouvait troubler. Nous sommes sur un volcan furieux.

— J'ai ordonné au canonnier de noyer le magasin aux poudres.

— Il était trop tard. Le fond du navire est une véritable fournaise. J'ai entendu le canonnier tomber dans la cambuse, et il était hors du pouvoir de tout homme de lui porter aucun secours. La grenade a éclaté près de quelque combustible, et, quelque pénible qu'il soit de se séparer ainsi d'un vaisseau chéri, Ludlow, il faut montrer que vous êtes homme. Pensez à vos blessés, mes bateaux sont toujours amarrés à l'extérieur.

Ludlow donna l'ordre avec répugnance, mais avec fermeté, de transporter les blessés dans les bateaux. C'était un devoir pressant et délicat. Le dernier mousse du vaisseau connaissait toute l'étendue du danger ; il savait que, par l'explosion des poudres, tout l'équipage pouvait être précipité dans l'éternité. On ne pouvait plus supporter la chaleur du pont, et il y avait des endroits où les planches commençaient à céder.

Le capitaine Dumont de la Rochefortc commandant le croiseur français
la Fontange.

Mais la poupe, toujours élevée au-dessus du feu, offrait un refuge momentané. Chacun s'y retira ; circonstance qui permit de descendre les blessés avec précaution dans les bateaux de la *Sorcière des Eaux.*

Ludlow se tenait à une échelle, et le contrebandier à l'autre, afin de s'assurer que chacun en ce moment suprême faisait bravement son devoir. Auprès d'eux étaient Alida, Seadrift, et l'alderman avec les domestiques.

Il sembla qu'un siècle s'était écoulé pendant qu'on remplissait les devoirs commandés par l'humanité. Enfin ce cri se fit entendre : ils sont tous descendus ! Il fut poussé de manière à montrer combien d'empire sur soi-même il avait fallu pour accomplir cette pénible tâche.

— Maintenant, Alida, nous pouvons penser à toi! dit Ludlow en se tournant vers la place qu'occupait la jeune fille silencieuse.

— Et vous? dit-elle en hésitant à s'émouvoir.

— Mon devoir exige que je sois le dernier à descendre.

Une bruyante explosion se fit entendre, et des masses de flammes s'échappant à travers les écoutilles, interrompirent leurs paroles. Quelques matelots plongèrent dans la mer, d'autres se précipitèrent dans les canots. Tout ordre et toute autorité disparurent complètement devant l'instinct de la vie. En vain Ludlow supplia les hommes d'être calmes et d'attendre ceux qui étaient encore sur le pont. Ses paroles se perdirent au milieu des cris et des clameurs. Pendant un moment il sembla que l'Écumeur dominerait la confusion. Il se jeta sur l'échelle,

— Ohé! la Sorcière des Eaux! ohé! répéta l'Écumeur.

et se glissant sur l'avant d'un bateau, aidé de cordages et d'un bras vigoureux, il résista à l'effort de tous les avirons et des gaffes, jurant que celui qui abandonnerait le vaisseau, le payerait de sa vie. Si les deux équipages n'eussent pas été mêlés, l'autorité et l'air décidé du contrebandier eussent prévalu; mais tandis que quelques-uns voulaient obéir, les autres poussaient ce cri : Qu'on jette le sorcier à la mer! Déjà les gaffes étaient dirigées contre sa poitrine, et les horreurs de ce moment terrible allaient s'augmenter des violences d'une révolte, quand une seconde explosion doubla les forces des bras des matelots. D'un effort commun et désespéré, ils brisèrent toute résistance. Le contrebandier furieux resta suspendu à l'échelle, et il vit s'éloigner le bateau. La malédiction qu'on entendit sous le bord extérieur de la Coquette était prononcée avec autant de force que d'énergie ; mais un moment après, l'Écumeur était sur la poupe, calme et froid au milieu du groupe des abandonnés.

— L'explosion de quelques pistolets d'officiers a effrayé ces misérables, dit-il gaiement ; mais tout n'est pas perdu ; ils sont arrêtés à quelque distance, ils peuvent revenir.

La vue des malheureux abandonnés sur la poupe et la conscience d'être moins exposés eux-mêmes avait en effet arrêté les fugitifs. Cependant l'égoïsme prédominait; et tandis que le plus grand nombre s'apitoyait sur le danger, il n'y eut que les jeunes et insouciants aspirants, qui n'avaient ni l'âge, ni le rang pour posséder une autorité suffisante, qui proposèrent de retourner. Il était évident que le péril augmentait à chaque instant, et ne trouvant pas d'autre expédient, ces braves jeunes gens encouragèrent les hommes à ramer vers la terre, croyant qu'ils pourraient revenir eux-mêmes au secours de leur commandant et de leurs amis. Les avirons frappèrent de nouveau la mer, et les bateaux se perdirent bientôt dans la brume du soir.

Pendant que le feu dévorait l'intérieur, un autre élément avait aussi contribué à ravir tout espoir à ceux qui avaient été abandonnés. Le vent de la terre continuait à souffler, et pendant le temps perdu en efforts inutiles, le navire avançait rapidement. Le gouvernail ayant été

abandonné et les voiles carguées pour éviter les flammes, le bâtiment était arrivé presque sous le vent. Les jeunes aspirants n'avaient pas pris garde à cette circonstance ; ils étaient déjà à plusieurs milles de cette côte qu'ils croyaient si prochaine, et les canots n'étaient parés du navire depuis cinq minutes, que tout espoir de retour avait disparu. Ludlow avait tout d'abord pensé à l'expédient de faire échouer le vaisseau comme un moyen de sauver son équipage ; mais lorsqu'il eut une connaissance plus parfaite de sa position, il vit la vanité de cette tentative.

Les marins pouvaient juger des progrès des flammes par les circonstances. L'Écumeur jeta les yeux autour de lui en regardant la poupe, et il parut consulter ce qu'il avait encore de forces physiques à sa disposition. Il vit l'alderman, le fidèle François, deux de ses matelots et quatre des jeunes officiers du vaisseau, c'était ce qui restait. Les six derniers, dans ce moment de désespoir, avaient refusé avec calme de laisser leurs officiers.

— Les flammes sont dans la chambre du conseil! dit-il bas à Ludlow.

— Elles ne dépassent pas encore le poste des aspirants, je crois, car nous entendrions plus de coups de pistolet.

— Sans doute. Nous avons de terribles signaux pour nous faire connaître les progrès du feu. Notre dernière ressource est un radeau.

Ludlow n'espérait rien de ce moyen, mais cachant cette crainte décourageante, il répondit gaiement par l'affirmative. Ses ordres furent promptement donnés et tous s'apprêtèrent de tout cœur à remplir cette tâche. Le danger était assez imminent pour n'admettre aucun expédient ordinaire ou mal conçu, mais il fallait toute la promptitude et toute la grandeur de conception qui est la propriété du génie. Toutes les distinctions de rang et d'autorité avaient cessé, excepté la déférence qui est due aux qualités naturelles, à l'intelligence et à l'expérience. L'Écumeur, par le fait des circonstances, devint le chef; et cependant Ludlow ne perdit rien des idées qui distinguent sa profession; ce fut l'esprit de l'Écumeur qui commanda pendant cette terrible nuit.

Entrevue de l'Écumeur de mer et de l'alderman Myndert van Beverout.

Les joues d'Alida étaient blanches comme la pâle mort, mais on voyait dans les yeux brillants de Seadrift une expression de résolution surnaturelle.

Lorsque l'équipage perdit l'espoir d'éteindre les flammes, on boucha toutes les écoutilles, afin de retarder autant que possible la crise. Cependant de petites flammes se montraient çà et là à travers les planches, et le pont en avant du grand mât était dans un état critique et précaire. Une ou deux pièces importantes étaient tombées, mais la masse du bâtiment conservait sa forme. Les matelots eussent détruit ce plancher dangereux, si la chaleur l'eût permis, car à chaque instant ils étaient menacés en marchant sur ces planches d'être engloutis dans la fournaise qui se trouvait sous eux.

La fumée cessa, et une lumière claire illumina le navire jusqu'au haut des mâts. Par les soins et les efforts de l'équipage, les mâts et voiles étaient restés jusque-là intacts, et comme ces voiles gracieuses étaient toujours gonflées par la brise, elles conduisaient le navire enflammé à travers les flots.

La forme de l'Écumeur se dessinait au milieu de ces braves gens, entre les drisses et parmi les vergues où ils étaient perchés. Vu à cette lumière, avec son costume particulier et son air hardi, le contrebandier ressemblait à quelque fantastique dieu marin qui, se fiant à ses immortelles immunités, était venu prendre sa part dans ce drame terrible et lutter avec les hommes de témérité et d'adresse. Secondé par tous, il s'occupait à dépouiller les vergues de leurs voiles. Et les voiles tombaient l'une après l'autre sur le pont. Dans un espace de temps incroyable par sa brièveté, le mât d'avant se trouva entièrement dépouillé de ses voiles jusqu'aux agrès et aux espars. Pendant ce temps, Ludlow, aidé par l'alderman et par François, n'était pas resté les bras croisés. Passant en avant entre les cordages, ils portaient aux haubans des coups réitérés avec leurs petites haches. Le mât ne se soutenait plus que par la force du bois et le support du simple contre-étai.

— Descendez ! cria Ludlow ; tout est tombé, excepté cet étai.

L'Écumeur sauta sur un cordage, suivi de tous ceux qui étaient près de lui, et glissant il fut dans un instant au milieu des hamacs. Un craquement suivit leur descente, et une explosion qui fit trembler tout le bâtiment enflammé sembla annoncer que tout était fini. Le contrebandier recula à cet horrible fracas ; mais en arrivant près de Seadrift et de la jeune fille, il y avait autant de gaieté dans sa voix que de résolution dans sa contenance.

— Le pont s'affaisse, dit-il, et votre artillerie commence à donner l'effroyable signal de ses canons. Que ce soit celui de l'espérance ! Le magasin du vaisseau est profond, et plusieurs cloisons de cuivre nous en séparent encore.

Néanmoins une seconde décharge de canon proclama les rapides progrès des flammes. Le feu se fraya un passage de l'intérieur du vaisseau, et le mât tomba.

— Il faut mettre bientôt fin à ceci ! dit Alida en joignant ses mains avec une terreur qu'elle ne pouvait plus maîtriser. Sauvez-vous, sauvez-vous si c'est possible, vous qui avez la force et le courage, et laissez-nous à la merci de celui qui a l'œil ouvert sur le monde.

— Allez, ajouta Seadrift dont le sexe ne pouvait plus être caché ; le courage de l'homme n'en peut pas faire plus ; laissez-nous mourir.

Les regards qui répondirent à ces requêtes étaient mélancoliques mais calmes. L'Écumeur saisit une corde et se laissa glisser sur le gaillard-d'arrière avec beaucoup de précaution, puis regardant au-dessous de lui, il sourit d'une façon encourageante, et dit :

— Où un canon peut se tenir, le poids d'un homme ne fera pas enfoncer les planches.

— Ceci est notre dernière ressource, s'écria Ludlow en imitant son exemple. Venez ici, mes amis, puisque le pont peut encore soutenir notre poids.

En ce moment ils se trouvèrent tous sur le gaillard d'arrière, quoique l'horrible chaleur rendît impossible de s'y tenir un seul instant immobile. Il y avait de chaque côté un canon pointé sur le mât d'avant, qui chancelait, tremblait, mais restait debout.

— Visez au taquet, dit Ludlow à l'Écumeur qui pointait un canon, tandis que lui-même s'apprêtait à en faire autant avec l'autre.

— Attendez, cria le contrebandier, mettez-y d'autres boulets ; ce n'est qu'une chance à courir entre un canon qui crève et un magasin en feu.

De nouveaux boulets furent introduits dans chaque canon, et les braves marins appliquèrent des mèches allumées à leurs lumières. Les décharges furent simultanées, et pour un instant les volumes de fumée roulant dans la longueur du pont semblèrent triompher de l'incendie. On entendit un craquement de bois. Il fut suivi par un grand bruit dans l'air, et enfin par la chute du mât dans la mer, avec son fardeau de vergues. Le mouvement du vaisseau fut instantanément arrêté, et comme les lourds morceaux de bois restaient toujours amarrés au beaupré par les étais d'avant, l'éperon prit le vent, tandis que les voiles hautes tremblèrent, s'entrechoquèrent et tombèrent à l'arrière.

Le vaisseau se trouva pour la première fois stationnaire depuis le commencement de l'incendie. Les marins profitèrent de la circonstance, et passant à travers les montagnes de feu le long des cloisons, ils gagnèrent le gaillard d'avant, qui, quoique brûlant, était encore intact.

L'Écumeur jeta un regard autour de lui, et saisissant Seadrift par la taille, comme il eût fait d'un enfant, il le poussa en avant entre les cordages.

Ludlow suivit Alida, et les autres imitèrent leur exemple de la manière qui leur convint le mieux. Tous atteignirent l'avant du navire en sûreté, quoique Ludlow eût été repoussé par les flammes presque jusque dans la mer.

Les bas officiers étaient déjà dans la mer sur les mâtereaux flottants, les séparant les uns des autres, coupant le poids inutile des agrès, amenant les différentes parties du bois en lignes parallèles et les liant les uns avec les autres. Dans ce moment, les mouvements furent encore accélérés par un de ces horribles signaux qui partaient du poste des officiers. Il annonçait le progrès de la flamme, et présageait l'approche du terrible volcan qui sommeillait encore. Les canots étaient partis depuis une heure, et cette heure avait paru une seconde à tous ceux qui étaient restés sur le vaisseau. Depuis dix minutes l'incendie semblait s'avancer avec une nouvelle furie, et les flammes, qui pendant si longtemps avaient été cachées dans le fond de la cale du navire, s'élevaient tout à coup au milieu des airs.

— Cette chaleur ne pourrait pas être supportée plus longtemps, dit Ludlow, il faut aller respirer à bord de notre radeau.

— Au radeau, alors ! reprit Ludlow, tenez ferme, mes hommes, et attendez-vous à recevoir un précieux fardeau.

Les marins obéirent ; Alida et ses compagnons furent descendus en sûreté et conduits dans l'endroit qui avait été disposé pour les recevoir. Le mât d'avant était tombé par-dessus le bord avec ses vergues, car, avant que l'action se fût engagée, on avait eu soin de faire les préparatifs nécessaires pour échapper à toutes voiles à l'ennemi. Les matelots, en gens habiles et actifs, avaient disposé heureusement tous les matériaux légers qu'ils avaient pu réunir et qui pouvaient leur être utiles ; les vergues, toujours croisées, étaient heureusement tombées dans la mer, à la surface en l'air. Les boute-hors et tous les légers espars avaient flotté près de la cime et étaient tombés en travers, atteignant la voile la plus haute jusqu'à la voile la plus basse ; d'autres espars, tombés en dehors, avaient été coupés ; on les ajouta à la masse, et tout fut assujetti avec promptitude et habileté. Lors des premières lueurs de l'incendie, quelques personnes de l'équipage s'étaient saisies d'objets qui pouvaient flotter et les avaient placés à l'avant dans le lieu le plus éloigné de la sainte-barbe, espérant ainsi pouvoir se sauver à la nage. Ces objets furent pour la plupart abandonnés par les matelots lorsque la voix des officiers les appela au travail. Plusieurs boîtes et coffres vides étaient parmi eux ; les femmes s'assirent sur les coffres, tandis que les boîtes servirent à garantir leurs pieds de l'eau. Comme l'arrangement des vergues faisait plonger le principal mât jusque sous les vagues et que le radeau était assez petit pour n'avoir besoin d'aucune complication dans sa mâture, l'extrémité en était presque submergée. Bien qu'on eût ajouté le poids d'une tonne à la pesanteur spécifique du radeau, il était, d'un bois si léger, et si exempt de tous objets inutiles aux naufragés, qu'il flottait assez pour assurer le salut des fugitifs.

— Coupez les liens ! s'écria Ludlow, frémissant involontairement en entendant le bruit de plusieurs explosions qui éclataient dans l'intérieur, qui se succédaient à de fréquents intervalles et qui lançaient dans l'air des fragments du bois brûlé ; coupez les liens et poussez le radeau loin du bâtiment ! Dieu sait si nous avons besoin de nous en éloigner !

— Ne les coupez pas ! s'écria Seadrift dans un accès de désespoir. Mon brave... mon dévoué !...

— Est-il en sûreté... répondit d'une voix calme l'Écumeur de mer, qui passa sa tête dans les enfléchures des agrès d'avant que l'incendie avait jusqu'alors épargnés. Coupez tout ! je reste pour brasser la voile d'artimon plus en arrière.

Lorsque cette tâche fut accomplie, pendant une minute la figure élégante du contrebandier fut suspendue sur le bord du vaisseau enflammé ; l'Écumeur regardait d'un air mélancolique cette masse brillante.

— Triste fin pour un si beau bâtiment ! disait-il assez haut pour que sa voix arrivât à ceux qui étaient au-dessous de lui. Puis il s'élança et plongea dans les flots. — Le dernier signal sortait de la chambre placée au-dessus de la sainte-barbe, dit-il en sortant de l'eau et secouant ses cheveux mouillés. Plût à Dieu que le vent soufflât, car nous avons besoin d'être plus au large.

Ce n'était pas inutilement que le contrebandier avait eu soin d'assujettir les voiles. Le radeau ne faisait aucun mouvement ; mais comme les voiles de la hune de la Coquette étaient toujours en arrière, le bâtiment ne trouvant plus d'obstacles, commença à se dégager peu à peu des débris qui flottaient autour de lui, quoique les mâts chancelants et à demi brûlés menaçassent à chaque instant de crouler.

Jamais heures ne parurent plus longues que celles qui suivirent les faits que nous venons de raconter.

L'Écumeur et Ludlow surveillaient en silence les mouvements mal assurés du navire. Peu à peu celui-ci recula, et au bout de dix minutes, les marins, dont l'anxiété avait augmenté en même temps que leurs efforts devenaient moins nécessaires, commençaient à respirer plus librement. Ils n'étaient pas encore très-loin du dangereux bâtiment, mais ils ne couraient plus d'aussi grands risques d'être engloutis au moment de l'explosion. Les flammes commençaient à monter, et le ciel paraissait tout en feu, tandis que les voiles brûlaient, agitées par la brise.

La poupe du vaisseau n'avait pas encore été atteinte par le feu, et le corps de Trysail était toujours assis contre le mât de misaine. Le visage sévère du vieux marin était sinistrement éclairé par le pâle reflet de l'incendie. Ludlow le contemplait d'un air triste, et pendant un instant il cessa de penser à son vaisseau ; il se rappelait que la pensée des scènes de sa première jeunesse et les plaisirs de sa profession auxquels son ancien compagnon avait si largement participé. Le bruit d'un canon, dont la flamme lui effleura presque le visage, et le sifflement du boulet qui passa par-dessus le radeau, n'eurent pas le pouvoir de l'arracher à sa rêverie.

— Appuyez-vous ferme sur les coffres, dit l'Écumeur, faisant signe à ses compagnons de se mettre de manière à servir de soutien aux plus faibles, tandis qu'il se plaçait lui-même de manière à jeter son poids contre son siége. Appuyez-vous ferme et soyez prêts.

Ludlow suivit ce conseil, quoique ses yeux quittassent à peine l'objet sur lequel ils étaient fixés. Il vit la flamme s'élever au-dessus d'une caisse et pensa que c'était le monument funéraire du jeune Dumont, dont il enviait presque le sort; puis ses regards se tournèrent de nouveau sur le visage morne de Trysail : il semblait par instants que le cadavre parlait, et l'illusion devenait si forte que le jeune commandant se pencha plus d'une fois en avant pour écouter. Cette illusion durait encore lorsque le corps de Trysail se leva les bras tendus vers le ciel. L'atmosphère était remplie d'un torrent de flammes, tandis que l'Océan et les cieux brillaient d'une lueur rougeâtre.

Bien que l'Écumeur eût pris toutes ses précautions, les coffres furent dérangés de leur place, et ceux qui les soutenaient faillirent rouler jusque dans les flots. Une détonation sourde et bruyante sembla au même moment sortir des gouffres de l'Océan, et s'étendit jusqu'aux caps éloignés de la Delaware. Le corps de Trysail s'éleva de plus de cinquante brasses au-dessus de la mer dans le centre du torrent de flammes; puis, décrivant une courbe, retomba près du radeau et s'engloutit sous les flots à la portée du bras du capitaine : un canon fut précipité dans la mer avec la force effrayante de l'explosion. Une énorme vague tomba le long du radeau, soulevant dans sa chute les quatre jeunes officiers de Ludlow comme s'ils eussent été des grains de sable. Pour augmenter l'horreur de l'explosion du royal croiseur, un des canons déchargea dans l'espace les projectiles destructeurs renfermés dans son sein.

Les vergues enflammées, les fragments des voiles, les cordages brisés, les boulets, tout s'engloutit en même temps. On entendit ensuite le bouillonnement de l'onde, tandis que l'Océan dévorait les restes d'un croiseur qui avait été longtemps la gloire des mers d'Amérique. La masse du feu disparut, et une obscurité semblable à celle qui succède à un brillant éclair tomba sur les eaux.

CHAPITRE XXXI.

— Tout est fini! dit l'Écumeur de mer en quittant l'attitude pénible qu'il avait prise pour soutenir une caisse, et marchant tout le long du mât vers l'endroit où les quatre officiers de Ludlow avaient disparu : tout est fini! et ceux qui ont été rendre leurs comptes à Dieu ont trouvé la mort dans une de ces scènes qu'il est donné au marin seul de contempler, tandis que ceux qui se sont sauvés ont encore besoin de toute leur force et de tout leur courage! Capitaine Ludlow, je ne désespère pas; car, voyez, la dame du brigantin a toujours un gracieux sourire pour ses serviteurs.

Ludlow, qui avait suivi le hardi contrebandier jusqu'à l'extrémité du mât tourna son regard vers le point que lui indiquait son compagnon, et il vit l'image de la dame Vert-de-Mer bercée sur les flots agités et tournée vers le radeau avec une expression malicieuse. Cet emblème de leur fiancée avait été porté par les contrebandiers lorsqu'ils montèrent sur la poupe de la Coquette, et le bâton sur lequel cette lanterne était perchée avait été placé dans le marchepied d'une vergue en guise d'étendard avant d'aller se joindre à la mêlée du combat. Pendant l'incendie, cet objet avait souvent attiré les regards de Ludlow, et maintenant il lui apparaissait de nouveau, flottant doucement près de lui, de façon à ébranler presque son mépris ordinaire pour les superstitions des gens de mer. Tandis qu'il hésitait en quelque sorte à répondre à la remarque de son compagnon, celui-ci plongea dans la mer et se dirigea vers la lanterne allumée. Il revint bientôt sur le radeau, rapportant l'emblème de son brigantin. Il n'y a pas d'homme assez fort dans sa conviction pour être supérieur à des impulsions secrètes qui font croire à ces influences cachées de la bonne et de la mauvaise fortune. La voix du contrebandier était plus joyeuse et sa démarche plus assurée lorsqu'il traversa le radeau; il enfonça le bâton armé d'un fer dans le bordage de la hune de la Coquette qui flottait derrière le radeau.

— Courage! cria-t-il gaiement. Tant que brillera cette lumière, mon étoile ne pâlira pas! Courage, dame de la terre; car voilà votre compagne des eaux qui sourit à ses serviteurs! Nous sommes sur un frêle bâtiment, c'est vrai; mais un mauvais voilier a souvent un passage sûr. Parle, galant maître Seadrift; ta gaieté et ton esprit doivent renaître devant un aussi heureux augure!

Mais l'agent de tant de plaisantes mascarades et l'instrument de la plupart des artifices de la dame des-eaux n'avait pas un courage égal à la bruyante légèreté du contrebandier. Il laissa tomber sa tête du côté de la silencieuse Alida, et il ne répondit pas. L'Écumeur regarda un moment ce groupe avec intérêt, et touchant le bras de Ludlow, il s'avança en trébuchant le long des espars, afin de pouvoir causer sans jeter leurs compagnons dans d'inutiles alarmes.

Quoique l'imminent danger fût passé, la situation de ceux qui avaient échappé à l'explosion n'était guère meilleure que celle de ceux qui

avaient été engloutis. Lorsque les nuages se séparaient, le ciel laissait voir de rares étoiles, et quand l'impression du contraste se fut dissipée, il resta juste assez de lumière pour donner à cette scène une tristesse imposante.

On sait que le mât d'avant de la Coquette était tombé par-dessus le bord avec tous les objets qui l'entouraient. Les voiles, ainsi que les agrès qui pouvaient le faire soutenir, avaient été coupés dans la précipitation, et après leur chute, et jusqu'au moment de l'explosion, tous les hommes avaient été occupés à assurer le pont du radeau ou à le débarrasser des morceaux de cordes trop lourds, qui, inutiles comme amarres, ajoutaient seulement au poids de la masse. Tous ces débris flottaient avec les vergues croisées, à leur place, à peu près comme les mâtereaux étaient tombés. Les grands boute-hors étaient désarmés et se trouvaient autour de la hune, de manière que leurs bouts s'appuyaient sur la basse vergue de hune et formaient le fondement du radeau. Les plus petits boute-hors, avec les malles et les caisses, étaient la seule séparation entre le groupe du milieu du radeau et les profondeurs de l'Océan. La partie supérieure du bord extérieur des hunes s'élevait à quelques pieds au-dessus de l'eau, et formait un rempart contre la brise de nuit et contre les roulis continuels des vagues. De cette façon les femmes étaient assises, et on les avait averties de ne pas appuyer leurs pieds contre le seul rempart que l'on eût, le frêle appui des boute-hors qui étaient encouragés par la voix de l'alderman. François avait consenti à se laisser attacher à la hune par un marin du brigantin, tandis que tout ce qui restait de l'équipage, encouragé par la présence de l'étendard lumineux, s'occupait à donner tous ses soins à la hune du radeau.

— Nous ne serions pas dans une bonne condition pour faire une longue et active course, capitaine Ludlow, dit l'Écumeur, lorsque lui et son compagnon furent hors de la portée de la voix. J'ai navigué dans tous les temps et sur bien des navires; mais voici la plus hardie de toutes mes expériences maritimes; j'espère que ce sera la dernière.

— Nous ne pouvons nous dissimuler les effrayants dangers que nous courons, reprit Ludlow, quoi que nous tassions pour les tenir secrets à plusieurs d'entre nous.

— En effet, c'est une mer un peu bien déserte pour naviguer en radeau! Si nous étions dans ces passages étroits qui séparent les îles Britanniques de la Manche, ou bien encore dans le golfe de Biscaye, on pourrait espérer rencontrer quelque vaisseau marchand ou quelque croiseur; mais ici notre seule chance est le Français et le brigantin.

— Il n'y a pas à en douter, l'ennemi doit avoir entendu l'explosion, et comme la terre est si proche, il doit supposer que nous nous sommes sauvés dans les chaloupes. Notre chance de rencontre est beaucoup diminuée par l'incendie; les Français n'ont plus aucune raison valable de rester sur cette côte.

— Et vos jeunes officiers abandonneront-ils leur capitaine sans secours?

— Je n'ai pas d'espérance de ce côté-là. Le navire a couru bien des milles pendant qu'il brûlait, et avant que le jour paraisse ces mâts et la marée nous auront conduits en pleine mer.

— J'ai toujours navigué sous les meilleurs auspices, observa l'Écumeur. A quelle distance sommes-nous de la terre, et de quel côté est-elle?

— Elle est au nord, mais nous courons rapidement à l'est et au sud. Avant le jour nous serons à la hauteur de Montauk, et peut-être plus loin; nous devons être déjà à quelques lieues au large.

— Ce n'est pas là ce que je m'imaginais, mais nous avons l'espoir du flux de la marée.

— Le flux nous ramènera en effet vers le nord. Mais que pensez-vous du ciel?

— Il n'est pas favorable, quoique son aspect ne soit pas désespérant. La brise de mer tournera avec le soleil.

— Et avec lui reviendront les vagues. Combien de temps ces mâtereaux mal assujettis tiendront-ils contre le roulis? Et ceux qui sont avec nous pourrions-nous supporter sans nourriture l'humidité de la mer?

— Vos couleurs sont bien sombres, capitaine Ludlow, dit le contrebandier en respirant avec peine malgré sa résolution. Mon expérience me dit que vous avez raison, quoique j'aie grand désir de vous contredire. Cependant je crois que notre nuit sera tranquille.

— Tranquille pour un vaisseau et même pour un canot, mais hasardeuse pour un radeau comme celui-ci. Voyez que déjà à chaque roulis le mât de hune se renverse, et notre sécurité diminue à mesure que le bois penche.

— Votre opinion n'est pas flatteuse, capitaine Ludlow; vous êtes un marin et un homme. Je n'essayerai pas de plaisanter avec vos connaissances. Je conviens que le danger est imminent, et toute notre espérance dépend de la bonne fortune de mon brigantin.

— Ceux qui le montent croiront-ils faire leur devoir en quittant leur mouillage pour venir à la recherche d'un radeau dont l'existence ne leur est pas connue?

— J'ai foi dans la vigilance de celle qui porte un manteau vert de mer. Vous pouvez m'accuser de folie ou de quelque chose de pis dans un tel moment; mais j'ai couru tant de bordées sous sa protection que j'ai foi dans sa fortune. Assurément vous ne seriez pas marin, capitaine

Ludlow, si vous n'aviez pas une foi secrète en quelque être inconnu et puissant.

— Ma foi est placée dans celui qui est en effet tout-puissant mais jamais visible. Il faut désespérer s'il nous oublie!

— C'est bien, mais ce n'est pas la la foi dont je veux parler. Croyez-moi, en dépit d'une éducation qui enseigne tout ce que vous venez de dire, et d'une raison qui parle souvent assez clairement pour faire taire la folie, on doit compter sur les chances qui ont été créées par une vie d'activité et de hasard, et qui, si elles ne sont pas toujours bonnes, m'empêchent du moins de me livrer au désespoir. Le présage du retour de la lumière et le sourire de ma maîtresse me donneront plus de forces que toute la philosophie!

— Vous êtes heureux d'avoir des consolations à si bon marché, reprit Ludlow, qui puisait une espérance cachée dans la confiance dans son compagnon. Il aurait peut-être rougi de se l'avouer, mais il l'éprouvait. — Vu ce qu'il nous reste peu de chose à faire pour seconder la chance; il faut nous débarrasser de tout poids inutile et rendre le radeau le plus solide possible en ajoutant de nouvelles amarres.

L'Écumeur consentit à la proposition; et après s'être consulté un moment sur les détails de cet expédient, il rejoignit le groupe près de la hune afin de faire exécuter l'ordre. L'équipage du radeau étant réduit à deux matelots du brigantin, Ludlow et son compagnon durent mettre la main à l'œuvre et faire leur devoir.

Beaucoup d'agrès qui ajoutaient à la pression sans ajouter à la solidité du radeau furent coupés; tout le fer de la mâture fut arraché et descendit bientôt au fond de l'Océan. De cette façon, le radeau allégé d'un grand poids flotta plus aisément et soutint mieux ceux qui lui avaient confié leur sort. L'Écumeur, accompagné de ses deux matelots silencieux et obéissants, s'aventura le long des espars à peu près submergés jusqu'à l'extrémité des mâts, et avec cette dextérité des hommes habitués aux machines compliquées d'un navire, même dans les temps les plus noirs, ils parvinrent à débarrasser les deux petits mâts de leurs vergues respectives et à les amarrer à la masse des débris ou à la partie flottante qui entourait la hune; là les bâtons furent croisés de manière à ajouter plus de force au plancher du radeau.

Ce travail fut exécuté avec un entrain plein d'espérance et de sécurité; tous s'y mirent avec ardeur; l'alderman et François eux-mêmes y prêtèrent la main autant que le leur permirent leurs forces et leurs connaissances. Mais lorsqu'on eut fait ces changements et que l'on eut ajouté de nouveaux liens pour maintenir en place le mât de hune et les plus grandes vergues, Ludlow, en rejoignant ceux qui s'étaient réunis en groupe sur le derrière, fut obligé de convenir tacitement qu'il restait encore un peu à faire pour éviter les dangers de l'Océan capricieux.

Pendant les quelques heures qu'avait nécessitées l'accomplissement de ce travail important, Alida et sa compagne, recueillies en elles-mêmes, adressaient mentalement à Dieu de longues et ferventes prières. Avec cette confiance que les femmes ont dans cet être tout-puissant qui seul sait les protéger, et avec cette énergie morale dont le sexe le plus faible fait souvent preuve dans les dangers éminents, elles avaient su l'une et l'autre réprimer leurs craintes et chercher une protection dans le pouvoir de Dieu, qui est supérieur à celui des plus grands de la terre. Ludlow fut grandement récompensé de toutes ses peines par le son de la voix d'Alida, qui lui parlait tendrement pour le remercier de tout ce qu'il avait fait et pour convenir qu'il ne pouvait faire davantage.

— La Providence accomplira le reste, continua Alida; tout ce qu'il était humainement possible de faire a été entrepris et exécuté par ces intrépides et habiles marins, et tout ce qu'en de pareilles circonstances les femmes peuvent tenter, nous l'avons tenté pour vous!

— Vous avez pensé à moi en faisant vos prières, Alida! C'est une intercession dont les plus puissants ont besoin et que les sots seuls dédaignent.

— Et vous, Eudora, avez-vous invoqué dans vos prières l'omnipotence de celui qui seul met un frein au courroux de l'Océan? dit une voix auprès de Seadrift.

— Je l'ai fait.

— C'est bien; il y a des circonstances dans lesquelles l'adresse et l'expérience peuvent être d'un utile secours, et d'autres où tout doit être abandonné à celui qui est plus fort que les éléments.

De telles paroles sorties de la bouche d'un homme dont le caractère était aussi connu que celui de l'Écumeur de mer, ne devaient pas être jetées au vent. Ludlow lui-même leva vers le ciel un regard triste lorsqu'il eut entendu ces paroles, comme si elles renfermaient un avis secret sur l'extrême danger dont ils étaient menacés. Personne ne répondit; un long silence suivit ce court dialogue, et ceux qui étaient les plus harassés se mirent à sommeiller malgré leur effrayante situation.

La nuit se passa ainsi pleine de terreur et d'anxiété. Peu de paroles furent échangées, et pendant des heures entières les personnes qui composaient le groupe formé au centre du radeau ne pensèrent qu'à reposer leurs membres fatigués. Aux premières clartés du jour, toutes les facultés s'éveillèrent, et chacun essaya de comprendre l'importance du danger qu'on courait ou les chances de salut qui pouvaient rester.

La surface de l'Océan était toujours paisible, quoique les vagues qui de temps en temps soulevaient d'énormes masses d'eau indiquassent suffisamment que le radeau avait été entraîné loin de la terre. On en fut tout à fait convaincu lorsque le soleil qui se levait eut complètement chassé les ténèbres et couvert l'horizon de sa lumière. Rien ne fut d'abord visible qu'une sombre et vaste masse d'eau. Mais un cri de joie de Seadrift, dont les sens étaient depuis longtemps habitués aux signes de l'Océan, attira tous les yeux dans la direction opposée au lever du soleil, et il ne se passa pas beaucoup de temps sans que ceux qui montaient le radeau ne découvrissent à la surface de l'eau un navire dont le soleil levant blanchissait les voiles.

— C'est le français, dit le contrebandier; il est charitablement à la recherche de son ennemi naufragé.

— C'est probable, car notre position ne peut être un secret pour lui, répondit Ludlow. Malheureusement nous avons couru à quelque distance de l'ancrage avant que les flammes ne se déclarassent. En vérité, ceux qui naguère nous achetaient si chèrement notre vie remplissent un devoir d'humanité.

— Ah! voici son compagnon maltraité plus au large. Le bel oiseau a trop tristement été dépouillé de son plumage pour tenir dans le vent! C'est la destinée de l'homme! Le malheureux! il use en un moment ce qui est le plus nécessaire à sa sûreté.

— Et que pensez-vous de notre situation? dit Alida en tâchant de lire dans les yeux de Ludlow quel serait leur sort. L'étranger manœuvre-t-il dans une direction favorable à nos désirs?

Ni Ludlow ni l'Écumeur ne répondirent; mais ils regardèrent la frégate avec soin, et, lorsque les objets devinrent plus distincts, ils répondirent d'un commun accord que le navire se dirigeait sur eux. Cette déclaration excita un espoir général, et la négresse même, n'étant plus retenue par la peur, exprima sa joie par les exclamations les plus bruyantes.

En quelques minutes de nouveaux efforts furent faits. Un léger bout-hors fut enlevé du radeau; il portait à vingt pieds au-dessus de la surface de l'eau un petit mouchoir qui servait de signal. Après que cette précaution eut été prise, on en attendit le résultat avec patience. Les minutes se succédaient, et chaque moment rendait plus distincte la forme du navire, jusqu'à ce que les marins déclarassent qu'ils pouvaient distinguer des hommes sur les vergues. Un canon eût facilement envoyé un boulet du navire au radeau, et il n'avait pas l'air d'avoir aperçu les matelots perdus.

— Je n'aime pas sa manière de manœuvrer! observa l'Écumeur à Ludlow, qui restait attentif et silencieux. Il semble disposé à donner fin à sa recherche. Que Dieu lui donne l'idée de continuer sa course encore dix minutes!

— N'avons-nous aucun moyen de nous faire entendre? demanda l'alderman. Il me semble que la voix d'un homme vigoureux pourrait traverser cette eau, surtout quand sa vie en dépend.

Les plus expérimentés secouèrent la tête; mais, sans désespérer, le bourgeois enfla sa voix avec une force qui était augmentée par l'imminence du danger. Les matelots se joignirent à lui, et Ludlow lui-même prêta son aide, jusqu'à ce que leurs voix enrouées les eussent convaincus de l'inutilité de leurs efforts. Il y avait certainement au bout des mâts des hommes qui parcouraient l'Océan des yeux, mais il ne partait aucun signal du vaisseau.

Le navire continuait à approcher; et le radeau était à moins d'un demi-mille de leurs bossoirs; mais tout à coup le bâtiment refusa la brise, montra ses flancs, et prouva par sa nouvelle position qu'il abandonnait toute recherche. En cet instant, Ludlow voyant que la frégate s'éloignait, cria:

— Élevez tous la voix ensemble, c'est notre dernière chance!

Ils s'unirent en un cri commun, à l'exception de l'Écumeur. Il était appuyé contre le mât, les bras croisés, écoutant cet impuissant effort avec un sourire mélancolique.

— C'est bien tenté, dit le marin avec un calme extraordinaire, lorsque cette clameur eut cessé, s'avançant le long du radeau, et demandant le silence, mais cela n'a pas réussi. Le bruit des vagues et les ordres qu'on donne sur le navire pour river eussent empêché un son encore plus fort d'être entendu par des hommes si occupés. Je ne veux vous flatter d'aucune espérance, mais voici le vrai moment pour un suprême effort.

Il plaça ses mains devant sa bouche; et, dédaignant les mots, il poussa un cri si clair, si puissant, si plein, qu'il sembla impossible que ceux qui étaient sur le vaisseau ne l'entendissent pas. Il répéta l'expérience trois fois, quoiqu'il fût évident que sa voix s'affaiblissait à chaque nouvel effort.

— Ils entendent! s'écria Alida. Il y a un mouvement dans les voiles!

— C'est la brise qui fraîchit, dit Ludlow d'une voix triste. Chaque moment augmente un peu l'espace!

Cette vérité mélancolique fut bientôt trop apparente pour être contredite, et ils virent avec douleur la frégate s'éloigner. Dans ce moment, la frégate tira un coup de canon, mit dehors de nouvelles voiles sur ses longues vergues, et gouverna sous le vent pour aller rejoindre sa compagne, dont le haut des mâts disparaissait déjà de la surface de la mer, au sud. Avec ce changement d'allure, toute attente de secours devint vaine de la part du croiseur ennemi.

Peut-être dans toutes les situations de la vie est-il nécessaire que l'espérance soit remplacée par le désappointement, avant que la légèreté de l'esprit humain lui permette de descendre jusqu'au niveau d'une mauvaise fortune. Jusqu'à ce qu'un effort trompé lui montre la difficulté de son attente, celui qui a failli peut se relever encore, et ce n'est que lorsqu'un effort a été tenté avec de petits moyens que nous sentons la valeur d'avantages dont nous rions avant que d'en avoir estimé toute l'importance. Jusqu'à ce que la poupe de la frégate française se fût retirée de l'autre côté du radeau, ceux qui le montaient n'avaient pas encore été très-sensibles à l'extrême danger de leur situation. L'espérance était revenue avec le jour; car, tandis que la nuit obscurcissait l'Océan, leur position ressemblait à celle de quelqu'un qui veut percer l'obscurité de l'avenir pour obtenir un présage de bonne fortune. Avec le jour la voile avait paru dans le lointain. A mesure que le jour avançait, le navire approchait; puis il avait abandonné sa recherche, et enfin il disparaissait sans que son retour fût probable.

Les plus braves avaient formé un groupe sur le radeau; ils commençaient à se décourager en songeant au péril affreux qui les menaçait et qui semblait maintenant inévitable.

— Voici qui est d'un mauvais augure! dit Ludlow en dirigeant l'œil de son compagnon sur trois ou quatre requins dont les nageoires paraissaient à la surface de l'eau, et si près de leur personne, que leur situation sur un débris de mât, où l'eau passait et repassait à chaque gonflement des vagues, était doublement dangereuse. L'instinct de ces animaux détruit toutes nos illusions.

— Ceci est une croyance des marins, que ces animaux ont en effet un instinct secret qui les dirige vers leur proie, reprit l'Ecumeur; mais la fortune est plus forte qu'eux. Rogerson! ajouta-t-il en appelant un de ses compagnons, tes poches sont toujours garnies de tout ce qu'il faut à un pêcheur; as-tu sur toi une ligne et un harpon pour ces animaux voraces? La question est fondée sur la plus simple philosophie, qui est la plus sage. Ou manger ou être mangé, la plupart des hommes se décideront pour ce dernier point.

Un harpon d'une grosseur suffisante fut présenté, et la ligne fut remplacée par un bout de petit cordage qui pendait au bout du mât. Une pièce de cuir arrachée à l'une des vergues servit d'amorce et l'appât fut jeté. Une faim extrême semblait augmenter la voracité de l'animal; il se précipita sur la proie imaginaire avec la rapidité de l'éclair. Le choc fut si violent et si soudain que l'infortuné marin fut entraîné des planches glissantes où ses pieds s'appuyaient jusque dans la mer. Cette scène se passa avec une effrayante rapidité. On entendit un seul cri d'horreur lorsque le regard du matelot s'arrêta sur ses compagnons. Le corps mutilé flotta encore un instant dans son sang, et une expression d'angoisse et de terreur était imprimée sur son visage. Le moment d'après il était devenu la pâture des monstres de la mer.

Tout s'effaça; mais la teinte rougeâtre resta encore à la surface de l'Océan. Les monstres rassasiés avaient disparu, mais le point sombre resta immobile près du radeau, comme pour rappeler aux survivants qu'y restaient un sort aussi affreux.

— C'est horrible! dit Ludlow.

— Une voile! cria l'Ecumeur, dont le son de voix se faisant entendre en ce moment d'horreur et d'appréhension semblait un cri tombant du ciel. Mon brave brigantin! Dieu permette qu'il ait meilleure fortune que ceux qui viennent de nous laisser!

— Dieu le permette en effet! car si cet espoir nous manque, il ne nous en restera plus. Peu de navires passent par ici, et nous avons une preuve suffisante que notre mât n'est pas assez haut pour attirer les regards.

Toute leur attention fut de nouveau portée sur le point dont on a parlé et qui était visible à l'extrémité de l'Océan, et que l'Ecumeur disait être la Sorcière des Eaux. Un marin seul pouvait avoir cette certitude; car, vu la hauteur du radeau, on ne pouvait guère en distinguer le haut des voiles. La direction n'était pas favorable, il était sous le vent; mais Ludlow et le contrebandier assurèrent à leurs compagnons que le vaisseau essayait de se diriger vers la terre.

Les deux heures qui se succédèrent parurent aussi longues que des jours de misère. Tout dépendant des vicissitudes des événements, chaque circonstance était notée par les marins avec un intérêt plein d'angoisses. Si le vent tombait, le navire était forcé de rester stationnaire, et le brigantin et le radeau étaient abandonnés à la merci des courants de l'Océan. Un changement de vent pouvait être la cause d'un changement dans la course et rendait une rencontre impossible; une augmentation dans la brise pouvait être cause de la destruction du radeau, même avant l'arrivée des secours. Pour ajouter à tant de chances contraires, il était vraisemblable que les matelots du brigantin, sachant le sort de la corvette, dussent avec raison croire au malheur sans retour de ceux qui l'avaient quittée.

Cependant la fortune semblait favorable; la brise, quoique calme, était légère, et l'intention évidente du vaisseau était de passer près d'eux; l'espérance qu'il était à leur recherche raminna tous les cœurs.

A l'expiration du temps dont nous avons parlé, le brigantin passa

sous le vent si près du radeau, que tous les plus petits objets de son gréement parurent visibles.

— Les fidèles compagnons nous cherchent, s'écria le contrebandier avec émotion. Ce sont des hommes qui couvriraient la côte plutôt que de nous abandonner. Ils nous passent: levez le signal, il pourra frapper leurs yeux.

Le petit pavillon fut déployé, et après une longue et anxieuse attente, les hommes du radeau eurent la douleur de voir le léger vaisseau filer, et glisser assez loin pour ne leur laisser aucun espoir de retour. Le cœur de l'Ecumeur lui-même parut se briser sous ce désappointement.

— Je ne crains rien pour moi-même, dit le vieux marin; c'est une petite conséquence pour un marin de trouver son humide tombeau dans ce voyage ou dans un autre! Mais pour toi, ma jeune et jolie Eudora, j'avais rêvé une autre destinée. Ah! le vaisseau vire de bord; le dame Vert-de-Mer a un instinct pour ses enfants, après tout.

Le brigantin était immobile; dix ou quinze minutes plus tard il revint vers le radeau.

— Toute chance de salut est à jamais perdue s'il nous passe maintenant, dit l'Ecumeur en faisant signe à ses compagnons de garder le silence. Puis, appuyant sa main sur sa bouche, il se mit à crier comme le désespoir s'il eût prêté les poumons d'un géant:

— Ohé! oh! la Sorcière des Eaux! ohé! Ce dernier cri sortit de ses lèvres avec le bruit aigu que ce cri particulier est calculé produire. On eût dit que le petit bâtiment reconnaissait la voix de son commandant; car sa course changea légèrement comme si le vaisseau eût été doué de vie et de facultés intelligentes. Moins de cinq minutes après, les débris de la Coquette voguaient sur l'immense Océan, solitaires et abandonnés.

La première sensation de l'Ecumeur de mer lorsque ses pieds foulèrent le pont du brigantin, fut sans doute celle d'une profonde gratitude. Il était silencieux et paraissait trop oppressé pour pouvoir parler; marchant le long du pont, il leva les yeux et posa sa main avec force sur le cabestan d'une manière en même temps affectueuse et convulsive; puis il sourit à son équipage attentif et obéissant, et parlant avec autant d'autorité que de joie:

— Déchargez les voiles de hune, brassez et bordez les voiles; que tout soit aussi plat que les bords. Mes amis, assujettissez la dame, et voguons vers les côtes!

CHAPITRE XXXII.

Le lendemain matin, les fenêtres ouvertes du Lust-in-Rust annonçaient la présence du maître; il y avait un air de mélancolie et cependant de bonheur répandu sur le visage de ceux qui se promenaient dans les environs du bâtiment, comme si un grand bonheur eût été accompagné de quelque grave et triste circonstance. Les nègres paraissaient jouir de leur goût pour tout ce qui est extraordinaire, ce qui est un des effets de l'ignorance, tandis que ceux qui appartenaient à une race plus privilégiée ressemblaient à des hommes qui conservent le souvenir des maux récemment passés.

Dans l'appartement privé du bourgeois une entrevue eut lieu entre l'alderman et le contrebandier, et l'on pouvait lire dans les regards de l'un et de l'autre qu'ils débattaient une affaire aussi intéressante que sérieuse. Toutefois, un observateur habitué à deviner l'expression du visage aurait pu voir que le second allait entamer un sujet qui touchait à ses plus chers sentiments, et que l'autre n'était occupé que des intérêts de son commerce.

— Mes instants sont comptés, dit le marin en s'avançant presque au centre de l'appartement et regardant son compagnon en face. Ce que j'ai à dire doit l'être brièvement; le passage ne peut être franchi qu'au moment de la marée, et je demande à votre prudence si je dois rester jusqu'à ce que les nouvelles de ce qui nous est arrivé en mer soient connues dans la province.

— Voilà parler avec la prudence d'un corsaire! Cette réserve perpétuera l'amitié qui n'a point été affaiblie par votre activité, dans notre incommode voyage sur les vergues et sur les mâts du défunt croiseur de la reine Anne. Je ne souhaite certainement aucun mal aux officiers à son service; mais c'est bien dommage que vous ne soyez pas prêt, maintenant que la côte est nettoyée, avec une bonne et lourde cargaison ! La dernière était simplement une affaire de tiroirs secrets et de riches dentelles, précieuses en elles-mêmes et profitables pour l'échange ; mais la colonie a bien besoin de certains articles qui ne peuvent être débarqués qu'à loisir.

— Je viens pour d'autres affaires ; il y a eu entre nous des transactions que vous comprenez fort peu, alderman van Beverout.

— Vous voulez parler d'une petite erreur dans le dernier envoi. Tout s'est expliqué dans un nouvel examen, et votre exactitude est aussi bien établie que celle de la banque d'Angleterre.

— Établie ou non, que ceux qui en doutent cessent tout commerce avec moi. Je n'ai jamais eu d'autre devise que confiance, d'autre règle que la justice.

— C'est ce que je voulais dire, mon ami ; je n'ai pas le moindre soupçon ; mais l'exactitude est l'âme du commerce, comme les profits en sont le but. Des comptes clairs et une balance raisonnable sont le ciment le plus solide des intimités dans les affaires. Un peu de franchise dans un commerce secret ressemble à l'équité dans les cours ; elle rétablit la justice que la loi avait détruite ; qu'en penses-tu ?

— Il y a bien des années, alderman van Beverout, que commença ce commerce secret entre vous et mon prédécesseur, celui que vous avez cru mon père, mais qui ne méritait ce titre que par la protection qu'il a donnée au fils orphelin d'un ami.

— Cette dernière circonstance est nouvelle pour moi, répondit le bourgeois en inclinant la tête ; cela peut expliquer certaines légèretés qui n'ont pas été sans me causer quelque embarras. Voilà vingt-cinq ans au mois d'août prochain, et douze ont été sous ses auspices. Je ne prétends pas dire que les entreprises furent moins heureuses de son temps ; les profits ont été tolérables. Je deviens vieux, et je pense qu'il est temps de renoncer à tous les hasards de la mer. Deux ou trois, ou tout au plus quatre voyages heureux, termineront toute affaire entre nous.

— Cela arrivera plus tôt. Je suppose que l'histoire de mon prédécesseur n'était point un secret pour vous. La manière dont il fut chassé de la marine des Stuarts, parce qu'il s'opposait à leur tyrannie, son arrivée avec sa fille unique dans les colonies, et la résolution de faire le commerce libre pour se procurer des moyens d'existence, sont des choses dont nous avons souvent causé ensemble.

— Hum ! J'ai bonne mémoire pour les affaires, maître Écumeur ; mais je suis ignorant des événements accomplis comme un homme nouvellement promu à la pairie l'est de ses ancêtres. J'oserai dire cependant que tout s'est passé comme vous l'avez dit.

— Vous savez que lorsque mon protecteur et prédécesseur abandonna la terre, il prit avec lui tout ce qu'il avait sur mer.

— Il prit un schooner bon marcheur et solide, maître Écumeur, avec une cargaison de tabac choisi, qui était bien lestée avec des pierres du rivage. Ce n'était pas un admirateur de dames Vert-de-Mer ni d'élégants brigantins. Souvent les croiseurs royaux furent trompés et prirent l'honnête marchand pour un industrieux pêcheur.

— Il avait ses goûts et j'ai les miens. Mais vous oubliez une partie du fret qu'il chargeait, une part qui n'était pas celle qui valait le moins.

— C'est peut-être une balle de fourrures de martres, car c'est juste le temps où cet article commençait à être prisé dans le commerce.

— C'était une fille belle, innocente et chérie. L'alderman fit un mouvement involontaire qui cacha une partie de son visage à son compagnon.

— Il avait en effet emmené une fille, belle et d'un cœur toujours dévoué à ses intérêts, répondit celui-ci avec une voix basse et embarrassée. Elle est morte, à ce que vous m'avez dit vous-même, maître Écumeur, dans les mers d'Italie. Je n'ai jamais revu le père sur cette côte, depuis sa dernière visite à sa fille.

— Elle est morte au milieu des îles de la Méditerranée. Mais le vide qu'elle a laissé dans le cœur de tous ceux qui l'ont connue a été rempli depuis par sa fille.

L'alderman tressaillit, il regarda le contrebandier en face avec anxiété, et répéta ce mot :

— Sa fille !

— Oui, je l'ai dit. Eudora est l'enfant de cette femme calomniée. Ai-je besoin de dire quel est son père ?

Le bourgeois gémit, et couvrant sa face avec ses mains, il tressaillit et s'assit convulsivement.

— Quelle preuve puis-je avoir de cela ? murmura-t-il enfin. Eudora est ta sœur.

Un sourire mélancolique accompagna la réponse du contrebandier.

— Vous avez été trompé. Je ne me suis attaché à rien, excepté à mon navire. Lorsque mon brave père tomba à côté de celui qui protégea ma jeunesse, il ne me resta plus de famille. J'aimais l'autre comme un père, et il me nommait son fils, pendant qu'Eudora passait à vos yeux pour une fille d'un second lit. Mais voici une preuve suffisante de sa naissance.

L'alderman prit un papier que présentait son compagnon avec gravité, et ses yeux en parcoururent le contenu. C'était une lettre qui lui était adressée par la mère d'Eudora après la naissance de celle-ci, et qui était pleine de l'affection d'une femme. L'amour du jeune marchand et de la fille de son correspondant secret était moins criminel que ne le sont ordinairement de pareilles liaisons. Mais la par-

ticularité difficile de leur situation était l'embarras d'introduire dans la société une fille dont l'existence était inconnue à ses amis. D'un autre côté, la crainte que Myndert avait de son père inflexible avait mis un obstacle à son mariage. Les simples formes des colonies étant facilement satisfaites, on aurait pu demander si elles n'avaient pas été suffisamment consultées pour rendre l'enfant légitime.

Lorsque Myndert van Beverout lut la lettre de celle qu'il avait jadis tant aimée, et dont la perte lui avait été un malheur irréparable, puisque son caractère aurait pu s'adoucir sous sa douce et charmante influence, ses mains tremblèrent et son corps trahit une violente agitation. Le langage de cette digne femme était touchant et exempt de reproches, mais c'était un solennel avertissement. Elle lui apprenait la naissance de sa fille, tout en laissant à son propre père la disposition de cette fille, ce qui ne l'empêchait pas de la recommander à l'auteur de ses jours et à son amour, si par hasard elle avait besoin de lui. Cette conclusion offrait un contraste entre les tristes adieux à toutes les affections de ce monde, et les espérances de la vie future.

— Pourquoi m'a-t-on caché ce secret si longtemps ? demanda le marchand agité. Pourquoi, homme léger, m'as-tu permis de montrer ma faible nature devant ma fille ?

Le sourire du contrebandier était fier et amer.

— Monsieur van Beverout, nos voyages sont longs. L'échange est l'affaire de toute notre vie ; notre univers est la Sorcière des Eaux. Et comme nous avons peu d'intérêts sur la terre, notre philosophie est au-dessus de telles faiblesses. La naissance d'Eudora vous fut cachée par la volonté de son grand-père. Il a peut-être agi par ressentiment, peut-être aussi par fierté.

— Et Eudora ! sait-elle la vérité depuis longtemps ?

— Mais non. Depuis la mort de notre ami commun, la jeune fille dépend de mes conseils et de ma protection. Depuis un an seulement elle a appris qu'elle n'était pas ma sœur. Jusque-là elle nous supposait descendants du même père. La nécessité m'a forcé depuis quelque temps de la prendre sous le brigantin.

— C'est une conséquence forcée de mes fautes ! murmura l'alderman, je suis puni de ma pusillanimité par la dégradation de ma fille !

Le contrebandier avança d'un pas sur son compagnon, il était plein de dignité, mais ses yeux brillaient du ressentiment d'un homme offensé.

— Alderman van Beverout, dit-il d'une voix sévère, vous recevrez votre fille pure comme si elle sortait de la main de son infortunée mère, lorsque la nécessité la força à l'amener dans notre foyer. Nous autres de la contrebande, nous avons nos opinions sur le bien et le mal, et ma reconnaissance non moins que mes principes m'enseignent à bien protéger et non injurier la petite-fille de mon bienfaiteur. Si j'avais été aussi bien le frère d'Eudora, mon langage et ma conduite n'auraient pas été plus innocents qu'ils ne l'ont été depuis qu'elle a été confiée à ma garde.

— Pour ma part je vous en remercie, dit l'alderman avec vivacité. La jeune fille sera reconnue, et avec la dot que je lui donnerai elle peut espérer un honorable mariage.

— Tu peux la donner à ton favori le patron, reprit l'Écumeur avec calme, mais avec les yeux tristes. Elle est plus que digne de tout ce qu'il peut lui apporter. Cet homme veut la prendre, car il n'ignore ni son sexe ni son histoire. J'ai cru devoir cela à Eudora, dès que la fortune plaça le jeune homme sous mon pouvoir.

— Tu es trop honnête pour ce monde méchant, maître Écumeur ! laisse-moi voir ce couple aimant, et que je le bénisse à l'instant.

Le contrebandier se détourna lentement, et ouvrant une porte, il dit à plusieurs personnes d'entrer. Alida apparut à l'instant, conduisant Seadrift revêtue des habits de son sexe. Quoique le bourgeois eût souvent vu la sœur supposée de l'Écumeur sous les habillements de femme, elle ne lui avait jamais semblé aussi belle qu'en ce moment. Les favoris soyeux étaient retirés ; et à leur place on voyait des joues fraîches, qui loin d'être ternies semblaient encore enrichies par les touches sombres du soleil. Les boucles de cheveux longs et touffus qui avaient été répandues en désordre autour du col, pour ajouter un trait de plus à la mascarade, frisaient naturellement autour des tempes, et laissaient voir une physionomie espiègle, quoique par moment tempérée par la réflexion et la sensibilité. On rencontre rarement deux femmes aussi belles que celles qui vinrent se jeter aux genoux du marchand. L'amour habituel de l'oncle et du protecteur parut un moment lutter avec la nouvelle affection du père. Mais la nature parlait trop éloquemment dans le cœur de l'alderman pour qu'il pût méconnaître sa voix, il pencha la tête sur le col d'Eudora et il pleura. Il eût été difficile de dire, en observant sa physionomie, quelle était l'émotion du contrebandier en suivant les progrès de cette scène. La méfiance, le malaise, et enfin la mélancolie se peignaient dans ses yeux. Enfin cette dernière expression prédominant, il quitta la chambre, comme s'il eût pensé qu'il n'était pas convenable à un étranger de prendre part à des émotions aussi sacrées.

Deux heures après, les principaux personnages de ce récit étaient rassemblés sur les bords de la baie, à l'ombre d'un chêne qui semblait du même âge que le continent. Le brigantin était en vue sous quelques voiles ; il allait et venait sur le petit bassin, ressemblant par l'aisance et la grâce de ses mouvements à quelque beau cygne qui s'ébat sur l'onde dans toute la joie de son instinct. Un bateau venait de toucher le rivage, et l'Ecumeur se tenait auprès, élevant une main pour aider à l'enfant Zéphyr à descendre.

— Nous sujets des éléments, nous sommes esclaves des superstitions, dit-il lorsque le pied de l'enfant toucha la terre. C'est la conséquence d'une vie qui est toujours exposée à des dangers supérieurs à son pouvoir. Pendant bien des années j'ai cru que quelque grand bien ou quelque grand mal accompagnerait la visite de cet enfant sur la terre. Voilà la première fois que son pied foule la terre ferme. J'attends la fin de l'augure.

— Il sera heureux, reprit Ludlow. Alida et Eudora veulent lui inculquer les principes de cette simple et heureuse contrée, et je suis certain qu'il fera honneur à leurs leçons.

— Je crains que l'enfant ne regrette les leçons de la Dame Vert-de-Mer! Capitaine Ludlow, il y a encore un devoir à remplir que je ne dois pas négliger, quoique je sois peut-être un homme que vous n'êtes pas disposé à connaître. J'ai entendu dire que vous étiez accepté par la belle Barbérie?

— Tel est mon bonheur.

— Monsieur, en me dispensant de toute explication du passé, vous m'avez montré une noble confiance qui mérite récompense. Lorsque je vins sur cette côte, c'était avec la détermination d'établir les droits d'Eudora sur la protection et la fortune de son père. Si je me défiais de l'influence hostile qu'une personne aussi aimable et aussi belle que cette dame peut exercer, vous vous rappellerez que c'était bien avant que l'expérience ne m'eût appris à l'estimer pour quelque chose de plus que sa beauté. Elle fut enlevée sous mon pavillon par mes agents, et transportée comme une captive sur le brigantin.

— Je l'avais crue instruite de l'histoire de sa cousine, et voulant l'aider dans quelque fantaisie qui devait rendre cette dernière à ses amis naturels.

— Vous rendez justice à son désintéressement. Pour me faire pardonner ma hardiesse et comme le moyen le plus sûr et le plus expéditif d'apaiser ses alarmes, j'appris à ma captive les faits; Eudora connut ainsi l'histoire de son origine. L'évidence était irrésistible; nous trouvâmes une amie généreuse et dévouée où nous avions attendu une rivale.

— Je savais qu'Alida ne reculait devant aucune générosité, s'écria Ludlow en admirant la timide jeune fille et en portant sa main à ses lèvres. La perte de la fortune est un gain, parce qu'elle montre son véritable caractère.

— Paix! paix! interrompit l'alderman, il est inutile de proclamer une perte quelconque. Il faut se soumettre à ce que la justice naturelle commande; mais est-il utile de faire confidence à toute la colonie si on donne beaucoup ou peu avec la main d'une jeune fille?

— La perte de la fortune sera amplement compensée! reprit le contrebandier. Ces sacs contiennent de l'or, la dot de ma pupille aussitôt qu'elle aura fait connaître son choix.

— Succès et prudence! s'écria le bourgeois. C'est une prévoyance très recommandable, maître Ecumeur, et quelle que soit l'opinion des juges de l'Echiquier sur la légitimité de tes transactions, mon opinion est qu'il est peu de gens aussi ponctuels à la banque d'Angleterre elle-même. Cet argent est sans aucun doute dû légalement à la jeune fille par l'héritage de son grand-père.

— C'est cela!

— Je saisis ce moment favorable pour parler avec franchise sur un sujet qui me touche beaucoup le cœur, qui maintenant plus que jamais peut être révélé sous des auspices favorables. J'ai entendu dire à M. van Staats, qu'après un examen consciencieux de vos sentiments envers un vieil ami, vous êtes de l'opinion que l'alliance qui le touche de plus près que celle qui était convenue, pouvait le conduire au bonheur?

— Je reconnais que la froideur de la belle Barbérie a détruit mon amour, reprit le patron de Kinderhook qui rarement en disait plus à la fois que l'occasion ne l'exigeait.

— Et j'ai entendu dire aussi qu'une intimité de quinze jours vous avait donné raison de fixer votre affection sur mon enfant, dont la beauté est héréditaire, et dont la fortune ne sera nullement diminuée par cet acte de justice de la part de ce brave et honnête marin.

— Etre reçu avec faveur dans votre famille, monsieur van Beverout, me laisserait peu de chose à désirer dans cette vie.

— Et pour ce qui est de l'autre monde, je n'ai jamais su qu'un patron de Kinderhook nous ait laissé sans avoir bonne espérance pour l'avenir, par la raison toute simple que peu de familles dans la colonie font plus qu'eux pour le soutien de la religion. Ils ont généreusement donné aux deux églises hollandaises dans le Manhattan; ils ont bâti de leurs deniers trois jolies petites églises sur le manoir, ayant chacune son clocher flamand et une girouette convenable; outre cela ils ont fait un don considérable au vénérable monument d'Albany. — Eudora, ma fille, ce gentleman est mon ami particulier, et ce n'est pas trop présumer que de le recommander à tes bonnes grâces. Vous n'êtes pas absolument étrangers l'un à l'autre; mais afin que vous ayez une bonne occasion de vous mieux connaître, vous resterez ici pendant un long mois, afin de vous décider sans distraction et sans trouble. Il est inutile d'en dire davantage quant à présent, car j'ai la bonne habitude de laisser la décision de pareilles affaires entièrement à la disposition de la Providence.

La jeune fille à ces paroles rougit et pâlit alternativement; son visage expressif changeait de couleur comme un nuage d'Italie : elle garda le silence.

— Vous avez heureusement dévoilé un mystère qui ne me donnera plus d'inquiétude, interrompit Ludlow en s'adressant au contrebandier. Pouvez-vous faire encore plus et me dire d'où vient cette lettre?

Les yeux noirs d'Eudora s'animèrent soudainement. Elle regarda l'Ecumeur de mer et sourit.

— C'est encore un nouvel artifice de femme qui a été fabriqué sur mon brigantin. Nous pensions que le jeune commandant d'un croiseur royal serait moins apte à surveiller nos mouvements, lorsque son esprit serait occupé à découvrir un pareil correspondant.

— Et c'est vous qui avez fabriqué le prétendu billet d'Alida?

— Je le confesse, mais je ne puis attendre plus longtemps. Dans quelques minutes, la marée changera et le passage deviendra impraticable. Eudora, nous devons décider du sort de cet enfant. Retournera-t-il sur l'Océan, ou restera-t-il à terre pour vivre comme un simple habitant de cet élément?

— Quel est cet enfant? demanda gravement l'alderman.

— C'est un enfant qui nous est cher à tous les deux. Son père était mon plus intime ami, et sa mère a longtemps veillé sur l'enfance d'Eudora. Jusqu'à ce moment, nous lui avons consacré nos soins; il doit maintenant choisir entre nous deux.

— Il ne me quittera pas, interrompit brusquement Eudora alarmée. Tu es mon fils adoptif, et personne ne peut former ton esprit comme moi. Tu as besoin de la tendresse d'une femme, Zéphyr, et tu ne voudras pas me quitter.

— Laissons l'enfant juger de son propre sort. Je suis crédule en ce qui concerne la destinée; c'est du moins une croyance heureuse pour la contrebande.

— Alors, laissez-le parler. Veux-tu rester ici au milieu de ces champs, de ces prairies et de ces fleurs, ou veux-tu retourner sur l'Océan, où tout est stérile et monotone?

Le jeune enfant tâcha de lire dans les yeux inquiets d'Eudora, puis il arrêta ses regards indécis sur les traits calmes de l'Ecumeur.

— Nous pouvons nous mettre en mer, dit-il; et lorsque nous reviendrons de nouveau, nous t'apporterons des choses bien curieuses, Eudora.

— Mais c'est peut-être la dernière fois que tu foules la terre de tes ancêtres; souviens-toi combien l'Océan est terrible dans sa fureur et combien le brigantin a été de fois en danger de faire naufrage!

— Oh! c'est là une faiblesse de femme. J'ai été sur la vergue de cacatois pendant les tempêtes, et je n'ai jamais pensé au danger.

— Tu as l'inexpérience et la confiance d'un jeune enfant! Mais ceux qui sont plus âgés savent que la vie d'un marin est une vie de dangers sans cesse renaissants; tu as été parmi les îles dans l'ouragan et tu as vu le pouvoir des éléments.

— J'étais dans l'ouragan ainsi que le brigantin, et cependant vous voyez comme ses agrès sont élégants; on dirait qu'il ne lui est jamais rien arrivé.

— Et vous nous avez vus hier flottant en pleine mer, tandis que des débris mal assujettis nous empêchaient de couler au fond de la mer.

— Les débris flottaient et vous ne fûtes pas noyés! Sans cela, j'aurais cruellement pleuré, Eudora.

— Mais tu iras dans l'intérieur du pays, et tu connaîtras davantage ses beautés, ses rivières, ses montagnes, ses cavernes et ses bois. Ici tout change, tandis que l'eau ne change jamais.

— Vraiment, Eudora, vous vous méprenez singulièrement. Ici tout est Amérique : cette montagne, c'est l'Amérique; cette terre qui s'allonge là-bas au-delà de la baie, c'est l'Amérique, et l'ancrage d'hier, c'était l'Amérique. Lorsque nous quitterons la côte, la première terre que nous verrons sera l'Angleterre, la Hollande, l'Afrique, et avec un bon vent nous pouvons voir deux ou trois pays en un jour.

— Et dans ces pays, enfant léger, ton existence sera exposée à mille dangers.

— Adieu, Eudora, dit le jeune garçon en avançant les lèvres pour donner et recevoir le baiser d'adieu.

— Eudora, adieu! ajouta une voix mâle et mélancolique. Je ne puis m'arrêter plus longtemps, car déjà mes gens m'attendent avec impatience. Si ce voyage est le dernier que je fais sur cette côte, tu n'oublieras pas ceux dont tu as partagé si longtemps la bonne et la mauvaise fortune.

— Attendez, attendez encore, vous ne nous quitterez pas ainsi. Laissez-moi cet enfant. Indépendamment du chagrin que j'éprouve, laissez-moi quelque souvenir du passé.

— Mon heure est arrivée; la brise devient forte et je joue avec elle. Il conviendra mieux pour son bonheur que personne ne connaisse l'histoire du brigantin, et quelques heures seulement attireront ici cent curieux de la ville.

— Que m'importe leur opinion! Tu ne peux pas, tu ne voudrais pas me quitter sitôt.

— Je resterais avec bonheur, Eudora; mais la demeure d'un marin est son vaisseau. Trop de temps précieux a été déjà perdu. Encore une fois, adieu!

Les yeux noirs de la jeune fille regardèrent autour d'elle avec égarement : ce regard semblait jeter un dernier adieu à toutes les jouissances de la terre.

— Où allez-vous? demanda-t-elle d'une voix étouffée; pour quel pays appareillez-vous et quand reviendrez-vous?

— Je suis la fortune. Mon retour peut être éloigné; peut-être même ne reviendrai-je jamais. Adieu encore, Eudora! soyez heureuse avec les amis que la Providence vous a donnés!

Les yeux de la jeune fille de la mer montrèrent un nouvel égarement. Elle saisit la main que lui offrait le contrebandier, sans presque savoir ce qu'elle faisait; puis, abandonnant cette main, elle ouvrit les bras et les jeta convulsivement autour du cou du marin, qui semblait toujours calme et sans émotion.

— Nous partirons ensemble! je suis à toi et à toi seulement.

— Tu ne sais pas ce que tu dis, Eudora, répondit l'Écumeur de mer en se contenant avec peine; tu as une mère, des amis, un mari.

— Laissez-moi, laissez-moi! s'écria la jeune fille en agitant un de ses bras d'un air égaré vers Alida et le patron, qui s'avançaient comme pour la sauver d'un précipice; à toi, à toi seulement!

Le contrebandier se débarrassa des bras d'Eudora avec la force d'un géant; il la souleva d'une main, tandis qu'il essayait d'apaiser la tempête que les passions excitaient dans son propre cœur.

— Réfléchis un moment, réfléchis, dit-il; tu voudrais enchaîner ton sort à celui d'un homme proscrit, poursuivi, condamné!

— A toi, à toi seulement!

— Tu n'auras qu'un vaisseau pour demeure; l'Océan fécond en tempêtes sera tout ton monde!

— Ton monde est le mien; ta demeure est la mienne, et je veux aussi courir les mêmes dangers que toi.

Le cri qui s'échappa de la poitrine de l'Écumeur de mer fut un cri d'exaltation et de fierté.

— Tu es à moi, en effet! s'écria-t-il. Devant un lien comme celui-ci, que deviennent les droits d'un tel père? Bourgeois, adieu. J'agirai plus honnêtement avec ta fille que tu n'as agi avec celle de mon bienfaiteur.

Eudora fut soulevée de terre comme si elle avait eu la légèreté d'une plume, et, en dépit d'un mouvement soudain de Ludlow et du patron, elle fut transportée dans le bateau. En un instant la barque se trouva à flot, et le jeune enfant agita son bonnet de matelot en signe de triomphe. Le brigantin, comme s'il avait eu la conscience de ce qui s'était passé, tourna sur lui-même, et, avant que les spectateurs eussent eu le temps de revenir de leur confusion et de leur surprise, le bateau était suspendu aux palans. On vit l'Écumeur sur la poupe, un bras passé autour de la taille d'Eudora, saluant de la main le groupe immobile qui se tenait sur le rivage, tandis que la jeune fille de l'Océan, se rendant à peine compte de ce qui s'était passé, envoyait de loin des adieux à Alida et à son père. Le navire glissa à travers le passage et eut bientôt atteint la pleine mer. Présentées au vent du sud, les vergues élancées se courbèrent sous sa force, et la marche rapide du bâtiment devint de plus en plus sensible par la blanche écume de son sillage.

Le jour commençait à baisser avant qu'Alida et Ludlow pussent se décider à quitter la pelouse du Lust-in-Rust. Pendant la première heure, on aperçut la sombre carène du brigantin soutenant un nuage de voiles. Puis les parties inférieures disparurent peu à peu, puis les voiles, et enfin il n'y eut rien de visible du brigantin qu'une ligne d'une blancheur éblouissante. Elle se fit voir pendant une minute, et les vagues l'effacèrent à jamais.

Les noces d'Alida et de Ludlow se firent avec mélancolie. La sensibilité naturelle de la jeune fille et la sympathie que Ludlow témoignait à tous ceux qui faisaient la même profession que lui, avaient répandu un grand intérêt sur les personnes qu'ils venaient de voir partir.

De longues années s'écoulèrent; et, pendant les mois que la villa était habitée, bien des regards inquiets étaient jetés sur l'Océan. Chaque matin, au commencement de l'été, Alida ouvrait les fenêtres de son pavillon, espérant toujours voir le brigantin à l'ancre dans la baie; mais ce fut toujours vainement. Le brigantin ne reparut jamais; et, bien que l'alderman inquiet et désappointé fît prendre de secrètes informations sur toute la côte de l'Amérique, il n'eut jamais de nouvelles du célèbre Écumeur de mer ni de son audacieuse Sorcière des Eaux.

— Nous partirons ensemble, s'écria Eudora, je suis à toi, à toi seulement!

FIN DE L'ÉCUMEUR DE MER.

Paris. — Imprimerie Schneider, rue d'Erfurth, 1.